城市大数据智能

李天瑞 纪圣塨 易修文
王诏远 杜圣东 张钧波 郑宇   ◎著

机械工业出版社
CHINA MACHINE PRESS

图书在版编目（CIP）数据

城市大数据智能 / 李天瑞等著 . — 北京：机械工业出版社，2023.5

ISBN 978-7-111-73549-6

I. ①城… II. ①李… III. ①智慧城市 – 数据管理 IV. ① F291-39

中国国家版本馆 CIP 数据核字（2023）第 134825 号

机械工业出版社（北京市百万庄大街22号　邮政编码100037）
策划编辑：李永泉　　　　　责任编辑：李永泉　李　乐
责任校对：肖　琳　王　延　责任印制：郜　敏
三河市宏达印刷有限公司印刷
2023 年 11 月第 1 版第 1 次印刷
170mm×230mm・16 印张・283 千字
标准书号：ISBN 978-7-111-73549-6
定价：89.00 元

电话服务　　　　　　　　　网络服务
客服电话：010-88361066　　机　工　官　网：www.cmpbook.com
　　　　　010-88379833　　机　工　官　博：weibo.com/cmp1952
　　　　　010-68326294　　金　书　网：www.golden-book.com
封底无防伪标均为盗版　机工教育服务网：www.cmpedu.com

前 言

随着物联网与传感技术的飞速发展,时空大数据呈爆炸式增长。如何基于时空大数据提取城市决策知识,是大数据智能技术在智慧城市应用中的核心研究方向。如何对时空大数据进行准确感知、高效处理,从而进行智能预测、推荐、调度是当前我国城市智能化发展的重大需求,也是由传统城市管理转向智慧城市管理的核心技术所在。目前,我国不仅是开展智慧城市建设较早的国家,也是全球范围内智慧城市技术体系较完善的国家,围绕智慧城市的数据感知、深度学习、智能决策等领域的关键技术研究及应用发展迅速。但是传统的数据分析处理方法面对城市时空大数据的多源异构性、时空依赖性和数据不确定性等问题还存在诸多技术瓶颈,城市计算基础模型和算法研究亟待突破。受益于人工智能和大数据技术的迅猛发展,基于时空大数据的深度学习建模城市动态演化趋势,使自动抽取发现有价值的规律知识并引入智慧城市管理决策成为可能。

城市大数据智能技术涵盖计算机、人工智能、交通运输、环境科学等多学科交叉领域,当前一些介绍智慧城市及大数据的图书大多将城市智能应用场景与大数据智能技术分离进行介绍,缺乏二者结合的着力点。本书针对这一问题,分析城市时空大数据特有的时空关联、动态突变、不确定性等特点,关注城市数据质量不高和城市预测模型鲁棒性不足、城市资源分配效率欠缺、时空动态演化学习困难等问题,以深度学习、强化学习和多视图计算等为核心技术手段,以时空数据填补、时空序列预测、城市资源分配调度为研究对象,研究面向智慧城市大数据的多视图缺失值填补方法、城市时空数据的知识提取与预测模型,以及城市资源快速响应与分配调度关键技术,并进行核心模型算法的实验优化及应用验证。

本书共 11 章。第 1 章概述了城市大数据智能的发展历程,给出了城市大数据智能分析计算的总体框架与数据流程,梳理了城市大数据智能技术发展现状和典型应用场景。第 2、3 章主要介绍了城市大数据感知和增强技术。第 4~6

章介绍了城市时空流量智能预测技术。第 7、8 章介绍了面向市民出行和居住的智能推荐技术。第 9~11 章介绍了城市资源智能调度技术。本书所涵盖的内容从城市大数据感知与增强到基于城市大数据的智能预测、推荐和调度，力图全面展现城市大数据智能关键技术和模型算法的典型研究与应用。

本书在编写的过程中受到国家重点研发计划课题"城市知识库构建及语义协同挖掘"（2019YFB2101802）和国家自然科学基金项目"面向城市大数据的深度学习模型与方法研究"（61773324）的大力支持，在此一并表示衷心感谢！

由于编者能力有限，加之所收集和组织的材料还不够全面，本书未能全面涵盖我国城市大数据智能技术的最新进展。另外，书中还有其他疏漏和不足之处也在所难免，敬请同行专家和广大读者多多批评指正。

李天瑞

目 录

前言
第1章 城市大数据智能概述 …… 1
  1.1 城市大数据智能研究背景 …… 1
  1.2 城市大数据智能研究现状 …… 3
  1.3 本书的组织结构 …… 7
第2章 城市移动群智感知 …… 8
  2.1 引言 …… 8
  2.2 相关工作 …… 10
  2.3 预备知识和问题定义 …… 12
  2.4 移动群智感知方法 …… 14
    2.4.1 模型框架 …… 14
    2.4.2 数据覆盖率 …… 15
    2.4.3 数据收集任务设计 …… 19
  2.5 实验方案与结果分析 …… 24
    2.5.1 实验方案 …… 24
    2.5.2 结果分析 …… 26
  2.6 本章小结 …… 30
第3章 城市时空数据填补 …… 32
  3.1 引言 …… 32
  3.2 相关工作 …… 34
  3.3 预备知识和问题定义 …… 35
  3.4 基于多视图学习的数据缺失填补方法 …… 36
    3.4.1 模型框架 …… 36
    3.4.2 全局空间视图 …… 37
    3.4.3 全局时间视图 …… 38
    3.4.4 局部空间视图 …… 39
    3.4.5 局部时间视图 …… 40
    3.4.6 时空多视图学习 …… 40
  3.5 实验方案与结果分析 …… 41
    3.5.1 实验方案 …… 41
    3.5.2 结果分析 …… 44
  3.6 本章小结 …… 47
第4章 城市空气质量预测 …… 48
  4.1 引言 …… 48
  4.2 相关工作 …… 49
  4.3 预备知识和问题定义 …… 51
  4.4 基于深度学习的空气质量预测方法 …… 52
    4.4.1 模型框架 …… 52
    4.4.2 空间转换模块 …… 53
    4.4.3 DeepAir 算法 …… 56
  4.5 实验方案与结果分析 …… 59
    4.5.1 实验方案 …… 59
    4.5.2 结果分析 …… 62

4.6 本章小结 …………… 66

第5章 城市交通流预测 …………… 67
5.1 引言 …………… 67
5.2 相关工作 …………… 69
5.3 预备知识和问题定义 …… 71
5.4 基于多模态深度学习的交通流预测方法 …… 73
    5.4.1 模型框架 …… 73
    5.4.2 核心模块说明 …… 75
5.5 实验方案与结果分析 …… 78
    5.5.1 实验方案 …………… 78
    5.5.2 结果分析 …………… 81
5.6 本章小结 …………… 88

第6章 城市人流量预测 …………… 89
6.1 引言 …………… 89
6.2 相关工作 …………… 91
6.3 预备知识和问题定义 …… 93
6.4 基于深度时空残差网络的城市人流量预测方法 …… 94
    6.4.1 模型框架 …………… 94
    6.4.2 时空特征提取模块 …………… 95
    6.4.3 外部因素模块 … 97
    6.4.4 模型融合模块 … 97
    6.4.5 算法框架与优化方法 …………… 100
    6.4.6 模型变体构建方法 …………… 101
6.5 实验方案与结果分析 … 103
    6.5.1 实验方案 …………… 103
    6.5.2 结果分析 …………… 108
6.6 城市人流量预测系统 …………… 116

6.7 本章小结 …………… 119

第7章 城市出租车路径推荐 …… 120
7.1 引言 …………… 120
7.2 相关工作 …………… 122
7.3 预备知识和问题定义 …………… 123
7.4 基于深度强化学习的动态出租车路径推荐方法 …………… 124
    7.4.1 模型框架 …………… 124
    7.4.2 时空特征抽取 …………… 126
    7.4.3 深度策略网络 …………… 129
    7.4.4 深度强化学习 …………… 131
7.5 实验方案与结果分析 …………… 134
    7.5.1 实验方案 …………… 134
    7.5.2 结果分析 …………… 137
7.6 本章小结 …………… 140

第8章 城市租房推荐 …………… 141
8.1 引言 …………… 141
8.2 相关工作 …………… 143
8.3 预备知识和问题定义 …………… 144
8.4 基于元学习的城市租房推荐方法 …………… 146
    8.4.1 模型框架 …………… 146
    8.4.2 特征抽取模块 …………… 148
    8.4.3 满意程度评估模型 …………… 150

8.5 实验方案与结果分析 ·················· 153
   8.5.1 实验方案 ······ 153
   8.5.2 结果分析 ······ 155
8.6 城市租房推荐系统 ······ 160
8.7 本章小结 ············ 161

第9章 城市救护车部署 ········ 162
9.1 引言 ················ 162
9.2 相关工作 ············ 164
9.3 预备知识和问题定义 ······ 166
9.4 基于数据驱动的动态救护车重新部署方法 ·· 168
   9.4.1 模型框架 ······ 168
   9.4.2 紧急度指标 ····· 169
   9.4.3 最优匹配算法 ············ 174
9.5 实验方案与结果分析 ······ 176
   9.5.1 实验方案 ······ 176
   9.5.2 结果分析 ······ 179
9.6 本章小结 ············ 188

第10章 城市外卖配送优化 ······· 189
10.1 引言 ··············· 189
10.2 相关工作 ··········· 191
10.3 预备知识和问题定义 ··· 192
10.4 基于贪心与替换策略的外卖配送任务分组方法 ············· 194

   10.4.1 模型框架 ··· 194
   10.4.2 预处理 ······· 195
   10.4.3 可共享性 ··· 196
   10.4.4 空驶时间 ··· 199
   10.4.5 分组算法 ··· 200
10.5 实验方案与结果分析 ··················· 203
   10.5.1 实验方案 ··· 203
   10.5.2 结果分析 ··· 206
10.6 本章小结 ·············· 208

第11章 地铁停站时间调度 ··· 209
11.1 引言 ················ 209
11.2 相关工作 ············ 212
11.3 预备知识和问题定义 ················· 213
11.4 基于深度 Q 网络的动态列车停站时间调度方法 ·············· 214
   11.4.1 模型框架 ··· 214
   11.4.2 深度 Q 网络设计方法 ············ 217
11.5 实验方案与结果分析 ··················· 223
   11.5.1 实验方案 ··· 223
   11.5.2 结果分析 ··· 226
11.6 本章小结 ············· 231

参考文献 ················ 232

第1章

城市大数据智能概述

1.1 城市大数据智能研究背景

随着现代传感技术和传感设备的快速发展,城市中已经部署了大量的传感器,它们能够收集到各个类别的城市数据,如交通数据、气象数据、路网数据、空气质量数据、噪声数据等。城市大数据能够反映一个城市真实的状态以及可能存在的问题和挑战,如交通堵塞、空气污染、能源消耗、医疗服务等。因此,对城市大数据的分析和挖掘是解决城市中现存问题的有效方法。

城市多维立体空间环境的复杂性,使得传统的城市管理方式面临挑战,另外城市各领域的大数据以惊人的速度增长,传统城市信息管理技术与系统应用面临巨大挑战,所以基于传统技术方法解决上述问题十分困难。在这一背景下,城市计算应运而生,随着智慧城市的深入发展,城市计算研究备受关注。城市计算希望通过城市时空大数据(如交通流数据、空气质量数据、气象数据、交通路网数据、兴趣点与移动轨迹数据等)的计算、分析和预测来辅助智慧城市管理与决策。城市时序列作为最具代表性的一类城市大数据,不仅具有时空关联复杂、动态演化与多模态等特点,而且还存在不确定性和突变性等问题,因此传统的信息管理与数据分析技术难以直接应用于城市时空序列大数据的分析预测,这给城市大数据的智能处理带来了巨大挑战。如何针对城市时空序列数据的高维度、非线性、时空关联及其动态变化规律进行深入解析,并在此基础上构建合理有效的数据分析计算模型,成为当前城市大数据智能处理和城市计算研究的核心问题之一。

机器学习作为人工智能的子集,是当前主流的数据驱动智能技术,主要基于训练数据的学习来构建各类预测或判别模型,无须明确编程,而是通过模型完成学习任务。随着各行业大数据的高速增长,机器学习技术在自然语言处理、图像视频处理、时间序列预测等多个领域应用广泛。传统的机器学习方法也称为浅层学习模型，最具代表性的浅层模型有 ARIMA、SVM、HMM 等。2006 年，Hinton 等人首次提出了深度信念网络（Deep Belief Network，DBN），通过无监督预训练和有监督训练微调的方法在一定程度上解决了深层网络梯度消失的问题；2012 年，Hinton 课题组首次参加 ImageNet 机器视觉比赛，构建的 AlexNet 网络夺得冠军，并且碾压传统机器学习方法的识别性能，从此深度学习声名鹊起，成为学术研究和产业应用关注的焦点。

深度学习作为一种新的处理大规模数据的机器学习方法，通过模拟人脑视觉皮层学习机制的多层非线性网络结构，实现复杂函数逼近，具有更强大的自动特征学习和特征表达能力。特别是以循环神经网络（Recurrent Neural Network，RNN，又称为递归神经网络）、长短时记忆网络（Long-Short Term Memory，LSTM）等为代表的循环神经网络，以及以 1D-CNN 为代表的一维卷积神经网络，在处理大规模时间序列数据方面，具有相比浅层学习模型更优异的性能。但将经典的深度学习模型直接用于时空序列预测仍然面临以下问题。

(1) **时空关联特征表示学习问题** 传统的单个深度学习模型一般只能解决一类特征的表示学习，如 LSTM 可以有效学习到序列中的长时依赖特征（如时间周期性特征），卷积神经网络（Convolutional Neural Network，CNN）能学习到路网节点的空间依赖特征，但如何将多个网络进行组合构建混合深度学习模型，以有效支撑时空关联特征的一致性学习，现有的方法仍然面临挑战。

(2) **多模态时空特征融合学习问题** 如何设计基于多模态城市大数据处理的跨模态特征学习和混合集成学习方法是当前城市大数据处理中最为关注的一个问题。通过将多模态特征融合技术与深度学习的深层特征学习能力相结合，有助于解决时空单序列数据预测建模过程中信息覆盖率低、特征关系挖掘不充分的缺陷，同时有利于提升时空序列数据的数据挖掘与分析预测能力。

(3) **时空序列动态演化学习问题** 城市大数据随着时间和空间的动态变化不仅具有时空关联特点，时空序列数据在动态变化过程中常常还呈现出周期性、邻近性和突变性等特点，如何面向时空序列数据设计能抽取前述特征片段的新型深度学习模型与算法是当前时空序列演化学习需关注的重要问题。

针对上述问题，本书拟将深度学习的多层特征学习过程与时空序列数据的多通道多变量、高维度和多模态关联特征等分析机理进行深度融合，为城市时空序列大数据分析提供融合多模态时空关联、时空注意力、记忆变分自编码和混合建模等机制的新型深度神经网络与计算模型，不仅能够用于挖掘城市时空序列大数据中隐性特征关联关系与内在复杂性规律，而且有助于学习城市时空序列数据中的多维非线性、多层次特征融合等隐含时空表示，可为城市时空序列大数据环境下应用人工智能提供新型深度学习模型与方法支撑。同时，针对交通流预测、空气质量预测等城市时空序列大数据分析特定场景，设计具有多种新型处理机制的深度神经网络模型及其优化算法，从而实现从多维复杂的城市时空序列数据中进行深度特征表达和模型融合学习，可对城市交通流数据、空气质量数据等相关领域的预测分析和预警预报等起到重要的支撑作用。

城市计算[1]作为一个新兴的研究领域，其以计算机科学为核心，运用大数据和人工智能技术对城市大数据进行分析和挖掘，从而解决城市中的各种问题。当下，城市计算已经在城市中的很多领域得到应用并取得了成功。例如，在交通领域，研究者们提出了大量模型对交通流进行准确的预测[2]；在环境保护领域，空气质量数据的推测、预测和溯源都得到了广泛的研究，并取得了显著的成果[3]；在公共安全领域，许多准确的人流量预测模型被提出[4]。这些大数据和人工智能模型的提出，为城市管理者更好地管理城市以及建设未来智慧城市提供了巨大的帮助。

1.2　城市大数据智能研究现状

随着城市化进程的加速，城市的数量和规模都在急速增大。城市居民在享受到生活便利的同时，城市化也带来了很多的问题和挑战，例如交通拥堵、环境污染、能源消耗、城市规划等，这给城市居民的生活带来了巨大不便。解决城市化中碰到的问题和挑战现已成为迫在眉睫的任务。随着大规模先进传感器的布置，各个种类的城市数据得以被大量收集到，例如：交通数据、环境数据、地图数据、气象数据、人流量数据等。从城市大数据中，我们可以窥探到城市的真实状态以及可能存在的问题和挑战。随着人工智能技术的迅猛发展，特别是以机器学习中的深度学习为代表的先进技术的不断成熟，为城市大数据的挖掘和分析提供了强有力的技术保障。同时，大规模分布式计算平台和技术的成熟则为城市大数据的挖掘和分析提供了计算能力保障，例如 Hadoop、Spark、Storm 等平台。因此，城市大数据的收集、人工智能技术的进展以及分布式计算的成熟为解决城市化的问题和挑战提供了可能的解决方案。

基于此背景，对城市计算的研究应运而生。城市计算以计算机科学为核心，运用城市大数据挖掘技术和人工智能技术来解决城市中存在的各类问题和挑战，进而打造未来智慧城市。如图 1-1 所示，城市计算提供了解决城市问题的一整套方案[1]。首先是城市感知和数据收集技术,其提供了城市大数据收集的方法,是城市计算的基础。该部分包含了以传感器为中心的数据收集和以人为中心的传感器的数据收集。以传感器为中心的数据收集主要是基于固定的传感器进行数据收集。例如,气象数据监测站点是最常见的固定传感器,用于收集气象数据,包括温度、湿度、压强、风速等,气象数据收集对于指导城市居民的生产、生活非常重要。空气质量监测站点也是典型的固定传感器,用于收集城市中的空气质量数据,如 $PM_{2.5}$、PM_{10}、SO_2、NO_2 等,对空气质量数据的监测有助于减少城市居民受到空气污染的危害。安装在城市道路底下的路网线圈和路口上的监控是收集城市道路交通数据的固定传感器,其能够很好地收集城市各个道路的车流量、车速等数据。以人为中心的数据收集是基于移动传感器进行数据的收集。安装在出租车、公交车、救护车等车辆上的 GPS 系统是常见的移动传感器,可以收集到车辆的实时的 GPS 轨迹数据,对于分析城市交通状况提供了很大帮助。现在,城市居民的移动智能手机也可以作为移动传感器进行数据的收集,因为移动智能手机上安装了很多小型的传感器,例如声音、温度等传感器。同时,手机用户接听电话时,信号塔也能实时地记录下当前用户的定位信息。用户的移动数据可以用来分析和研究人类的许多移动行为,例如人类移动行为的可预测性研究、用户的行为偏好等。除移动智能手机之外,越来越多的可穿戴设备(如智能手环、手表、眼镜等)也可以收集用户身上的许多数据,可以使用收集到的数据来分析用户的身体健康状态,并及时做出有益健康的推荐。随着 5G 技术的发展与应用,与之相关的数据收集算法与保证通信覆盖稳定和带宽需求的方法也被提出。

其次是城市数据管理技术,其提供了管理收集到的城市大数据的方法。这部分包括云平台、基础的城市数据管理技术以及先进的城市数据管理技术。云平台主要提供了城市大数据的存储以及基础的索引和查询功能。分布式计算技术的快速发展带来分布式计算系统和平台的诞生,例如 Hadoop、Spark、Storm 等。这类平台能够为城市大数据提供更好的存储以及更快的索引和查询功能,为城市大数据的高效管理提供了保障。基础的城市数据管理技术为城市大数据提供了针对性的索引功能、空间数据库、时空数据库、图数据管理功能等。例如,Ma 等人[5] 提出了一个时空混合的索引来对城市中大规模的出租车 GPS 数据进行索引,使得在做出租车拼车任务时,能够快速地索引到出租车的位置。Bao 等人[6] 提出了一个基于云平台的大规模时空轨迹数据的处理框架,其能够对时空数据进行快速的处理。这些技术的提出大大提升了城市大数据的处理能力。先进的城市数据管理技术主要提供了地图匹配、行驶时间估计、数据压缩、模式匹配等功能，亦为后续的操作提供便利。具体来说，地图匹配旨在将各种车辆的 GPS 轨迹坐标映射到地图路网中，使得 GPS 数据能够与地图上的路段、区域等进行匹配，为诸如行驶时间估计、区域功能挖掘等应用奠定基础。行驶时间估计则是计算车辆从一个地点到另一个地点所需要的行驶时间，估计得到的行驶时间可以用于交通状态的分析。数据压缩则是对城市大数据进行压缩处理，使得其所需要的存储空间降低。常见的数据压缩方法可以分为有损压缩和无损压缩，有损压缩的数据压缩率更高，但是数据不能够完全复原；无损压缩则能够完全复原数据。模式匹配则是对城市大数据中存在的一些模式进行分析和挖掘，例如不同区域的空气质量数据的相关性等。

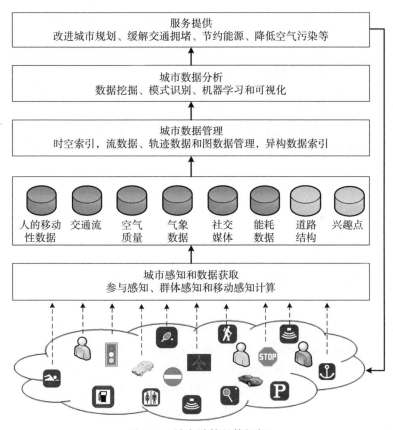

图 1-1　城市计算整体框架

城市数据管理技术之后是城市数据分析方法，其提供了对城市大数据进行挖掘和分析的人工智能技术。该部分既包括基础的机器学习技术（如聚类、分类、回归、异常检测等），又包括先进的多源数据融合方法（如基于多视图的方法、基于相似性的方法、基于迁移学习的方法等）。例如，Zheng 等人[7] 提出了一个基于半监督学习和协同训练的方法，对城市空气质量数据进行挖掘和推导。Yi 等人[3] 提出了一个基于深度融合网络的方法，对多个种类的城市数据进行挖掘和融合，从而对城市空气质量进行预测。Shang 等人[8] 提出了一个基于联合非负矩阵分解的方法，对城市中的能源消耗进行推测，该联合非负矩阵分解方法能够融合多个种类的城市数据，从而做出更合理的推测。Yuan 等人[9] 设计了一个基于主题模型和核密度估计的方法，对城市不同区域的功能进行挖掘和分析。Chen 等人[10] 提出了一个多源数据特征抽取方法，对城市多源数据进行分析和挖掘，从而对自行车需求量进行预测。Liu 等人[11] 则构建一个基于层次预测方法对城市中各个站点的自行车需求进行预测。Liang 等人[12] 提出了一个深度神经网络模型来对城市的人流量进行预测，该模型包含了一个推测网络对城市细粒度的人流量数据进行推测，以及一个融合网络对不同的城市数据源进行融合和挖掘。Liu 等人[13] 设计了一个多源数据融合方法对城市的水质量安全进行预测和分析，该方法很好地融合了气象、土地等与水使用相关的数据。Yi 等人[14] 提出了多视图多任务学习模型进行多源城市数据进行融合，从而有效地填补了缺失的数据。

最后是城市计算在城市中的应用，其包括：环境保护、公共安全、社交娱乐、城市规划、交通、能源、经济等。在环境保护和公共安全领域，对空气质量的研究包括：城市空气质量预测和城市之间污染物的溯源等问题。对城市水质量的监测和预测也是环境保护和公共安全的重要部分。救护车站点选址方法的研究对保障城市居民生命安全提供了有效帮助。在社交娱乐领域，Xiao 等人[15] 提出了一个基于人群移动性的用户社交关系推测方法。Bao 等人[16] 通过挖掘包含位置信息的社交网络进行偏好性的推荐。在城市规划领域，Zheng 等人[17] 通过挖掘城市出租车的 GPS 轨迹数据以及城市路网数据，发现了城市规划中存在的问题。He 等人[18] 基于共享单车的 GPS 轨迹数据，引入了一个灵活的目标函数来调整用户的覆盖范围和他们的轨迹长度之间的关系，提高城市自行车道规划系统的效率。在交通领域，对交通流的预测得到了广泛的研究。研究者们已提出许多有效评估城市流量的预测和分析方法。Miao 等人[19] 针对智慧城市建设中路网区域交通影响因素的多样性和复杂性，构建了基于 5G 负载均衡和 AlexNet 网络的智能流量预测模型进行资源实时负载均衡调度。在能源领域，Shang 等人[8] 基于城市出租车数据以及城市中的其他数据，对城市中各个路段的能源消耗进行推测。Zhang 等人[20] 利用协同矩阵和轨迹动态监测对车辆在加油站的加油行为做出了研究和分析。在经济领域，Fu 等人[21~22] 使用楼盘地理位置信息和周边高密度场所的分布，利用聚类和集成的方法预测房产估值；Wang 等人[23] 提出了一个深度神经网络融合多个领域的数据对电影票房进行预测；Li 等人[24] 设计了多粒度数据挖掘框架和优化方法，解决城市中选取多个有价值地区的 NP 难问题；Weng 等人[25] 针对用户轨迹、用户偏好和房产信息进行可视化建模，帮助用户在多维度评估住房购买的问题。

1.3 本书的组织结构

本书的组织结构如图 1-2 所示，主要包括五个方面的内容。一是总体框架，主要包括第 1 章，概述了城市大数据智能发展，梳理了近年来城市大数据智能相关的研究工作，介绍了城市大数据智能技术的主要应用领域。二是数据感知与增强，主要包括第 2 章和第 3 章，介绍了城市大数据智能中与数据场景关联的工作，包括移动群体感知和城市时空数据缺失值填补技术，分析了城市大数据智能应用面临的数据质量挑战。三是智能预测，主要包括第 4~6 章，针对智慧城市中空气质量、交通流和人群流量这三个典型的时空预测应用需求，研究提出新的深度预测模型和算法，以辅助智慧城市流量预警和决策。四是智能推荐，主要包括第 7 章和第 8 章，基于城市区域信息和市民多源信息的有效融合，实现了出租车路径和租房推荐等智能算法。最后是智能调度，主要包括第 9~11 章，结合外卖配送、救护车部署以及地铁停站时间等城市资源调度需求，通过智能模型算法设计以优化城市资源，提升服务效率。

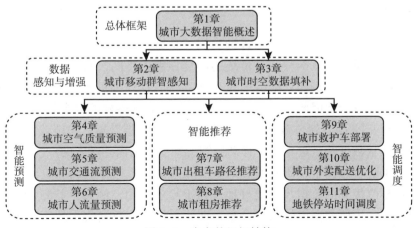

图 1-2 本书的组织结构

第2章

城市移动群智感知

移动群智感知是城市数据收集的重要手段之一，其利用移动传感器收集城市的各类数据。例如，人们可以运用移动手机内的声音传感器来收集城市各个角落的噪声数据并上传至服务器。由于数据是解决城市中的问题和挑战的核心，因此对移动群智感知的研究具有重大意义。用户招募和数据收集任务设计是移动群智感知中的重要部分，其研究目的分别是如何在有限经费资源下招募到最优的用户，以及如何为招募到的用户设计最优的数据收集任务，从而收集到最优的数据。然而，城市中人群的分布和移动规律却是难以洞悉的，这给用户招募和数据收集任务设计提出了挑战。

本章安排如下：2.1 节阐述本章的研究背景和研究意义；2.2 节介绍本章的相关工作；2.3 节介绍相关预备知识；2.4 节介绍移动群体感知方法和模型框架；2.5 节通过实验对本章所提出的模型进行评估；2.6 节是本章小结。

2.1 引言

城市感知用于收集城市中的各种数据，是城市计算的基础。移动群智感知是城市感知的重要组成部分，与传统的固定传感器不同，其利用移动传感器进行城市数据的收集，例如：出租车的 GPS 系统、移动手机内的传感器以及一些手持传感器设备等。因此，移动群智感知可以对各式各样的城市数据进行收集，包括：出租车的 GPS 轨迹数据、共享单车的 GPS 轨迹数据、噪声数据、温度数据、空气质量数据等。近年来，移动群智感知受到国内外学者的广泛研究。

在移动群智感知中，研究人员期望所收集到的数据在时间和空间上都是均匀的，这样收集到的数据才能更好地支持上层的应用，例如：监测、推断和预测。例如，为了研究城市的噪声分布，期望参加噪声数据收集的用户能够收集到覆盖整个城市的全时间段的噪声数据。同样地，为了监控城市的交通情况，期望能够收集到尽可能覆盖所有道路的全时段的车流量数据。

用户招募和数据收集任务设计是移动群智感知中的核心问题,其对收集到的数据质量具有巨大影响。具体来说,用户招募就是在一定的经费下从愿意参与的用户中选取合适的用户,而数据收集任务设计是为招募到的用户设计合理的数据收集任务,其目的都是最大化地保障收集到的数据质量。然而,由于城市中人群的移动性是不均匀且不确定的,如何进行用户招募和数据收集任务设计使得在人群移动性不均匀的情况下收集到均匀覆盖的数据是一个巨大的挑战。

因此,给定一定经费、一个空间区域和时间段,本章设计了一个基于人群移动性的移动群智感知框架。该框架通过合理地进行用户招募和数据收集任务设计,使得其在人群移动性不均匀的情况下能够收集到均匀覆盖的数据。如图2-1中的左边部分所示,该框架下的移动群智感知项目可以指定收集数据的空间范围、时间段(上午7点到10点)、用于招募用户的经费、所要收集的数据类型以及每单位时间需要支付给用户的费用。将这些信息发布之后,如果有用户对该数据收集项目感兴趣,即可报名加入该项目,如图中的用户 u_1、u_2 和 u_3,并将其移动信息发送给该项目,包括:起点、终点、出发时间、到达时间。基于项目发布的信息以及用户提交的移动信息,该框架就会进行合理的用户招募和任务设计使得该项目能够收集到更加均匀的数据。如图2-1中的右边部分所示,该项目招募了用户 u_1 和 u_2,给其对应的奖励,并为其设计了相应的数据收集任务,即图中所示的收集数据的时间和地点。

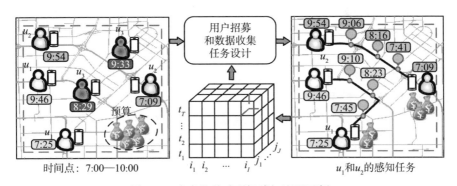

图 2-1 本章的移动群智感知流程示例

虽然该框架能在不改变用户的移动计划前提下收集到尽可能均匀覆盖的数据,但是该框架具有以下三个挑战。第一,由于时间和空间具有不同的粒度,如何合理地定义城市数据的均匀覆盖程度是一个难点。不同的时空粒度下,数据会呈现不同的时间和空间分布。第二,对于每个用户的移动信息,潜在的任务设计方案很多，设计最优的数据收集任务并不容易。第三，给定愿意参加的用户，招募一定数量的用户是一个 NP 难问题，其无法在多项式时间内求得最优解。

为了解决上述难点，本章提出的移动群智感知框架包含以下几个贡献：
- 提出了基于层次信息熵的数据覆盖率指标，其能够从多个不同的时间和空间粒度对城市数据进行覆盖率评估，从而能更好地评估城市数据质量。
- 提出了一个基于数据点图的数据收集任务设计方法。该方法综合考虑了每个用户的移动信息、已经收集到的数据以及剩下的经费，为每个用户设计更合理的任务，从而收集到覆盖率更高的数据。
- 提出了一个基于启发式算法的用户招募方案。该方案包括两个部分：用户选取和用户替换，其能够快速并高效地进行用户招募。
- 基于 34 个用户真实的移动信息的实验结果显示，相比于现有框架，所提出的框架能够在一定经费资源下收集到覆盖率更高的城市数据。

2.2 相关工作

1. 数据收集任务设计

在进行数据收集任务设计时，现有的许多方法都是基于用户的实际移动轨迹，其通常为起点到终点的最短路径[26-27]。也就是说，用户基于他们原有的移动轨迹进行数据收集，并没有为其设计专门的数据收集任务。Zhang[26] 和 Sara[27] 等人为了刻画用户的移动轨迹，Zhang 等人基于历史用户移动轨迹对用户轨迹进行预判[26]，而 Hachem 等人则基于数学模型对用户移动轨迹进行预判，例如截断 Levy 行走模型和马尔可夫链模型[27]。然而，基于一项真实世界的调查研究发现[28]，城市中用户的移动轨迹是非常不均匀的，一些区域有过多（冗余）的用户覆盖，一些区域则完全没有用户覆盖。因此，基于用户原有的移动轨迹的数据收集是不合理的，其很难收集到在时间和空间上相对比较均匀的数据。例如，如图 2-2a 所示，用户上午从居住区出发到工作区时，其通常都是走最短/最快的路径。这就导致最短路径覆盖的区域拥有冗余的用户轨迹，而其他区域则完全没有用户轨迹数据。因此，如图 2-2a 所示，原有的移动群智感知只能收集到冗余的最短路径覆盖的区域的数据，而不能收集其他区域的数据，从而导致收集到的数据不均匀。

为了处理用户原有移动轨迹不均匀的问题，Kawajiri 等人提出了一个奖励机制，为不同区域不同时间段的数据点设置不同的奖励，以鼓励用户改变其原有的移动轨迹去覆盖那些缺少数据的区域，从而收集到较为均匀的数据[29]。该方法需要一个准确的模型来刻画用户对奖励的反应，否则该方法很难起效果。然而，用户对奖励的反应是很难用模型刻画的，其受到多种复杂因素的影响，包括用户的心理、奖励的分布、所要收集的数据的类型、天气情况、交通情况等。

本章提出了一个高效的数据收集任务设计方法。具体来说，该方法为招募到的用户设计合理的数据收集任务，让用户去那些缺少数据的区域进行数据收集，从而能够收集到价值更高的数据，即覆盖率高的数据。该方法的核心在于通过奖励，用户愿意：①提交其移动信息（起点、终点、出发时间和到达时间）；②服从所设计的数据收集任务，即行走其他的路径，例如图 2-2b 中的路径。同时，也能够保证用户能够在其到达时间之前到达其终点，即本章的方法并不会改变用户原有的出行计划，只是合理地修改其移动轨迹（路径），使得其能够收集到更有价值的数据。因此，所提出的数据收集任务设计方法是一个双赢的方法：①对数据收集方来说，其能够在有限的经费下收集到更加均匀覆盖的数据；②对用户来说，其能够在获得奖励的同时，不改变其原有的出行计划/移动信息。

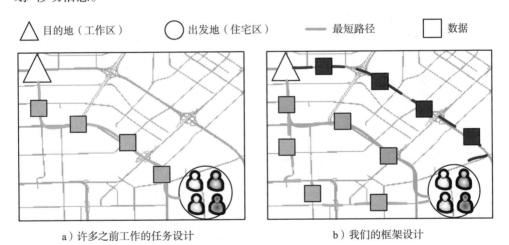

a）许多之前工作的任务设计　　　　　　b）我们的框架设计

图 2-2　本章的数据收集任务与现有其他方法的数据收集

2. 城市数据质量评估方法

数据质量指标用于对收集到的城市数据进行质量评估，是指导移动群智感知的重要指标。现有的数据质量指标主要包括以下三种：①数据覆盖率。它是最为常用的城市数据质量评估指标，用于评估收集到的数据占所需要收集的总数据的比例[26-27,30]。其通常用于在保证完成给定数据覆盖率的前提下最小化所需要的总经费。而本章提出的基于层次信息熵的数据覆盖率指标，能够很好地平衡数据的数量和均匀程度。②数据的推断能力。它用于评估收集到的数据用以推断未知数据的能力[31-32]。城市数据具有明显的时空相关性，因此收集部分数据就可以推断全部的数据。推断的准确性就是数据的推断能力。③基于专家经验定义的数据质量[33]。在一些移动群智感知应用中，数据的质量可以由领域专家直接定义。

3. 移动群智感知的应用

随着移动传感设备的兴起，例如：智能手机、可穿戴设备等，城市中已经出现大量的移动群智感知应用[34-35]。例如，Ouyang 等人提出了一个基于移动群智感知的事件定位系统来监测城市中出现的事件的位置[34]。Niforatos 等人提出了基于移动群智感知的城市天气预测方法[35]。Zheng 等人[36]基于纽约市居民提供的 311 数据来研究纽约市的噪声分布情况。Shang 等人将出租车的 GPS 轨迹数据用于估计城市中的能源消耗和尾气排放[8]。同样地，基于出租车的 GPS 轨迹数据，Zhang 等人提出了实时地监测城市中车辆在加油站的加油行为的方法[20]。

很显然，上述的移动群智感知应用都需要收集到均匀覆盖的数据，这样才能更好地进行数据分析和挖掘，从而解决相应的问题。而本章提出的移动群智感知框架正好能够在有限的经费资源下、在用户原有移动轨迹不均匀的情况下，为这些应用收集到尽可能均匀覆盖的数据。因此，有理由相信本章所提出的移动群智感知框架能够很好地支持移动群智感知应用，具有广泛的应用场景。

2.3 预备知识和问题定义

定义 2-1（用户） 用户定义为元组 $u=(l_s, l_e, t_s, t_e, r)$，其中 l_s, l_e, t_s, t_e 分别代表该用户的起点、终点、出发时间和到达时间。r 表示如果该用户被招募了，其能够获得的奖励。r 是该用户用于收集数据所花费的时间与每单位时间奖励的乘积，即

$$r = r_t \times \{(t_e - t_s) - t(l_s, l_e)\} \tag{2.1}$$

式中，r_t 是单位时间的奖励；$(t_e - t_s) - t(l_s, l_e)$ 表示的是该用户花费在数据收集上的时间，其等于用户拥有的总时间 $t_e - t_s$ 减去从起点到终点所需花费的最短时

间 $t(l_s, l_e)$。其含义是,如果该用户不参加数据收集,其从起点到终点只需花费 $t(l_s, l_e)$ 单位时间,而现在其参加数据收集,多花费的 $(t_e - t_s) - t(l_s, l_e)$ 需要奖励。

定义 2-2（格子） 格子定义为城市中的一个小长方形区域,例如 300m× 400m。一个城市由 $I \times J$ 个大小一样的格子组成,其中 I 代表经度方向的格子数,J 代表纬度方向的格子数。

定义 2-3（时间段） 时间段定义为一定长度的时间。数据收集的时间范围由 T 个长度相等的时间段组成。假设数据收集从上午 7 点开始到上午 11 点结束,如果 15min 作为一个时间段,那么总共就有 $T = 16$ 个时间段。

定义 2-4（数据点） 数据点定义为包含数据收集位置和时间的元组 $dp = (i, j, t)$,其中 (i, j) 表示格子位置,t 表示时间段。也可以用 $dp = (l, t)$ 表示数据点,其中 $l = (i, j)$。

定义 2-5（数据收集任务） 数据收集任务 s 定义为数据点的序列,即 $s = dp_1 \to dp_2 \to \cdots$。

本章需要为每个招募到的用户设计数据收集任务。

定义 2-6（数据矩阵） 数据矩阵指收集到的数据矩阵,由一个三维矩阵 $\mathcal{A}$ 构成,其中 $\mathcal{A}(i, j, t)$ 代表的是在格子 (i, j)、时间段 t 上收集到的数据数量。

对于一个用户 u,在为其设计数据收集任务 s_u 后,其能够收集到的数据矩阵定义为 $\mathcal{A}_{s_u}$。除 s_u 中包含的数据点之外,$\mathcal{A}_{s_u}$ 在其他位置均为零。

定义 2-7（移动群体感知问题） 给定愿意参加群智感知项目的用户集合 $U = \{u_1, u_2, \ldots, u_n\}$、总经费 B 以及收集数据的区域和时间,本章的任务是:①从用户集合 U 中合理地招募部分用户 U';②为每个招募到的用户 $u \in U'$ 设计数据收集任务 s_u;③设计合理的数据覆盖率指标 $\phi(\mathcal{A})$,使得收集到的数据的覆盖率最大。该问题定义如下:

$$\max \quad \phi(\mathcal{A})$$
$$\text{s.t.} \begin{cases} \sum_{u \in U'} u.r \leq B \\ \mathcal{A} = \sum_{u \in U'} \mathcal{A}_{s_u} \end{cases} \quad (2.2)$$

式中,$\mathcal{A}_{s_u}$ 表示用户 u 执行数据收集任务 s_u 所能收集到的数据矩阵;$u.r$ 为招募用户 u 所需要的经费。

2.4 移动群智感知方法

2.4.1 模型框架

图 2-3 展示了本章的移动群智感知框架,该框架主要包含三个部分:参加和收集、用户招募以及数据收集任务设计。

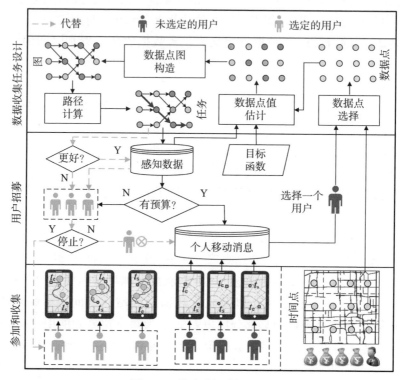

图 2-3 移动群智感知框架

在第一部分中,如图 2-3 中的右下角所示,收集数据的研究人员可以发布一个移动群智感知项目,包括:收集数据的类型、空间范围、时间段、经费以及单位时间给用户的奖励。如果用户(图中灰色的小人)对该感知项目感兴趣,就可以提交其移动信息,包括:起点 l_s、终点 l_e、出发时间 t_s 以及到达时间 t_e。如果一个用户被招募,其会收到数据收集任务,即收集数据的时间和地点的序列。最后,该用户根据所分配到的任务进行实地的数据收集。

在数据收集任务设计部分,如图 2-3 上部分所示,基于用户的移动信息以及预期已经收集到的数据,为每个用户 $u=(l_s,l_e,t_s,t_e,r)$ 设计一个数据收集任务。该过程包括四步。第一,抽取该用户在 t_s 和 t_e 之间能够收集的所有数据点。该用户能够收集数据点 $dp=(i,j,t)$ 是指该用户从起点 l_s 出发,在时间段 t 时能够在格子 (i,j) 进行数据收集。第二,基于数据覆盖率指标,计算每个数据点的覆盖价值,即对提升数据覆盖率的程度(图中不同颜色的点代表不同的价值)。例如,如果一个数据点附近(时间和空间相近)已经收集到数据,那该数据点的数据覆盖价值就比较低。第三,对于任意两个数据点 dp_1 和 dp_2,如果该用户在收集完 dp_1 的数据后能够从格子 $dp_1.(i,j)$ 在时间段 $dp_2.t$ 之前赶到格子 $dp_2.(i,j)$ 进行数据收集,那么将有一条 dp_1 到 dp_2 的有向边。这就构建了一个该用户所能收集到的数据点图。在该数据点图中,每一条从起点到终点的路径都是该用户的数据点序列,即为该用户设计的数据收集任务。第四,通过搜索该数据点图,就能够为该用户找到一个好的路径/数据收集任务。

在用户招募过程中,如图 2-3 的中间部分,主要有两个步骤:用户选取以及用户替换。首先,从愿意参与的用户中随机地选取一个用户,然后为该用户设计数据收集任务,并更新预期能够收集到的数据矩阵和剩余经费。重复上述过程直到花光全部经费。接着,开始用户替换过程。该过程随机地选取一个没招募的用户替换一个已经招募的用户,并为新招募的用户设计数据收集任务,如果替换后数据覆盖率得到提升,则保留这次替换;否则不替换。重复这个替换过程,以不断优化用户招募的结果,直到连续一定次数的替换都无法提升数据覆盖率。

2.4.2 数据覆盖率

本小节首先讨论数据覆盖率评估的难点,然后提出基于层次信息熵的数据覆盖率评估指标。

1. 评估数据覆盖率的难点

在移动群智感知中,数据覆盖率通常包含两层信息:数据的数量以及数据的均匀程度。虽然数据的数量很容易评估,数据在时间和空间上的均匀程度却并不容易定义。

在不同的时间和空间粒度下,即不同的时间的长度和空间大小下,数据会呈现不同的分布。如图 2-4 中的例子所示,可以将时间和空间分割成细粒度

（见图 2-4e）或分割成粗粒度（见图 2-4f）。在细粒度下，如图 2-4a、c 所示，这两个数据集均覆盖了 4 个格子，因此其具有相近的均匀程度。然而，在粗粒度下，如图 2-4b、d 所示，第一个数据集只覆盖了 1 个格子，而第二个数据集覆盖了全部 4 个格子。因此，亟须合理地定义数据的覆盖率指标。

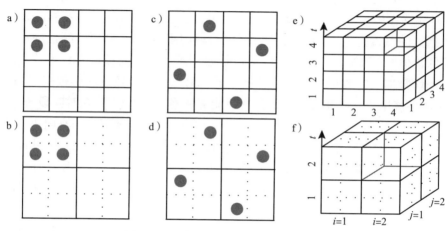

图 2-4 城市数据在不同粒度下的表示

2. 基于层次信息熵的数据覆盖率

本章提出了一个基于层次信息熵的数据覆盖率指标 $\phi(\mathcal{A})$：

$$\phi(\mathcal{A}) = \alpha E(\mathcal{A}) + (1-\alpha)\log_2 Q(\mathcal{A}) \tag{2.3}$$

式中，$E(\mathcal{A})$ 代表所收集到的数据 $\mathcal{A}$ 的层次信息熵，用来衡量数据的均匀程度；$Q(\mathcal{A})$ 表示数据 $\mathcal{A}$ 的数量；$\alpha \in [0,1]$ 是一个参数，用于调节均匀程度和数量的相对重要性。例如，可以设置一个较大的 α 来收集更加均匀的数据。为了使 α 的调节更加敏感，在数据覆盖率指标中，对数据的数量取了一个对数，即 $\log_2 Q(\mathcal{A})$，使得数据的数量与数据的层次信息熵在同一量级上。其中，数据的数量 $Q(\mathcal{A})$ 是

$$Q(\mathcal{A}) = \sum_{i,j,t} \mathcal{A}(i,j,t) \tag{2.4}$$

式中，$\mathcal{A}(i,j,t)$ 表示在时间段 t 和格子 (i,j) 中收集到的数据数量。接下来介绍数据的层次信息熵 $E(\mathcal{A})$。

为了更好地评估数据的均匀性，层次信息熵 $E(\mathcal{A})$ 综合考虑了数据在不同时间和空间粒度下的均匀程度。具体来说，每个粒度下数据的信息熵作为其均

匀程度，信息熵大，均匀程度就高。因此，层次信息熵 $E(\mathcal{A})$ 就是数据在不同粒度下的信息熵的整合，其正式定义如下：

$$E(\mathcal{A}) = \frac{1}{k_{\max}} \sum_{k=1}^{k_{\max}} \omega(k) E(\mathcal{A}(k)) \qquad (2.5)$$

式中，$k_{\max}$ 表示考虑的时空粒度的个数；$\omega(k)$ 是权重系数，用来平衡不同粒度下信息熵的重要性；$E(\mathcal{A}(k))$ 是数据在第 k 个粒度下的信息熵，其定义为

$$E(\mathcal{A}(k)) = -\sum_{i,j,t} p(i,j,t \mid k) \log_2(p(i,j,t \mid k)) \qquad (2.6)$$

式中，$p(i,j,t|k) = \mathcal{A}(i,j,t|k)/Q(\mathcal{A})$ 是 (i,j,t) 中的数据数量占总数量的比例；$\mathcal{A}(i,j,t|k)$ 是在粒度 k 下数据 $\mathcal{A}$ 在 (i,j,t) 的数量。对于粒度 k，定义 $I(k)$ 和 $J(k)$ 分别为空间区域横向和纵向的格子数量，$T(k)$ 为时间段的数量。当数据 $\mathcal{A}$ 在粒度 k 下是完全均匀分布时，其信息熵达到最大，为 $\log_2 I(k)J(k)T(k)$。因此，将权重系数 $\omega(k)$ 设置为

$$\omega(k) = \frac{\log_2 I(1) J(1) T(1)}{\log_2 I(k) J(k) T(k)} \qquad (2.7)$$

这样，对于任意的粒度 k，$\omega(k) E(\mathcal{A}(k))$ 拥有相同的最大值。

为了展示层次信息熵的有效性，图 2-5 给出了一个例子，其考虑二维平面中的两个数据集。首先，考虑 $k_{\max} = 2$ 个粒度，设置 $I(1) = J(1) = 4$ 和 $I(2) = J(2) = 2$。然后，计算能得到第一个数据集的层次信息熵为 $E(\mathcal{A}) = 1$（见图 2-5a）以及第二个数据集的层次信息熵为 $E(\mathcal{A}) = 3$（见图 2-5b）。因此，图 2-5b 中的数据集更加均匀，这与预期符合。

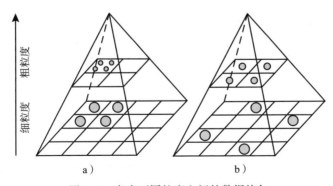

图 2-5 考虑不同粒度空间的数据均匀

3. 覆盖率的增量计算方法

给定收集到的数据 $\mathcal{A}$,为了快速地计算其覆盖率 $\phi(\mathcal{A})$,即式(2.3),本章提出了一个增量计算方法,其时间复杂度仅为 $O(1)$。为了计算 $\phi(\mathcal{A})$,需要分别计算 $Q(\mathcal{A})$ 和 $E(\mathcal{A}(k))$。具体过程如下。

假设已知当前的 $\mathcal{A}$、$Q(\mathcal{A})$ 和 $E(\mathcal{A}(k))$,当有一个新数据在 (i_0, j_0, t_0) 被收集到时,需要动态地更新 $Q(\mathcal{A}')$ 和 $E(\mathcal{A}'(k))$。$\mathcal{A}'$ 与 $\mathcal{A}$ 除了 $\mathcal{A}'(i_0, j_0, t_0) = \mathcal{A}(i_0, j_0, t_0) + 1$ 外,其他完全一样。显然,$Q(\mathcal{A}') = Q(\mathcal{A}) + 1$。基于信息熵的定义可得

$$E(\mathcal{A}(k)) = -\sum_{i,j,t} \frac{\mathcal{A}(i,j,t \mid k)}{Q(\mathcal{A})} \log_2 \frac{\mathcal{A}(i,j,t \mid k)}{Q(\mathcal{A})} \tag{2.8}$$

从而可以推导得到

$$E(\mathcal{A}(k)) = \log_2 Q(\mathcal{A}) - \frac{1}{Q(\mathcal{A})} \sum_{i,j,t} \mathcal{A}(i,j,t \mid k) \log_2 \mathcal{A}(i,j,t \mid k) \tag{2.9}$$

$$\Rightarrow \sum_{i,j,t} \mathcal{A}(i,j,t \mid k) \log_2 \mathcal{A}(i,j,t \mid k) = Q(\mathcal{A})(\log_2 Q(\mathcal{A}) - E(\mathcal{A}(k))) \tag{2.10}$$

$$\Rightarrow \sum_{(i,j,t) \neq (i_k,j_k,t_k)} \mathcal{A}(i,j,t \mid k) \log_2 \mathcal{A}(i,j,t \mid k) = Q(\mathcal{A})(\log_2 Q(\mathcal{A}) - E(\mathcal{A}(k))) -$$
$$\mathcal{A}(i_k, j_k, t_k \mid k) \log_2 \mathcal{A}(i_k, j_k, t_k \mid k) \tag{2.11}$$

式中,(i_k, j_k) 是 (i_0, j_0) 在粒度 k 对应的格子位置;t_k 是 t_0 在粒度 k 对应的时间段。

基于式(2.9),对于 $E(\mathcal{A}'(k))$,可得

$$E(\mathcal{A}'(k))$$
$$= \log_2(Q(\mathcal{A}) + 1) - \frac{1}{Q(\mathcal{A}) + 1} \sum_{(i,j,t) \neq (i_k,j_k,t_k)} \mathcal{A}(i,j,t \mid k) \log_2 \mathcal{A}(i,j,t \mid k) -$$
$$\frac{1}{Q(\mathcal{A}) + 1} (\mathcal{A}(i_k, j_k, t_k \mid k) + 1) \log_2 (\mathcal{A}(i_k, j_k, t_k \mid k) + 1) \tag{2.12}$$

再基于式(2.11),可得

$$E(\mathcal{A}'(k))$$
$$= \log_2(Q(\mathcal{A}) + 1) - \frac{1}{Q(\mathcal{A}) + 1} \{ Q(\mathcal{A})(\log_2 Q(\mathcal{A}) -$$
$$E(\mathcal{A}(k))) - \mathcal{A}(i_k, j_k, t_k \mid k) \log_2 \mathcal{A}(i_k, j_k, t_k \mid k) \} -$$

$$\frac{1}{Q(\mathcal{A})+1}(\mathcal{A}(i_k,j_k,t_k\mid k)+1)\log_2(\mathcal{A}(i_k,j_k,t_k\mid k)+1) \qquad (2.13)$$

因此，基于式（2.13），当一个新的数据 (i_0,j_0,t_0) 收集到时，基于已有的 $Q(\mathcal{A})$ 和 $E(\mathcal{A}(k))$，就能够快速地计算新的 $E(\mathcal{A}'(k))$，其时间复杂度为 $O(1)$。初始时，由于 $\mathcal{A}$ 为零矩阵，设置 $Q(\mathcal{A})=0$ 以及 $E(\mathcal{A}(k))=0$。需要说明的是，如果基于定义直接对 $\phi(\mathcal{A})$ 进行计算，其时间复杂度为 $O\{\sum_{k=1}^{k_{\max}}I(k)J(k)T(k)\}$。因此，所提出的增量计算方法大幅提升了数据覆盖率的计算效率。

2.4.3 数据收集任务设计

1. 数据点抽取

正如之前所定义的，数据收集任务是数据点的序列。因此，在为一个用户设计数据收集任务之前，首先需要基于该用户的移动信息，抽取出该用户所有可能收集的数据点。对于一个用户 $u=(l_s,l_e,t_s,t_e,r)$ 来说，其能收集的数据点 $dp=(i,j,t)$ 应满足以下两个约束：

- 在时间段 t 结束之前，该用户能够从起点 l_s 到达格子 (i,j) 并完成数据的收集；
- 在数据收集完成之后，该用户能够在结束时间 t_e 之前从格子 (i,j) 达到终点 l_e。

很显然，用户的行程时间的估计是一项重要内容。对于一个固定的交通方式（例如：走路、开车等），其行程时间已经能够得到很准确的估计。例如，出租车的行驶时间估计的平均误差已经在 2.6min 之内[37]。因此，对行驶时间的估计可以直接运用已有的方法。

下面通过一个例子来阐述数据点抽取的具体步骤。定义一个时间段为 10min。如图 2-6a 所示，对于格子 2 来说，首先需要估计该用户从起点（格子 4）到格子 2 所需要的行驶时间（18min）以及从格子 2 到终点（格子 3）的行驶时间（16min），即该用户能够在 8:43 到达格子 2 并且需要在 8:58 之前出发去终点。因此，对于格子 2 来说，两个时间段 8:40—8:50 和 8:50—9:00 满足约束条件，而其他时间段不满足。通过这种方式，就可以对每个格子进行检查，从而获得所有的数据点。定义 DP_t 为该用户能够在时间段 t 进行数据收集的数据点集合。在图 2-6 的例子中，可以得到 $DP_{t_1=8:40-8:50}=\{(1,t_1),(2,t_1),(5,t_1)\}$（见图 2-6d），$DP_{t_2=8:50-9:00}=\{(2,t_2),(5,t_2),(6,t_2)\}$（见图 2-6e）以及 $DP_{t_3=9:00-9:10}=\{(3,t_3),(6,t_3)\}$（见图 2-6f）。

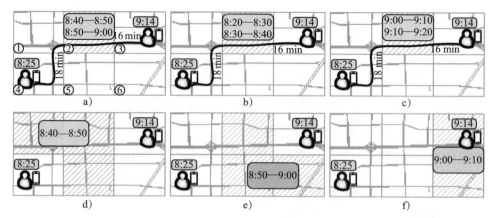

图 2-6 一个用户的数据点示例

2. 数据点价值评估

给定当前已经收集到的数据 $\mathcal{A}$,根据其时间和空间分布,不同的数据点对整体数据的覆盖率 $\phi(\mathcal{A})$ 的贡献是不同的。一个对覆盖率贡献高的数据点更容易被加入为用户设计的数据收集任务中。正式地,给定已经收集的数据 $\mathcal{A}$,定义一个数据点 $dp=(l,t)$ 的覆盖价值 $\phi\{(l,t)|\mathcal{A}\}$ 可定义为

$$\phi\{(l,t)|\mathcal{A}\} = \phi(\mathcal{A}+\mathcal{A}_{(l,t)}) - \phi(\mathcal{A}) \tag{2.14}$$

式中,$\mathcal{A}_{(l,t)}$ 表示数据点 $dp=(l,t)$ 对应的数据矩阵,即 $\mathcal{A}_{(l,t)}$ 在数据点 (l,t) 处为1,其他均为0。因此,一个数据点 dp 的覆盖价值就是在原有数据 $\mathcal{A}$ 上增加数据点 dp 所带来的覆盖率的提升值,即边际覆盖率。很显然,如果一个数据点附近已经有很多数据点收集到数据,那么该数据点的覆盖价值就相对较低。相反,如果一个数据点附近没有任何数据被收集,那么该数据点的覆盖价值相对较高。

3. 数据点图构造

如定义 2-5 所示,一个数据收集任务是序列的数据点 $(l_1,t_1) \to (l_2,t_2) \to \cdots$,其需要满足约束 $t_1 \leq t_2 \leq \cdots$,其中 l_k 代表格子的位置 (i_k,j_k)。然而并不是所有满足该约束的数据点序列都能成为数据收集任务。例如,即使 $t_1 \leq t_2$,该用户也可能不能在 t_2-t_1 时间内从 l_1 到达 l_2,特别是 l_2 和 l_1 相隔较远的情况下。这就意味着,对于每一个数据点序列,都需要检查其是否能够作为一个数据收集任务。然而,由于数据点序列的数量是巨大的,检查每个数据点序列是不可能的。具体来说,一个用户的所有数据点集合记为 DP,在时间段 t 的数

据点集合记为 DP_t，即 $DP = \bigcup_{t=1}^{t_{max}} DP_t$。对于一个用户的 DP，经计算，总共有 $\prod_{t=1}^{t_{max}} \sum_{m=1}^{|DP_t|} \frac{|DP_t|!}{\|DP_t|-m|!}$ 个潜在序列。潜在序列的个数随着 $|DP|$ 的增长呈指数级增长，而在真实世界的应用中，如图 2-7 所示，当用户有较长的空闲时间时，$|DP|$ 将是成百上千的，因此潜在序列是巨量的。

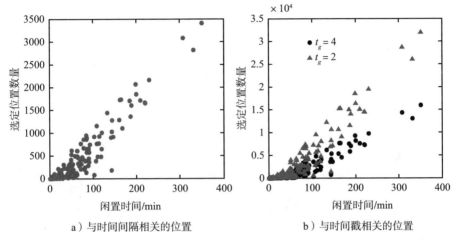

a）与时间间隔相关的位置　　　b）与时间戳相关的位置

图 2-7　真实世界中一个用户的数据点个数

为了高效快速地抽取出可行的任务，如图 2-8 所示，本章为每个用户构建了一个数据点图。在数据点图中，节点包含所有的数据点以及该用户的 (l_s, t_s) 和 (l_e, t_e)。对于任意两个节点 dp_1 和 dp_2，如果该用户能够在 t_1 从 l_1 出发并在 t_2 时间段结束前到达 l_2，那么就有一条从 dp_1 到 dp_2 的有向边。因此，在数据点图中，每一条从用户的 (l_s, t_s) 到 (l_e, t_e) 的路径都是一个可行的数据收集任务。根据该任务的设计原则可以发现，所设计的任务能够保证该用户在其到达时间之前到达目的地，并不影响该用户原本的出行计划。

然而，我们并不能直接构造出这样的数据点图，因为我们不能快速地检测一个用户能否从 dp_1 出发及时到达 dp_2。如图 2-9a 所示，如果我们只知道该用户在时间段 8:40—8:50 到达格子 5，那么其有两种可能的情形：①该用户在 8:41 到达格子 5，其可以在 8:50—9:00 之间到达格子 2（见图 2-9b）；②该用户在 8:45 到达格子 5，其不能在 8:50—9:00 之间到达格子 2（见图 2-9c）。因此，核心问题是无法知道该用户到达每个格子时的精确时间点，从而增加了数据点图的构造难度。

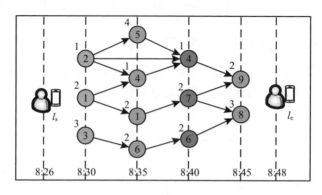

图 2-8　一个用户的数据点图

注：横轴是数据点对应的时间点，节点内的数字代表格子位置，节点左上方的数字代表该数据点的覆盖率价值，第一类的连边并没有在图中表示出来。

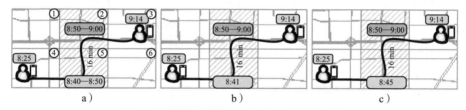

图 2-9　数据点图构造中精确时间的重要性

为了解决这个问题，本章考虑确切的时间点，例如每隔 $t_g=4\min$ 作为一个时间点。对于每个时间点，选取该用户能够在该时间点之前到达的格子集合。如图 2-10 所示，其中：

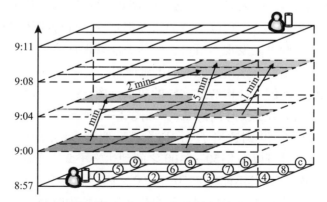

图 2-10　基于具体时间点的数据点，即 9:00、9:04 和 9:08（$t_g=4$）

- $DP_{t_1=9:00} = \{(1,t_1),(2,t_1),(3,t_1),(5,t_1),(6,t_1)\}$,
- $DP_{t_2=9:04} = \{(3,t_2),(4,t_2),(6,t_2),(7,t_2),(9,t_2),(a,t_2)\}$,
- $DP_{t_3=9:08} = \{(7,t_3),(8,t_3),(b,t_3),(c,t_3)\}$。

基于具体的时间点，就很容易知道两个数据点之间是否有连边（见图 2-10），从而完成对数据点图的构造。事实上，当 t_g 趋于 0 时，就相当于考虑了所有的时间点。

基于上述分析，以下可以为每个用户 u 构造数据点图 $G(u|\mathcal{A})$，如图 2-8 所示。数据点图 $G(u|\mathcal{A})$ 中的节点 V 包含两个部分：①数据点及其对应的覆盖率价值［见式(2.14)］；②该用户的 (l_s,t_s) 和 (l_e,t_e)。数据点图 $G(u|\mathcal{A})$ 中的边 E 也包含两个部分：①根据数据点的定义，从用户的 (l_s,t_s) 都有一条有向边连向任意一个数据点，以及从任意一个数据点都有一条有向边连向用户的 (l_e,t_e)；②对于任意两个数据点 dp_1 和 dp_2，如果用户能够从 dp_1 及时到达 dp_2，那么就有一条连边从 dp_1 连向 dp_2。

这里需要说明的是，数据点图的构造对数据收集任务设计的时间效率影响并不大，原因在于：对于一个用户来说，其数据点图的结构是固定的，因此只要构建一次即可。对于数据点的覆盖价值，给定不同的 $\mathcal{A}$，运用 2.4.2 节中的增量计算方法，也能够对其进行快速的计算。

4. 基于图的任务设计

基于构建的数据点图，以下讨论数据收集任务的设计，即给定一个用户 u，为其设计最优的数据收集任务 $s_u = (l_s,t_s) \to (l_1,t_1) \to (l_2,t_2) \to \cdots \to (l_M,t_M) \to (l_e,t_e)$，使得整体的数据覆盖率最大，即该任务的边际覆盖率最大：

$$\max_{s_u} \phi(s_u|\mathcal{A}) = \phi(\mathcal{A}+\mathcal{A}_{s_u}) - \phi(\mathcal{A}) \qquad (2.15)$$

式中，$\phi(s_u|\mathcal{A})$ 表示任务 s_u 的边际覆盖率；$\mathcal{A}_{s_u}$ 表示任务 s_u 所能搜集到的数据矩阵。

然而，寻找一个最优的路径需要耗费大量的时间。首先，基于层次信息熵的数据覆盖率是非线性的，因此 $\phi(s_u|\mathcal{A}) \neq \sum_{m=1}^{M} \phi((l_m,t_m)|\mathcal{A})$。这导致只有尝试数据点图中的所有路径才能寻找到最优的路径。然而，如图 2-7b 所示，真实世界中的数据点图往往具有非常多的节点，潜在的路径数量非常大。

为了解决这个问题，本章寻找一个快速的近似最优解，将目标从最大化任务的边际覆盖率转化为最大化一条任务里数据点的覆盖价值总和，即

$$\max \sum_{m=1}^{M} \phi((l_m,t_m)|\mathcal{A}) \qquad (2.16)$$

为了快速求解式（2.16），本章提出了一个动态规划算法[38]，该算法基于以下两点观察。首先，数据点图是一个有向无环图，并且其可以按照时间进行划分，如图 2-8 所示。数据点之间只可能从时间小的连向时间大的。其次，基于第一点，就可以迭代地计算从(l_s,t_s)到每个数据点的最优路径，这个迭代是从时间点低的数据点到时间点高的数据点。初始时，从(l_s,t_s)到第一个时间点的所有数据点$(l,t) \in DP_1$的最优路径就直接是$(l_s,t_s) \to (l,t)$。为了得到从(l_s,t_s)到第二个时间点的所有数据点$(l,t) \in DP_2$的最优路径，以图 2-8 中的数据点$(4,8:35)$为例，首先需获取所有连向$(4,8:35)$的数据点，标记为$(4,8:35)^{in} = \{(2,8:30),(1,8:30)\}$。接着，从$(4,8:35)^{in} = \{(2,8:30),(1,8:30)\}$中选取覆盖价值最高的数据点，即$(1,8:30)$，其值为 2，比$(l_s,t_s) \to (2,8:30)$，其值为 1，更高。因此，从$(l_s,t_s)$到$(4,8:35)$的最优路径是$(l_s,t_s) \to (1,8:30) \to (4,8:35)$。基于这种动态规划的方式，就可以迭代地得到从$(l_s,t_s)$到$(l_e,t_e)$的最优路径。动态规划算法的具体过程如下：

❑ 对于第一个时间点的数据点 $dp=(l,t) \in DP_1$，从(l_s,t_s)到 dp 的最优路径就是 $\text{Path}\{(l_s,t_s) \to (l,t)\} = (l_s,t_s) \to (l,t)$，其覆盖率价值为 $\phi\{(l_s,t_s) \to (l,t)\} = \phi\{(l,t)|\mathcal{A}\}$。

❑ 对于第一个时间点之后的数据点 $dp=(l,t) \in DP_t$，$t \geq 2$（$t=2$ 从小到大开始），首先获取连向(l,t)的所有数据点，记为$(l,t)^{in}$。例如，在图 2-8 中，$(4,8:40)^{in} = \{(2,8:30),(4,8:35),(5,8:35)\}$。接着，从$(l,t)^{in}$中找到覆盖价值最高的路径 $\text{Path}\{(l_s,t_s) \to (l_{best},t_{best})\}$，其具有最高的覆盖率价值，即 $(l_{best},t_{best}) = \arg\max_{(l_0,t_0) \in (l,t)^{in}} \phi\{(l_s,t_s) \to (l_0,t_0)\}$。这样，就可以得到 $\text{Path}\{(l_s,t_s) \to (l,t)\} = \text{Path}\{(l_s,t_s) \to (l_{best},t_{best})\} \to (l,t)$，其覆盖率价值为 $\phi\{(l_s,t_s) \to (l,t)\} = \phi\{(l_s,t_s) \to (l_{best},t_{best})\} + \phi\{(l,t)|\mathcal{A}\}$。

❑ 最后，可得从(l_s,t_s)到(l_e,t_e)的最优路径 $\text{Path}\{(l_s,t_s) \to (l_e,t_e)\}$，即是近似最优的数据收集任务。

2.5 实验方案与结果分析

本章基于真实世界收集到的 34 个用户的移动信息数据，对所提出的移动群智感知框架的有效性进行评估。

2.5.1 实验方案

1. 数据集

首先介绍 34 个用户的移动信息数据，其来源于一个噪声数据收集的移动群智感知项目。该项目在北京市的一个 6.6km×3km 的小区域中进行的，时间跨度为 2015 年 5 月 15 日至 2015 年 5 月 20 日以及 2015 年 6 月 9 日至 2015 年 6 月 19 日。每一天，噪声数据收集的时间区间为上午 6 点到晚上 10 点。其中，34 个大学生参与了数据的收集。该实验并没有为用户设计数据收集的任务，而是让用户自行决定去哪里和什么时候进行数据收集（见图 2-11）。收集一个噪声数据需要 2min。用户收集到的数据越多，其获得的奖励也越多。因此，为了获得更多的奖励，用户需要花费更多的额外时间进行数据的收集。数据的收集是通过定制手机 APP 进行。当用户进行数据收集时，该 APP 会每 30s 记录一次用户当前的 GPS 位置，并传输到后台服务器。如图 2-11c 所示，由于没有为用户设计数据收集任务，这个实验收集到的数据的分布是非常不均匀的，很多地方收集到冗余的数据，而另外一些地方却没有收集到数据。

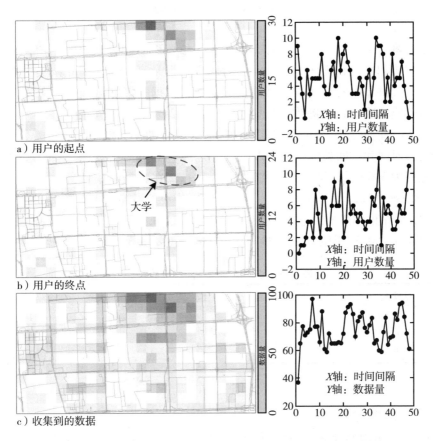

图 2-11　用户的起点、终点以及收集到的数据的时间和空间分布

从用户的 GPS 轨迹中,可以抽取出用户的移动信息。具体来说,给定一个用户的 GPS 轨迹,第一个收集到的数据的地点和时间可以视为该用户的起点和出发时间,最后一个收集到的数据的地点和时间可以视为该用户的终点和到达时间。很多用户的起点和终点都是他们所在的校园,这是因为他们主要花费空闲的时间来进行数据的收集,从而获得奖励。同样地,从 GPS 轨迹中,也可以获得用户的移动速度。由于用户通常是走路或者骑自行车进行数据的收集,其速度不太受交通情况的影响,因此可以直接用他们的速度进行行程时间的估计,即路程除以速度。然后,可以计算得到每个用户的空闲时间长度[见式(2.1)]。

综上,从 34 个用户的 GPS 轨迹中共抽取了 244 个移动信息,将其整合到一天中,作为评估移动群智感知框架的数据。如图 2-11a、b 所示,用户的移动信息非常不均匀,大部分都覆盖在校园区域,其他区域的数据非常稀少。该实验的目的是在不均匀的移动信息下收集到均匀覆盖的数据。

2. 实验设置

本章将 244 个移动信息视为 244 个准备参与移动群智感知的用户,为其进行用户招募和数据收集任务设计。因为用户数据是真实的,因此该实验能够指导未来真实世界中的移动群智感知。实验中,数据收集区域和时间范围与之前的噪声收集实验一致。将数据收集区域分割成 24×12 个等大小的格子,将时间分割为 48 个时间段。为了评估基于层次信息熵的覆盖率[式(2.5)],考虑 3 个不同的时间和空间粒度(granularity),见表 2-1。除此之外,其他设定如下:①总经费为 5000 元,每小时的奖励为 40 元;②在数据收集任务设计中,每隔 4min 考虑一个数据点,即 $t_g=4$;③在用户招募中,当连续 100 次的用户替换都失败时,将结束用户替换过程,得到最终结果;④在基于层次信息熵的覆盖率中,设置参数 α 为 0.5,即数据的数量和均匀性同等重要;⑤收集一个数据需要 2min。

表 2-1 不同时间和空间粒度的参数

粒度 k	$I(k)$	$J(k)$	$T(k)$
1	12	12	24
2	8	6	12
3	4	3	6

2.5.2 结果分析

1. 对收集到的数据的均匀程度的评估

为了使收集到的数据能够发挥更大的作用,需要数据尽可能均匀。然而,由于用户的移动信息非常不均匀，因此如何收集到均匀的数据是一个挑战。这里首先评估所提出的移动群智感知框架能否收集到均匀的数据。在基于层次信息熵的覆盖率中，参数 α 调节着数据的数量与均匀性的相对重要性，故这里考虑三个不同的 α 参数：①$\alpha=0$，收集更多的数据；②$\alpha=0.5$，数据的数量和均匀性需要兼顾；③$\alpha=1$，收集尽可能均匀的数据。需要说明的是，α 可以根据不同的应用场景进行合理的设置。

图 2-12 展示了所提出的移动群智感知框架收集到的数据的空间和时间分布。相比于移动信息的极度不均匀（见图 2-12a、b），该框架能够收集到较为均匀的数据，特别是当 $\alpha=1$ 时（见图 2-12c）。事实上，当 $\alpha=1$ 时，用户最大限度地被分配缺少数据的区域，特别是那些空闲时间较长的用户。因此，在不影响用户原本的移动信息的前提下，本章的框架能够收集到尽可能均匀的数据。由于不能改变用户的出发时间和到达时间，因此数据在时间上的均匀程度很难优化。

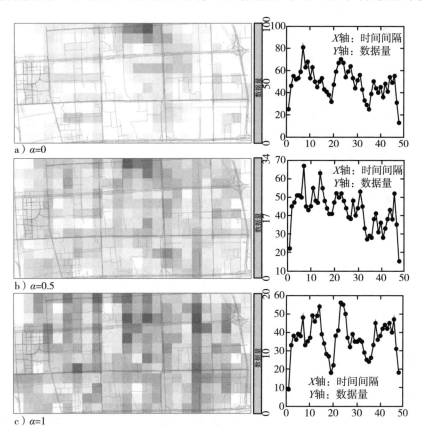

图 2-12 不同 α 下本章的移动群智感知框架收集到的数据的空间和时间分布

除了上面的可视化结果,这里还得到了一些统计结果,如图2-13所示。所提出的移动群智感知框架既可以收集更多的数据(当$\alpha=0$时),也可以收集更加均匀的数据(当$\alpha=1$时),而$\alpha=0.5$提供了数据的数量和均匀性之间的平衡性。如图2-13所示,随着α的增大,收集到的数据的信息熵不断增大,而数据的数量则降低,这符合对参数α的设定。这意味着,除了收集均匀的数据,通过将α设为$\alpha=0$,本章的框架也可以收集到数量更多的数据。由此可见,所提出的移动群智感知框架可以适应各种各样的目标函数,使其具有更大的应用场景。

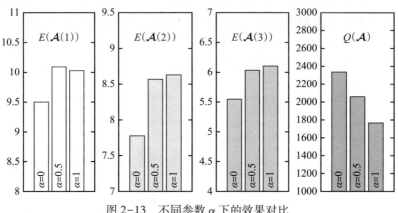

图2-13 不同参数α下的效果对比

2. 对层次信息熵的评估

本章所提出的层次信息熵作为数据均匀程度指标的有效性,将层次信息熵作为覆盖率,即$\phi(\mathcal{A})=E(\mathcal{A})$,将其与各个粒度下的数据均匀程度(信息熵)作为对比;比较了三个数据均匀程度指标:第一粒度下的数据信息熵$\phi_1(\mathcal{A})=E(\mathcal{A}(1))$、第二粒度下的数据信息熵$\phi_2(\mathcal{A})=E(\mathcal{A}(2))$、第三粒度下的数据信息熵$\phi_3(\mathcal{A})=E(\mathcal{A}(3))$。

每个对比的均匀程度指标收集到的数据在其对应粒度下信息熵都比较大,见表2-2。例如,$\phi_3(\mathcal{A})$在第三粒度的信息熵最大,然而,其第一和第二粒度下的信息熵却最小。均匀的数据应该在各个粒度下都有高的信息熵,因此只考虑一个粒度的信息熵的数据均匀指标是不合理的。相反,本章的基于层次信息熵的数据均匀指标$\phi(\mathcal{A})$能够在各个粒度下都有第二大的信息熵,并且总的效果$E(\mathcal{A})$最好。因此,层次信息熵最能够反映数据真实的均匀程度。

表 2-2　层次信息熵与单粒度信息熵的比较

	$E(\mathcal{A}(1))$	$E(\mathcal{A}(2))$	$E(\mathcal{A}(3))$	$E(\mathcal{A})$
$\phi_1(\mathcal{A})$	10.16	8.35	5.82	10.64
$\phi_2(\mathcal{A})$	9.87	8.68	6.03	10.84
$\phi_3(\mathcal{A})$	9.44	7.97	6.14	10.45
$\phi(\mathcal{A})$	10.02	8.61	6.10	10.90

3. 对运行时间效率的评估

除了对效果的评估，也需要对移动群智感知框架的运行时间效率进行评估。本章的移动群智感知框架是用 C#编程语言实现的，并在一个 CPU 频率为 2.4GHz 的服务器上运行。实验结果显示，本章的方法平均设计一个任务仅需要不到 2s，其高效的原因有两个：①能够快速地为每个用户构建数据点图，平均只需 14s，其不会影响数据收集任务的设计；②提出了一个快速的增量计算方法来更新数据的覆盖率。基于快速的数据收集任务设计，整个用户招募过程不到 10min。

4. 对用户招募算法的评估

本章将评估所提出的用户招募算法的有效性，其包含用户选取和用户替换两个过程。本章的对比方法如下：

- 随机招募：随机对用户进行选取/招募，不进行用户替换。
- 贪心招募：每次招募一个对数据覆盖率贡献最大的一个用户，直到花光所有经费。

表 2-3 展示了三种不同招募算法的效果。首先，对于数据覆盖率来说，本章的招募算法收集到的数据的覆盖率最高，数据的数量和均匀程度都最好。随机招募算法的覆盖率最差。其次，对于运行时间来说，本章的招募算法的效率也很高，只需要 8min，仅仅只比随机招募算法多 3min。贪心招募算法是非常耗时的，需要 55min，这是因为其每次都需要为所有用户进行任务设计。总体而言，本章的替换算法性能最优。

表 2-3　不同招募算法的效果比较

	$E(\mathcal{A}(1))$	$E(\mathcal{A}(2))$	$E(\mathcal{A}(3))$	$Q(\mathcal{A})$	运行时间
随机招募	9.84	8.35	5.93	1780	≈5min
贪心招募	9.94	8.46	6.04	1847	≈55min
我们的方法	10.08	8.56	6.05	2053	≈8min

5. 对数据收集任务设计的评估

在本章的数据收集任务设计方法中，参数 t_g 控制着数据点的间隔，例如 t_g = 4min。t_g 越小，就有越多的数据点（见图 2-7），这会导致越多的可能任务，本章也会得到越好的数据覆盖率，如图 2-14 所示。然而，越小的 t_g 也会导致越大的运行时间。具体来说，当 t_g = 4 时，设计一个任务需要 2s，但当 t_g = 2 时，设计一个任务需要 8s。因此，在现实的移动群智感知中，对 t_g 的设置既需要考虑数据的覆盖率，也需要考虑运行时间。

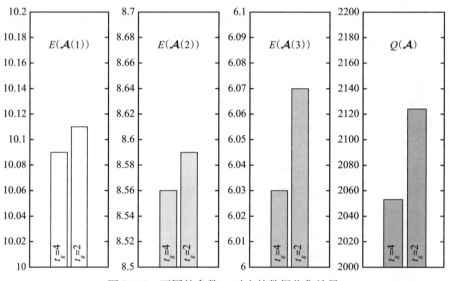

图 2-14　不同的参数 t_g 对应的数据收集效果

2.6　本章小结

本章提出了一个基于人群移动性的移动群智感知框架，能够在有限的经费资源和用户移动信息不均匀的情况下，收集到尽可能均匀覆盖的数据。基于该框架，首先提出了一个基于层次信息熵的数据覆盖率指标，能够很好地衡量收集到的数据的质量；其次提出了一个数据收集任务设计方法，能够基于用户的移动信息，为用户设计合理的数据收集任务；最后设计了一个高效的用户招募算法，用于招募最优的用户。基于真实的 34 个用户数据，验证了该框架的有效性。未来的研究方向主要有两个。第一个是移动群智感知中的实时用户招募，其研究的是面对一个用户如何实时地决定是否招募该用户，即用户可以在数据收集项目开始后加入[39-40]。实时用户招募的难度更大,因为既需要考虑当前已经收集到的数据、剩余的经费,还需要考虑该用户可以收集到哪些数据以及未来可能出现哪些用户。只有综合考虑这些因素才能做出最优的实时招募决策。第二个是,未来将在移动群智感知框架中考虑这样的设置:用户在提交其移动信息时也提交其期望的奖励。在该设置下,设计可行的数据收集任务和用户招募方法至关重要[41-42]。

第 **3** 章

城市时空数据填补

城市数据的完整性是影响城市计算与发展的关键环节。特别针对空气质量数据,由于传感器的部署和使用问题,空气质量数据经常会发生一些缺失问题,缺失数据的填补是后续空气污染问题研究的基础。由于气象监测设备的稳定性问题,数据在某个时间节点的缺失情况时常发生。针对上述问题,如何设计气象数据缺失值填补方法,提高数据可用性和利用率,增强气象数据的预测精度,是整个气象数据使用流程的关键步骤。因此本章针对气象数据的缺失问题,提出一种多视图的气象数据缺失填补预处理方案,以解决数据缺失给气象预测带来的困难。

本章安排如下:3.1 节阐述本章的研究背景和研究意义;3.2 节介绍本章的相关工作;3.3 节介绍时空数据填补的问题定义;3.4 节通过示例来详细介绍所提出的模型;3.5 节介绍实验所用的数据集、实验方案和性能分析;3.6 节是本章小结。

3.1 引言

在现实世界中,有各式各样的传感器部署在世界各地,持续不断地监测着周边环境,例如空气质量监测、气象监测和水质量监测等。这些传感器通常会源源不断地产生大量带有地理位置标签的时间序列数据,进而帮助人类更好地了解所监测的情况。但在通常情况下,某些传感器发生故障,例如设备损坏或断电等情况导致通信错误,导致一部分数据丢失。这些缺失数据不仅会影响到实时监测,还会影响后续的数据分析。以空气质量监测为例,如果相关数据缺失,公众就不能及时地获取所在区域的空气质量;政府或者研究员们后续也就无法做出正确的数据统计分析。缺失数据的填补是后续所有相关任务的基础。

填补带有地理标签的时间序列数据有以下两个难点:

1) 传感器读数可以在任何一个传感器的任意一个时间点上发生缺失,且基本是随机发生的,无法建模。在某些极端情况下,某个传感器在一段连续时间内不断缺失读数,例如图 3-1 中的 s_2 传感器在时间段 $[t_1, t_i]$ 内没有数据;也可能所有传感器在某个时间点上均缺失读数,例如图 3-1 中所有传感器在 t_2 时间点上都缺失了数据。类似上述情况,我们称之为块状缺失,由于可能无法找到稳定的模型输入,现有的缺失值填补方法很难处理。例如,非负矩阵分解模型无法处理数据矩阵中整行或整列都缺失的情况。

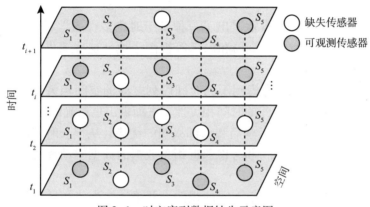

图 3-1 时空序列数据缺失示意图

2) 受多种复杂因素影响,传感器读数随着地理位置和时间变化发生非线性变化。首先,距离相对比较近的传感器在同一时间点上可能并不总比距离相对较远的传感器的读数值更接近。如图 3-2a 所示,传感器 s_2 部署在 s_1 和 s_3 相对中间的位置。在地理空间距离上,s_1 比 s_3 更靠近 s_2。但如图 3-2b 所示,传感器 s_2 的空气质量读数相比于传感器 s_1 的更接近于传感器 s_3 的。究其原因是 s_2 和 s_3 分别位于两个具有类似地理环境的区域,例如周边都分布着很多的道路和兴趣点。然而,s_1 却被部署在一片小森林中,且它与 s_2 之间还有一个大型公园。经典的反距离插值法并不能很好地处理这种异常情况。其次,传感器读数会随着时间推移不停地上下波动,有时甚至会发生突变。如图 3-2b 所示,不同地点的空气质量随时间变化类似,但变化幅度不同。尤其是传感器 s_2 在第 31 个时间点的未来 2h 内空气质量指数下降超过了 200。这种时序上的突然变化,对实时监测和后续数据分析非常重要,但现有的经典时间序列插值方法并不能很好地处理这种情况。

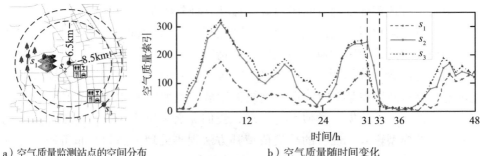

a）空气质量监测站点的空间分布　　　　　b）空气质量随时间变化

图 3-2　空气质量监测站点的空间分布及空气质量随时间变化

为了解决这些难题，本章提出了一种基于时空多视图学习（ST-MVL）的方法，同时从空间、时间、全局和局部等视图来填补这些缺失值。ST-MVL 模型有四个方面的特点：

- ❑ ST-MVL 模型同时考虑到不同时间序列之间的空间相关性和同一时间序列中不同时间点之间的时间相关性，进而做出更精确的估计。
- ❑ ST-MVL 模型融合了全局和局部视图的优势，从很长时间的历史数据中得出的统计经验规律和考虑邻近相关数据的数据驱动算法，进而得到更高的准确性。
- ❑ ST-MVL 通过集成 4 个不同的视图，并采用缺失值初始化的方式，从而可以处理块状缺失问题。
- ❑ 通过使用北京市的空气质量和气象数据来评估 ST-MVL 方法。对比于 10 个基准模型，实验结果验证了 ST-MVL 方法的有效性。

3.2　相关工作

空气质量数据经常会发生一些缺失问题，缺失数据的填补是后续空气污染问题研究的基础。根据数据的时间性和空间性，缺失值填补模型主要可以分为 3 种，即空间模型、时序模型和时空模型。

1. 空间模型填补方法

空间模型只考虑当前时间点上不同空间点的数值进行插值，常常分为空间整体插值和空间局部插值两类。空间整体插值方法利用所有采样点的数据进行特征拟合，可以检测出远离总体趋势的孤立点。它主要包括边界内插法、趋势面分析、变换函数插值等，且通常使用方差分析和回归方程等标准的统计方法，计算比较简单。空间局部插值方法则利用邻近数据点来估计未知点的值。它可用于局部异常值，而且不受插值表面上其他点的内插值影响。其常用的方法有泰森多边形方法、距离倒数插值法、克里金插值法等[43]。

2. 时序模型填补方法

时序模型是指只考虑当前时间序列上不同时间点上的数值进行插值，常常分为平稳时间序列建模和非平稳时间序列建模。平稳序列是指基本上不存在趋势的时间序列，通常只含有随机成分。其预测方法主要为平滑法，例如简单平均法、移动平均法和指数平滑法。非平稳序列则指包含趋势、季节性或周期性的序列，其预测方法主要先将时间序列中的各个元素（趋势、季节、周期和随机成分）依次分解出来，然后再进行预测。针对趋势型时间序列，建模方法主要有线性趋势建模、非线性趋势建模和自回归建模等。对于复合型序列建模，主要有季节性多元回归模型、季节性自回归模型和时间序列分解法预测模型等。

3. 时空模型填补方法

时空模型则同时考虑到空间和时间信息来进行缺失值填补。许多基于统计的方法可以同时考虑时空信息来填补缺失值，例如最近邻均值填补等。最近有很多基于数据驱动的模型用来填补缺失值。Gruenwald 等人提出了一种通过对时变的时空关系进行建模的 DEMS 方法来处理缺失值[44]。Pan 等人提出了一种通过空间最近邻插值的方法[45]。Wang 等人统一了基于用户和物品的协作过滤，以填补推荐系统中的缺失值[46-47]。Johan 等人利用矩阵分解来填补缺失值[48]。总体而言，统计相关方法是从历史数据中学习总体的信息；而数据驱动模型则关注局部数据的相关特性。

3.3 预备知识和问题定义

如图 3-3 所示，传感器数据矩阵中有 m 个传感器和 n 个连续时间点，其中一行代表一个传感器，一列代表一个时间点。这个矩阵中的一个条目 v_{ij} 指的是第 i 个传感器在第 j 个时间点上的读数。在这个矩阵中，条目 v_{2j} 和 $v_{1,j+1}$ 缺失。如果现在要填补 v_{2j}，可以考虑同一时间点上 v_{2j} 的相邻传感器的读数来估计，例如 s_1 和 s_3；这称之为空间视图。v_{2j} 也可以根据同一传感器的相邻时间点的读数来估计，如 t_{j-1} 和 t_{j+1}；这称之为时间视图。还可使用不同时间长度的数据来进行估算，即局部视图和全局视图。例如，考虑 v_{2j} 在数据矩阵中的相邻时间点 t_{j-2} 至 t_{j+2} 的所有传感器读数，这个小规模的数据矩阵为局部数据矩阵，其列数为窗口大小记作 ω，即局部视图。或者，可以考虑很长一段时间内的读数，例

如从 t_1 至 t_n，即可称为一种全局视图。局部视图可以捕捉实时的数据更新，全局视图则代表着长期规律。如果在局部数据矩阵中，整行或整列的数据都缺失，这称之为块状缺失问题。

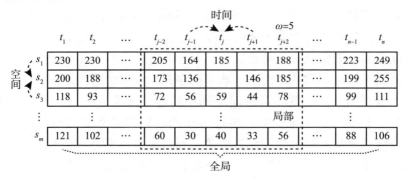

图 3-3 传感器数据矩阵示意图

3.4 基于多视图学习的数据缺失填补方法

3.4.1 模型框架

如图 3-4 所示，ST-MVL 模型由四个视图组成：全局空间视图（反距离加权插值：IDW[49]）、全局时间视图（简单指数平滑：SES[50]）、局部空间视图（基于用户的协作过滤：UCF[51]）和局部时间视图（基于物品的协作过滤：ICF[52]）。将这四种基于不同视图的预测结果汇总到一起，进而实现对缺失数据的估计。IDW 根据目标传感器的空间相邻传感器的读数来计算缺失的读数。SES 则根据目标传感器在不同时间点上的读数来估计缺失的读数。由于 IDW 和 SES 是从长时间历史数据中得出的经验统计模型，它们分别表示着缺失读数的全局空间视图和全局时间视图。相反地，UCF 仅根据传感器最近的读数，通过计算目标传感器与其空间相邻传感器之间的局部相似性来估计缺失的读数，其中传感器被认为是用户。同样地，ICF 根据传感器最近的读数中不同时间点之间的局部相似性来估计缺失的读数，其中时间表示物品。由于 UCF 和 ICF 分别从空间和时间的角度考虑局部相似性，它们分别代表着局部空间视图和局部时间视图。为了更加充分地利用这些不同视图的优势，我们提出了一种基于多视图学习的算法来最小化预测误差。

本节通过一个贯穿整个章节的示例来填补图 3-3 中 v_{2j} 的缺失数据，进而详细介绍 ST-MVL 模型。

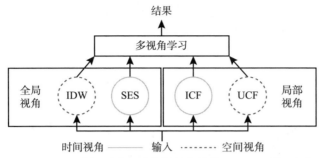

图 3-4 基于多视图学习的数据缺失填补 ST-MVL 模型框架

3.4.2 全局空间视图

为了模拟全局空间视图，根据其空间相邻传感器的读数来填补目标缺失值。IDW 首先根据每个传感器到目标传感器之间的距离来寻找空间相邻传感器，进而根据距离给每个相邻传感器的读数分配权重，最后通过对每个空间相邻传感器的读数和对应的权重做加权平均，从而得到预测值 $\hat{v}_{gs}$。IDW 的公式为

$$\hat{v}_{gs} = \frac{\sum_{i=1}^{m} v_i d_i^{-\alpha}}{\sum_{i=1}^{m} d_i^{-\alpha}} \tag{3.1}$$

式中，$\hat{v}_{gs}$ 是全局空间视图插值后的值；d_i 是空间相邻传感器 s_i 和目标传感器之间的空间距离；α 是一个正的幂指数；$d_i^{-\alpha}$ 用于控制权重衰减的速率。$d_i^{-\alpha}$ 会给较近的传感器赋予较大的权重，给较远的传感器赋予较小的权重。较大的 α 代表着距离权重衰减的速率越快，以及给距离较近的传感器赋予相对较大的权重。

图 3-5 通过展示两个真实数据的统计结果来说明为什么会采用 IDW 模型来模拟全局空间视图。本章使用了两个数据集：2014 年 5 月至 2015 年 5 月期间的北京市的空气质量数据和气象数据，并计算了该城市内任意两个传感器在相同时间点上随空间距离变化的相关性比率。在这两个数据的统计结果中，随着传感器之间的距离不断增加，相关性比率都不断地降低。其结果遵循了地理学第一定律，"距离越近，两个物体间相关性越大；距离越远，两者间相异性越大"[53]。该定律客观反映了带有地理位置标签的传感器数据中的经验空间相关性。

我们使用前面介绍的实例来演示 IDW 模型的执行。假设有两个传感器 s_1 和 s_3 分别在 s_2 空间附近，距离分别为 6.5km 和 8.5km（可以参考图 3-2）。假设

$\alpha=1$,那么传感器 s_1 和 s_3 的权重分别为 $1/6.5$ 和 $1/8.5$。通过加权平均,即可得到 IDW 的预测结果 $\hat{v}_{gs}=130$。

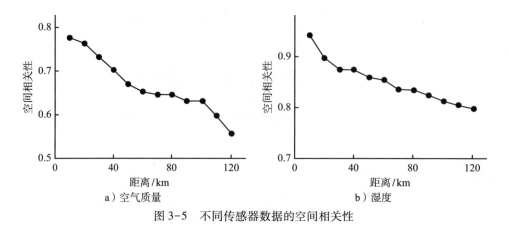

a)空气质量　　　　　　　　　　　b)湿度

图 3-5　不同传感器数据的空间相关性

3.4.3　全局时间视图

为了考虑全局时间视图,根据同一传感器在不同时间点上的读数使用 SES 模型来估计对应的缺失值。SES 是时间序列领域中常用的一种移动平均模型,一般被定义为

$$\hat{v}_{gt} = \beta v_j + \beta(1-\beta)v_{j-1} + \cdots + \beta(1-\beta)^{t_{j-1}}v_1 \tag{3.2}$$

式中,$\hat{v}_{gt}$ 是全局时间视图插值后的值;t_j 是候选时间点 v_i 与目标时间点 v_j 之间的时间间隔;β 是一个范围为 (0,1) 的指数平滑值。一般来说,相比于距离较远时间点,$\beta(1-\beta)^{t_{j-1}}$ 会给较近时间点赋予更大的权重。小一些的 β 代表着较慢的权重衰减速率。在传统时间序列领域,SES 一般仅考虑目标时间点的前继时间点作为输入。在这里,将它扩展为同时考虑目标时间点的前继和后继。给定一个目标时间点,修改后的 SES 模型会给同一传感器的每个读数赋予权重 $\beta(1-\beta)^{t_{j-1}}$,进而通过权重归一化来计算 $\hat{v}_{gt}$。SES 的计算公式为

$$\hat{v}_{gt} = \frac{\sum_{j=1}^{n} v_j \beta(1-\beta)^{t_{j-1}}}{\sum_{j=1}^{n} \beta(1-\beta)^{t_{j-1}}} \tag{3.3}$$

在具体实现中,由于时间点上较远的读数并不是很有用,因此只选择了 12h 以内的读数作为输入。

本章使用 SES 模型来刻画全局时间视图，也是受到真实数据的统计结果的启发。图 3-6 给出了北京市的空气质量和气象数据中，同一传感器在任意两个不同时间点上的读数相关性比率。图 3-6 中的两个曲线都随着时间间隔的增加而不断降低，这也显示了经验的时间相关性，即时间邻近的两个数据比时间间隔较远的数据更相关。

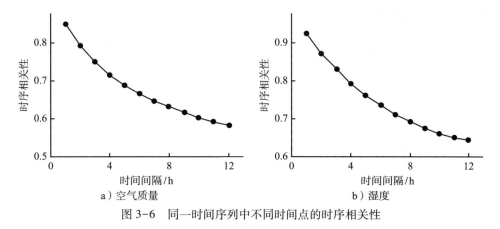

图 3-6 同一时间序列中不同时间点的时序相关性

继续运行上述实例，假设我们找到 t_j 的四个邻近时间点，分别为 t_{j-2}、t_{j-1}、t_{j+1}、t_{j+2}。设置 $\beta=0.5$，则这四个时间点的权重分别为 0.25，0.5，0.5，0.25。在 SES 模型的加权平均后，得到 $\hat{v}_{gt}=185$。

3.4.4 局部空间视图

基于用户的协作过滤（UCF），是一种在推荐系统中广泛使用的数据驱动算法，其背后的思路是相同兴趣的用户会对相同种类的物品做出类似的评价，也就是俗话所说的"物以类聚、人以群分"。根据图 3-3 所示的数据矩阵，将每个传感器视为一个用户，为填补目标 v_{2j} 构建一个时间跨度为 $[v_{*(j-\frac{\omega-1}{2})}, \cdots, v_{*(j+\frac{\omega-1}{2})}]$ 的局部数据矩阵，其中 ω 是窗口大小。两个传感器 (s_i, s_2) 之间的相似性可以根据局部数据矩阵中的读数进行计算，具体表达式为：

$$\operatorname{sim}(s_i, s_2) = 1 / \sqrt{\frac{\sum_{k=j-\frac{\omega-1}{2}}^{j+\frac{\omega-1}{2}}(v_{ik}-v_{2k})^2}{\mathrm{NT}}} \tag{3.4}$$

式中，NT 是局部数据矩阵中两个传感器都有读数的时间点数量。采用欧氏距离来做相似性度量，并将计算后的相似度作为该传感器读数的权重，根据

$$\hat{v}_{ls} = \frac{\sum_{i=1}^{m} v_i \text{sim}_i}{\sum_{i=1}^{m} \text{sim}_i} \tag{3.5}$$

来计算加权平均值,最终得出预测值 $\hat{v}_{ls}$。

UCF 可以建模多个传感器读数之间时变的空间相关性,进而处理引言中所提到的经验空间相关性不成立的特殊情况。

3.4.5 局部时间视图

如果把时间点当作物品,基于物品的协作过滤方法(ICF)会根据局部数据矩阵的读数来计算两个时间点 (t_1, t_2) 之间的相似性,具体表达式为

$$\text{sim}(t_1, t_2) = 1 / \sqrt{\frac{\sum_{i=1}^{m}(v_{i1} - v_{i2})^2}{\text{NS}}} \tag{3.6}$$

式中,NS 是两个时间点 t_1 和 t_2 内都有读数的传感器数量。对局部数据矩阵中计算得出的相似度作为权重来进行加权平均,进而计算出预测值 $\hat{v}_{lt}$。具体的计算公式为

$$\hat{v}_{lt} = \frac{\sum_{j=j_1}^{j_2} v_j \text{sim}_j}{\sum_{j=j_1}^{j_2} \text{sim}_j} \tag{3.7}$$

ICF 作为局部时间视图,可以建模连续一段时间内各个时间点的时变时间相关性,进而处理引言中所提到的经验时间相关性不成立的特殊情况。

3.4.6 时空多视图学习

ST-MVL 通过多视图学习算法来整合前面四个视图的预测值,进而生成最终结果,即

$$\hat{v}_{mvl} = w_1 \hat{v}_{gs} + w_2 \hat{v}_{gt} + w_3 \hat{v}_{ls} + w_4 \hat{v}_{lt} + b \tag{3.8}$$

式中,b 是残余项;$w_i (i=1,2,3,4)$ 是每个视图的权重。所有的权重可以通过对有数据的条目进行训练,从而找到最优的不同视图的线性组合来最小化预测误差。

算法 1 给出了 ST-MVL 的执行过程。首先,分别使用 IDW、SES、UCF 和 ICF 来预测每个缺失值(第 2~5 行),然后结合基于线性内核的多视图模型来融合这四个预测结果(参见第 6 行和式(3.8))。由于每个传感器有着独特的时空特性,为此,我们对每个传感器都训练了一个模型。

Algorithm 1：ST-MVL

Input：Original Data Matrix M,ω,α,β；Missing Entry Collection O
Output：Imputed Data Matrix

1 **foreach** target t in O **do**
2     $\hat{v}_{ls} \leftarrow$ UCF(M,t,ω);
3     $\hat{v}_{lt} \leftarrow$ ICF(M,t,ω);
4     $\hat{v}_{gs} \leftarrow$ IDW(M,t,α);
5     $\hat{v}_{gt} \leftarrow$ SES(M,t,β);
6     $\hat{v}_{mvl} \leftarrow$ Muti-view Learning($\hat{v}_{ls},\hat{v}_{lt},\hat{v}_{gs},\hat{v}_{gt}$);
7 **end**
8 Add $\hat{v}_{mvl}$ into M;
9 **return** M

当目标数据集遇到块状缺失时，局部视图模型 UCF 和 ICF 均不能很好地工作。针对块状缺失问题，可以采用 iST-MVL 算法，具体见算法 2。如果有块状缺失，则先利用全局视图模型 IDW 或 SES 为缺失的条目生成初始值（参考第 3 行），然后将初始化之后的数据运行 ST-MVL 算法来填补那些缺失值。

Algorithm 2：iST-MVL

Input：Original Data Matrix M,ω,α,β
Output：Final Data Matrix

1 $O \leftarrow$ Get_All_Missiong_Values(M)
2 **if** there are block missing problem **then**
3     $M_i \leftarrow$ Initialization (M,α,β)   //using IDW or SES
4 **end**
5 $M_F \leftarrow$ ST-MVL($M_i,\omega,\alpha,\beta,O$)
6 **return** M_F;

3.5 实验方案与结果分析

3.5.1 实验方案

1. 数据集

我们根据北京市的空气质量数据集和气象数据集来评估 ST-MVL 模型。这两个数据集的时间跨度均为 2014 年 5 月 1 号至 2015 年 4 月 30 号，共有 8759 个时间点。空气质量数据是收集于 36 个空气质量监测站点,每个监测站点每小时产生一次读数,空间分布如图 3-7a 所示。气象数据则由图 3-7b 所示的 16 个气象监测站点监测所得,每小时更新一次数据。从图 3-7 中可以看出,两种监测站均在空间上是散乱分布的,市中心较为密集,城郊则比较稀疏。

a) 空气质量监测站点

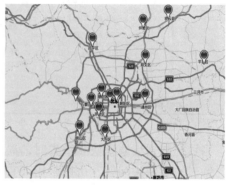
b) 气象监测站点

图 3-7 空气质量和气象监测站点空间分布图

在这两个数据集中,我们选择了 4 种相关属性来填补缺失的数据,包括 $PM_{2.5}$、NO_2、Humidity 和 WindSpeed。这些数据的缺失情况统计见表 3-1。我们把数据缺失情况分成两种:一种是块状缺失情况,还有一种是普通缺失情况。前者可以进一步划分为空间块状缺失情况和时间块状缺失情况,这两种缺失情况可能会出现重叠。空间块状缺失情况指的是所有传感器的数据同时缺失;时间块状缺失情况指的是同一传感器在指定时间窗口大小的时间点上数据都缺失。由表 3-1 可知,大约 13.3% 的空气质量传感器读数数据集中缺失 $PM_{2.5}$ 属性,其中包括 8.2% 的普通缺失情况。普通缺失情况是除了块状缺失情况以外的所有缺失样本。当 $\omega=11$ 时,$PM_{2.5}$ 数据集中有 3.5% 的缺失值为时间块状缺失,2.2% 的缺失值为空间块状缺失。

表 3-1 4 种数据集的缺失情况统计

		$PM_{2.5}$	NO_2	Humidity	WindSpeed
块状缺失	空间	2.20%	3.90%	9.80%	11.80%
	时间($\omega=11$)	3.50%	6.50%	9.60%	19.50%
普通缺失		8.20%	6.80%	4.60%	4.00%
所有缺失情况		13.30%	16.00%	21.50%	30.30%

首先，将一年的数据分为两部分，第 3、6、9、12 个月的所有数据作为测试集，其余月份（第 1、2、4、5、7、8、10、11 个月）为训练集。从训练集中挑选出满足所在局部矩阵行和列中都有数据的条目用于训练基于多视图线性融合模型的参数。由于真实世界的数据缺失情况并不是完全随机的，即存在块状缺失情况，所以不能随机地抹掉一些有数据的条目当成测试集的真实值。因此我们采用一种基于历史数据模板覆盖的方法来生成测试集中的真实值。如图 3-8 所示，分别将每个月的数据归整成矩阵形式，进而在每个月的数据矩阵中找到所有缺失条目的位置（用 X 表示）。最后，将每个月的所有缺失条目的位置映射到下一个月，下一个月中被映射的条目将被抹掉。如果原先数据矩阵中存在被映射的条目（例如 v_{32}），则这些条目将被当成测试集中的真实值。

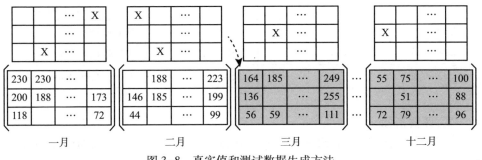

图 3-8　真实值和测试数据生成方法

2. 基准模型

ST-MVL 模型和 10 个基准模型进行了比较，见表 3-2。

- ARMA：自回归滑动平均模型包含了自回归模型和滑动平均模型，是时间序列分析中最常用的一个基准模型。
- SARIMA：季节性差分自回归滑动平均模型是 ARMA 模型的升级版，考虑了时间序列中的季节性因素。
- stKNN：利用邻近目标最近的 k 个时空邻居的平均值作为预测值，实验中设置 $k=6$。
- Kriging：克里金插值法，考虑了空间属性在空间位置上的不同分布情况，进而由滑动加权平均得到插值结果。
- DESM：使用基于统计的时空相关性，将当前时间缺失的传感器和其邻近的历史读数线性组合起来[44]。
- AKE：利用 k-近邻估计使用回归模型来组合缺失条目的邻居的读数，同时考虑了时空邻居[45]。
- IDW+SES：分别用 IDW 和 SES 模型来填补缺失数据值，然后把二者预测值的平均值当成最终的预测值。
- CF：首先通过 IDW+SES 初始化原始数据，然后分别应用 UCF 和 ICF 生成预测，最终的预测结果是 UCF 和 ICF 的平均预测值。
- NMF：通过 IDW+SES 初始化原始数据，然后用非负矩阵分解来填补缺失值。
- NMF-MVL：与 ST-MVL 方法类似，但使用数据驱动的 NMF 模型来替换两个局部视图模型，然后和 SES、IDW 一起做多视图的线性融合。

表 3-2 不同基准方法分类

	空间	时间	空间+时间
全局	IDW	SES	IDW+SES
局部	UCF	ICF,ARMA	CF,NMF,stKNN
全局+局部	Kriging	SARIMA	AKE,DESM,NMF-MVL

3. 评估指标

ST-MVL 方法使用平均绝对误差（MAE）和平均相对误差（MRE）来衡量模型的准确率。这里 $\hat{v}_i$ 是一个预测值，v_i 是真实值，n 是样本数量。

$$\text{MAE} = \frac{\sum_i |v_i - \hat{v}_i|}{n} \tag{3.9}$$

$$\text{MRE} = \frac{\sum_i |v_i - \hat{v}_i|}{\sum_i v_i} \tag{3.10}$$

4. 参数设置

我们测试了不同大小的 IDW 模型的 α 参数、SES 模型的 β 参数、UCF 和 ICF 的 ω 参数，并为它们找到一个最佳设置，例如 $\alpha=4$，$\beta=0.85$ 和 $\omega=7$，该模型在 $PM_{2.5}$ 数据集上有最优性能。

3.5.2 结果分析

表 3-3 给出了基于 $PM_{2.5}$ 数据集的四种不同组合方法的实验结果。ST-MVL 的实验结果比其他各种组合结果都好，明显优于单一视图模型和最优的全局模

型组合(IDW+SES)。在块状缺失的情况下,ST-MVL 的填补准确率也略胜其他组合。与此同时,两个视图的结合比单个视图的准确率高。这说明这四种不同视图模型相互补充,包含了从长时间数据中学习到的规律、从最近数据中获得的知识、不同地点之间的空间相关性和不同时间点之间的时间相关性。此外,在处理普通缺失的情况下,IDW 和 SES 模型比 UCF 和 ICF 模型有更高的填补准确率。

表 3-3　不同组合方式的实验结果(基于 $PM_{2.5}$)

		普通缺失		空间块状缺失		时间块状缺失	
		MAE	MRE	MAE	MRE	MAE	MRE
全局	IDW	15.2	0.222	—	—	11.95	0.213
	SES	13.39	0.196	18.25	0.215	—	—
	IDW+SES	11.64	0.171	18.25	0.215	11.95	0.213
局部	UCF	13.49	0.206	—	—	—	—
	ICF	15.37	0.234	—	—	—	—
	UCF+ICF	11.73	0.178	—	—	—	—
IDW+UCF		16.14	0.235	—	—	11.95	0.213
SES+ICF		13.57	0.199	18.25	0.215	—	—
ST-MVL		10.81	0.158	17.85	0.217	11.71	0.208

表 3-4 给出了 ST-MVL 方法与 10 个基准模型之间的比较,其中 ST-MVL 在所有情况下均优于所有基准模型。单独来看,NMF 的准确率超过 CF,因为它同时结合了用户和物品的相似性。当 IDW 和 SES 做模型初始化时,iST-MVL 模型在普通缺失情况下比 ST-MVL 有着更好的准确性,这也间接地反映出数据初始化可以更好地用于训练 ST-MVL 模型的参数。

图 3-9 绘制了 $PM_{2.5}$ 和 WindSpeed 两种数据中,IDW 模型的 α 参数和 SES 模型的 β 参数对模型性能的影响。当 $\alpha=4$ 时,IDW 在 $PM_{2.5}$ 数据集上具有最小的 MRE。当 $\alpha=1$ 时,IDW 在 WindSpeed 数据集上具有最小的 MRE。当 $\beta=0.85$ 和 0.55 时,SES 在 $PM_{2.5}$ 数据集和 WindSpeed 数据集上分别具有最高的准确率。

图 3-10 展示了不同大小的窗口 ω 对协同过滤模型的准确率影响。总体而言,MAE 的变化幅度并不是很大。随着窗口大小的增大,MAE 先下降后上升。当 $\omega=7$ 时,MAE 取得最小值。如果窗口大小非常小,则可能失去时间依赖性;但如果窗口大小非常大,则可能无法捕捉空间或时间的相似性。

表 3-4 不同基准模型的实验结果（基于 $PM_{2.5}$）

	普通缺失		空间块状缺失		时间块状缺失		突降情况		总体	
	MAE	MRE	MAE	MRE	MAE	MRE	MAE	MRE	MAE	MRE
ARMA	22.61	0.331	29.26	0.369	—	—	51.11	0.567	27.47	0.394
Kriging	15.53	0.221	—	—	15.62	0.222	42.32	0.407	16.59	0.234
SARIMA	14.69	0.22	23.92	0.319	31.2	0.561	52.8	0.586	18.76	0.278
stKNN	12.84	0.188	19.91	0.235	12.72	0.226	35.13	0.39	14	0.201
DESM	13.65	0.191	19.24	0.233	12.66	0.224	42.87	0.425	15.59	0.228
AKE	13.34	0.195	19.08	0.229	12.14	0.22	41.54	0.403	14.27	0.211
IDW+SES	11.64	0.171	18.25	0.215	11.95	0.213	34.33	0.381	12.7	0.183
CF	12.2	0.178	19.27	0.234	12.25	0.218	34.91	0.388	13.4	0.193
NMF	11.21	0.163	18.98	0.239	12.73	0.217	34.37	0.381	13.08	0.188
NMF-MVL	11.16	0.162	18.97	0.238	12.66	0.217	34.33	0.38	13.06	0.187
ST-MVL	10.81	0.158	17.85	0.217	11.71	0.208	33.15	0.368	12.12	0.174
iST-MVL	9.49	0.139	16.15	0.192	11.94	0.212	34.51	0.383	11.11	0.159

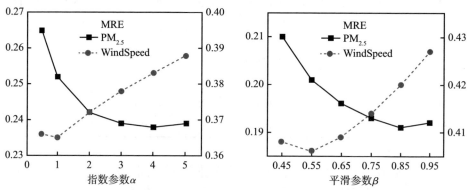

图 3-9 α 参数对 IDW 的影响和 β 参数对 SES 的影响

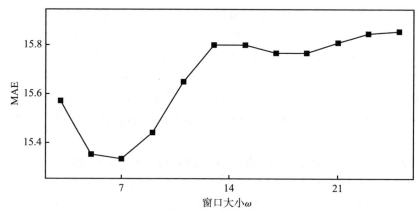

图 3-10 不同大小的窗口大小对协同过滤模型的影响

表 3-5 展示了 ST-MVL 模型在 4 个不同数据集上的实验结果。在所有的数据集上，ST-MVL 都优于全局视图模型的组合 IDW+SES。通过将经典的统计模型和基于数据驱动模型融合起来，ST-MVL 具有更高的准确率，从而验证了 ST-MVL 集成方法的优点。

表 3-5 不同数据集的实验结果

	IDW+SES		ST-MVL	
	MAE	MRE	MAE	MRE
$PM_{2.5}$	12.7	0.183	12.12	0.174
NO_2	8.93	0.176	8.45	0.171
WindSpeed	2.91	0.427	2.74	0.411
Humidity	4.14	0.085	3.82	0.079

3.6 本章小结

在本章中，我们采用了一种基于多视图学习的方法来填补带有地理位置标签的时间序列数据的缺失值，同时考虑到空间、时间、全局和局部等视图。北京市的空气质量和气象数据评估了 ST-MVL 方法。对于 $PM_{2.5}$ 和 NO_2 数据，ST-MVL 的平均相对误差约为 17%，均超过了基准模型。ST-MVL 模型的实验结果比只考虑单一视图的模型提升了 26%；比两种视图融合的模型提升了 10%。相关的代码和数据集发布在：http://research.microsoft.com/apps/pubs/?id=264768。

第 4 章

城市空气质量预测

针对空气质量预测问题，基于大气科学领域的专业知识，借助深度学习高效高能的特征表达能力，本章提出了一种基于深度学习的方法 DeepAir 来预测未来空气质量。该方法首先将空间上分布稀疏的空气质量数据转换为规模大小一致的输入，然后采用了一种新颖的深度分布式网络来融合城市多源异构数据，进而对所有影响空气质量的直接和间接因素进行建模。基于中国 9 个城市 3 年的数据，本章通过实验验证了该方法的有效性。

本章安排如下：4.1 节阐述本章的研究背景和研究意义；4.2 节介绍本章的相关工作；4.3 节介绍空气质量预测的预备知识及问题阐述；4.4 节设计基于深度学习的空气质量预测模型；4.5 节通过实验对本章所提出的模型进行评估；4.6 节是本章小结。

4.1 引言

伴随着中国快速的城市化、工业化发展，能源消耗迅速增加，大气污染也日益严重。雾霾是特定气候条件与人类活动相互作用的结果，一旦细颗粒物排放超过大气循环能力和承载度，细颗粒物浓度将持续积聚。目前，我国绝大部分地区都在近些年来遭遇过雾霾天气。以 2014 年的空气质量为例，京津冀区域 13 个地级市，空气质量平均达标天数为 156 天，达标天数比例在 21.9% 到 86.4% 之间，平均为 42.8%，重度及以上污染天数比例为 17%。空气污染问题已经成为一个全民关注的热点问题。糟糕的空气质量不仅严重影响了人们的生活工作，还在一定程度上阻碍了经济的可持续发展，带来气候环境的恶化。中国政府也高度重视空气污染问题，出台了一系列的政策指导改善空气质量。为了更好地加强对空气污染的管控和防治，研究空气污染的监测、预报和溯源等问题意义重大。

随着无线感知技术和通信手段的不断成熟，城市中的各种数据被广泛地记录下来，例如气象数据、空气质量数据、卫星遥感数据、路网数据和兴趣点数据等。这些数据多源异构、时空动态，具有不同的规模、表达和特性。它们可以从不同的角度反映出城市的动态变化及存在的问题。与此同时，大数据和人工智能技术日趋成熟，使得短时间内从海量数据中快速提取出有用信息的能力大大提高。借助这些城市大数据和人工智能技术，可以更好地理解和挖掘城市的动态变化规律。其中，城市计算是大数据和人工智能技术在城市场景下的有机结合，是解决城市各类问题的新型数据科学技术。针对具体的研究问题和应用场景，通过结合行业知识，利用无处不在的感知技术、高效的数据管理方法和强大的机器学习算法，以及新颖的可视化技术，不断地采集、管理、整合、挖掘和分析城市中的多源异构数据，城市化计算能有效地解决城市所面临的环境、交通、规划等问题。

4.2 相关工作

1. 未来空气质量预测

过去几十年里，空气质量预测研究在各层面都得到了长足发展，预测模型的发展历经了多个时间阶段，其预测准确率越来越高。空气质量预测模型主要可以分为两类，一类是传统的数值预测模型，另一类是数据驱动的预测模型。Zhang等人对常见的空气质量预测方法做了一个详细的综述，描述了空气质量预测工作的历史背景、研究现状、方法和难点，并对未来的研究方向进行了展望[54]。

数值预测模型通常以大气动力学、大气环境化学为基础，根据空气污染排放源数据、气象数据等，利用方程组构建出数学模型来计算污染物时空分布，再通过计算机求解出对应的复杂方程。数值模型是目前最主流的天气系统预测方式，但使用者基本上以国家单位为主。中国的空气质量数值预测模型发展主要可划分为以下三代。第一代数值预测模型主要以高斯烟流模型为主；第二代模型则主要包括城市级的空气质量预报模式和区域级的污染物欧拉输送模式；第三代则模拟整个大气的物理和化学过程，并进行多种尺度的污染物模拟和预报研究。其中主要模型为 WRF-CHEM、WRF-CMAQ、MM5-CMAQ 和 MM5-CAMx 等[55]。数值预测模型的优缺点非常鲜明。理论上来说，只要污染数据准确、方程模型全面，数值预测方式就可以达到非常惊人的准确性。其次，模型中污染源与空气污染之间清晰的因果关系使得模型的可读性非常强。然而，数值模型的计算量异常巨大，即使是超级计算机，也需要很长的时间来运行。而且,通常空气污染排放数据的收集很难做到全面、真实,因此数值模型通常准确性欠佳。

近年来更热门的方法是基于数据驱动的预测模型,其计算量相比于数值方法小几个数量级。将数值预测模型和数据驱动模型更好地结合起来是一个非常新颖的课题。反映在实际应用上,数据驱动的预测模型在多频次的短期预测中具备很大的优势。但劣势也显而易见,需要以大量历史空气质量数据来训练,且在对突发或非常规现象的预测上效果较差。常见的数据驱动预测模型为线性回归、回归树和BP神经网络等。由此可见,这些方法通常从监测站点自身的数据和周边其他监测站点的数据中抽取一些特征,然后将所有特征一同输入模型中。

2. 空气污染溯源

发生严重大气污染一般取决于两个要素,一是大量集中排放的污染源,二是不利的大气扩散条件。当发生持续的小风或静风时,大气污染物容易聚积。尤其当城市中的建筑密度大的情况下,大气扩散能力进一步降低。大气状况是一个开放的系统,气象条件难以控制,地形地貌改善也非常困难。所以一般通过控制污染物排放源来改善空气污染,例如交通限行。

空气污染溯源研究经过多年发展,主要形成了三种方法[56]。第一种方法是源排放清单,即通过观测和模拟大气颗粒物的源排放量、排放特征以及排放地理分布。该方法需要详尽的污染源排放清单,计算量非常大,且高度依赖获取完整的数据。第二种方法是扩散模型,即以大气颗粒物污染源的排放量为基础的扩散模型,其中广泛应用的为高斯扩散方程。扩散模型即根据污染源排放和当期的气象条件来估计污染源排放扩散到采用点的影响,用于解决小尺度范围内的污染物空间分布。第三种方法是应用最为广泛的一类,即受体模型[57]。其研究方法大致可以分为化学质量平衡模型和因子分析类模型两类。化学质量平衡模型主要基于污染源和受体间的质量平衡关系,从而计算出包含机动车源在内的各类污染源对受体的贡献值[58]。因子分析类模型主要包括正定矩阵因子分解模型、因子分析、主成分分析和多元线性回归分析等。除了上述的传统方法外,还有一些综合多种不同的污染物源解析方法,例如混合源解析法。

目前,国内的空气污染解析工作集中在北京地区,且大多数方法采用受体模型法。Zhang等人报道$PM_{2.5}$污染只有4%是由交通产生的,这引发了社会上的巨大争议[59]。其他关于北京市路面排放贡献的报道在18%到32%之间[60]。区别于这些环境模型,我们所提出的方法是基于数据驱动的模型,即首先计算交通道路排放,然后通过排放估计其贡献。交通建模的方法是通过感知监控摄像头和线圈传感器收集速度和流量数据来模拟交通状况。然而,由于这两种设备的覆盖范围有限,我们无法通过线圈或监控摄像头获取全城的交通状况。越来越多的交通建模任务开始使用浮动车数据来对速度进行推断。由于浮动车数据的分布不均匀以及 GPS 数据的低采样率,许多路段经常没有被任何轨迹覆盖。为了解决这个问题,一些基于插值的方法已经被提出,例如 KNN 和 Kriging 等基于空间邻居距离来推断路段的交通状况。更先进的方法用道路时间矩阵对道路网络上的交通状况进行建模,其中每个样本代表着特定路段和特定时间段内的交通状况,然后采用基于压缩感知的算法[61]来填充矩阵中的缺失条目。道路上流量的估计比速度建模还要难。如果只考虑监控摄像头数据或线圈数据,绝大多数的路段没有信息;而且浮动车轨迹数据又只是完整流量的一小部分,不同路段的偏差不一样。Zhan 等人提出了一种使用出租车轨迹估计全市交通流的方法[62],使用从出租车轨迹中抽取的行驶速度信息,经过贝叶斯网络来估计交通流。

4.3 预备知识和问题定义

首先,空气质量有很多的影响因素。如图 4-1 所示,大气污染物的来源主要来自汽车尾气排放、工业废气排放、煤炭燃烧和灰尘等。每种污染物的来源具有不同的时间和空间分布。从大气科学领域研究看,大气污染物的积累和消散主要与当地排放、区域传输和气象条件等因素有主要的关系。根据这些因素对空气质量的影响,它们可以分为两种。当地排放和区域传输是直接因素,因为它们来源于大气污染源并决定污染物的形成。气象条件、二次化学生产、地形和时间是间接因素,因为它们决定了污染物传播的环境。但是,我们并没有足够准确的数据来精确地模拟这些因素。例如,获取城市规模的污染源排放数据是几乎不可能的。同样地,天气预报数据也并不是完全准确的,预测的时间跨度越长,预测的准确性也就越低。

其次,这些因素之间的相互作用是非常复杂的。绝大多数的人有这样一个感觉,下雨之后空气质量就会变得更好。然而,如图 4-2 所示,根据 2014—2017 年北京市数据的统计结果显示,仍然有 20% 以上的比例,在雨后的几个小时内空气质量会变差。可见下雨对空气质量的影响并不是绝对的,还是很难对下雨和空气质量之间的相互作用进行建模。这背后的原因是空气质量同时受到图 4-1 中显示的多种因素的共同影响,而且这些因素之间的相互作用是非常复杂的。这就导致空气质量随时间非线性地变化,且没有明显的周期性规律。因此,也就难以捕捉空气污染扩散的时空特征,难以确定随时间变化的每个影响因素的权重。

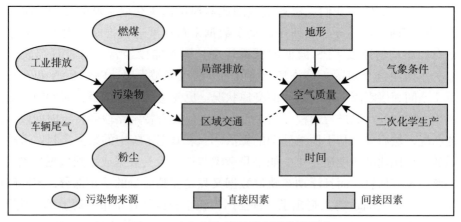

图 4-1 空气污染受到很多因素的影响

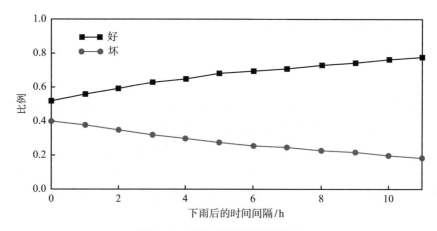

图 4-2 下雨对空气质量的影响

注：比例是通过公式 $\delta=\mathrm{AQI}_{t+k}-\mathrm{AQI}_t$ 计算的，其中 $\mathrm{AQI}_t>100$，k 是下雨后的时间间隔。

4.4 基于深度学习的空气质量预测方法

4.4.1 模型框架

给定空气质量数据 $\{\mathrm{AQI}_S^t\}_{t=1}^{T}$、气象数据 $\{M_S^t\}_{t=1}^{T}$ 和天气预报数据 $\{W_S^t\}_{t=1}^{T+K}$，其中 S 是空气质量监测站的集合 $\{S_1, S_2, \cdots, S_n\}$，$T$ 是当前时间。建模目标是为每个空气质量监测站点预测接下来 $K=48\mathrm{h}$ 内的空气质量 $\{\mathrm{AQI}_S^{T+k}\}_{k=1}^{K}$，其中 k 表示将要预测的那个时间。在该任务中，不再预测未来一

段时间内的最大最小值，直接预测未来每小时的数值。最大最小范围可以从模型的预测结果中转化得到。

DeepAir 预测模型的框架如图 4-3 所示。DeepAir 由两个模块组成，第一个是空间转换模块，另一个是深度分布式融合网络模块。由于空气污染物在地理空间中不停地传输扩散，第一个模块将空气质量监测站点的读数视为二手的污染源排放数据。并通过考虑大气污染物的空间关联性，空间转换模块借助空间划分、空间聚合和空间插值等组件将空间分布稀疏的空气质量数据转换为规模一致的输入，命名为 AQIs。然后，空气质量数据和其他数据集（气象、天气预报、其他污染物、时间和站点标识等），输入到深度分布式融合网络中，利用深度学习来融合这些跨域数据。首先，使用嵌入方法将每种数据的原始特征转换为低维空间，以便捕捉各自的时间相关性并学习各自内部的动态特征。使用 AQIs 的嵌入来模拟来自当地排放和区域传输的直接因素，并使用其余数据集的嵌入作为间接因素。其次，提出了一种分布式融合架构来同时模拟这些因素之间的相互作用，从而学习到这些因素对空气质量的单独及整体影响。由于每种间接因素都会作用于直接因素进而影响未来空气质量，因此建立了四个子网络（HW、WF、SP 和 MP），分别用于捕捉来自历史天气、天气预报、二次化学生产和时间、空间特性的单独影响。除了单独影响之外，还建立一个子网络（HI）来融合所有的直接、间接因素，从而学习整体影响。将五个子网络的输出通过加权平均的方式合并起来，进而捕捉所有的因素综合在一起的二次影响。最后，通过一个 Sigmoid 函数将合并后的结果映射到[0,1]之间，从而生成最终的预测。

更具体而言，对于时间粒度，由于天气预报数据通常是 3h 的时间间隔，我们同时预测未来一段时间内（例如 1~3h、4~6h）的空气质量。对于空间粒度，我们为同一个城市的所有监测站点建立一个共享的预测模型。这是因为空间转化模块可以为每个监测站点生成规模一致的输入，进而方便后续的深度学习模型调用所有站点的数据，且将多个站点的数据合在一起，可以为训练深度学习做数据增强。

4.4.2 空间转换模块

由于空气污染物在地理空间上不断传输扩散，某一个位置的空气质量不仅取决于其上一小时的空气质量，而且还取决于其周边的空气质量。为了将空间上分布稀疏的空气质量数据转换为规模大小一致的输入以便后续预测模型使用，我们设计了空间转换模块。该模块可以应用于其他空间分布稀疏的数据集。

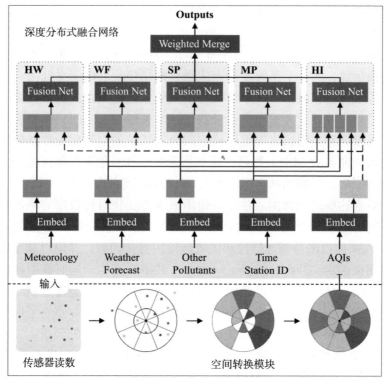

图 4-3 基于深度学习的空气质量预测 DeepAir 模型框架

如图 4-4a 所示,空气质量监测站在地理空间中是随机分布的(以点表示),点上的颜色表示空气质量等级。首先,用四条线和两个圆圈将地理空间划分为 16 个相邻区域,每个圈的半径为 20km 和 100km。如图 4-4b 所示,所有区域都以目标监测站(以黑点表示)为共同中心,内圈区域面积较小,外圈区域面积较大。另外,不同角度的区域对应为八个风向,这便于和风向特征融合。此外,对每个区域内的所有监测站点所记录的空气质量读数做汇总平均,如图 4-4c 所示。因此,至少有一个监测站点的区域将会有一个平均 AQIs。然而,从北京的划分结果来看,不同的监测站点有不同的平均 AQIs 缺失模式,大约 33% 的区域没有平均 AQIs。因此,如图 4-4d 所示,用经典的空间插值方法来填充这些区域中的缺失值。更具体地说,首先在这些区域中随机生成一些假的监测站点。然后,使用反距离插值法,来插值这些虚假的监测站的 AQIs。同时考虑到所有在最大圈里面和外面的监测站点的读数,IDW 根据到目标监测站点的距离来给每个读数分配权重,通过加权平均的方法来聚合这些权重和读数。进而,就可以对这些区域的所有虚假监测站点的 AQIs 做汇总平均,生成该区域的平均

AQIs。最后，在一个时间点中，可以获得 17 个 AQIs，其中 1 个来自目标监测站点，16 个来自相邻区域。每个监测站点的每个时间点均进行上述空间转换处理。

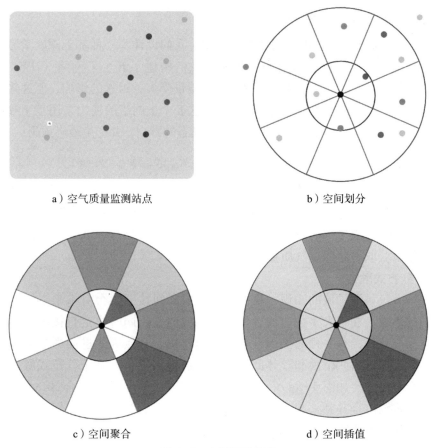

a）空气质量监测站点　　　　　　b）空间划分

c）空间聚合　　　　　　d）空间插值

图 4-4　空间转换模块

设计该空间转换模块考虑了以下三个因素。①空气污染扩散。一手的全城污染物的排放数据难以获取，但空气污染物在地理空间上不断传输扩散，空气质量监测站点记录的空气质量读数可以视为二手的污染源。利用这些来自空间邻居的信号，后续的预测模型可以获取更多的信息。②空间相关性。空间划分将空间分散的站点级空气质量数据转化为区域级，较近的区域中具有较细的空间粒度，更远的区域具有较粗的空间粒度。此外，距离不同的区域对目标的影响不同，这遵循着地理学第一定律。③可扩展性。空间聚集降低了模型的复杂性。因为它为输入数据设置了输入上限（即为区域的数量）。而且，空间插值可以通过填充缺失值的方式为所有监测站生成一致的输入来克服空间稀疏性。这使得我们能够使用不同站点的数据统一用于模型训练。同时,也是对深度学习模型做数据增强。

4.4.3 DeepAir 算法

为了同时捕捉所有影响空气质量的因素,我们设计了一种基于深度学习的方法来融合这些跨域数据。如图 4-3 所示,我们构建了五个子网络(HW、WF、SP、MP 和 HI)来捕捉这些因素。尽管空气质量受多种因素的影响,但这些因素的影响程度并不相同。受上述观察的启发,这五个子网络的输出采用基于参数矩阵的融合方式进行加权合并,进而模拟这些动态的影响,并产生最终预测:

$$\hat{y}=\text{Sigmoid}(y_{hw}\circ w_{hw}+y_{wf}\circ w_{wf}+y_{sp}\circ w_{sp}+y_{mp}\circ w_{mp}+y_{hi}\circ w_{hi}) \quad (4.1)$$

式中,$\hat{y} \in R^h$ 是最终的预测结果;y_{hw},y_{wf},y_{sp},y_{mp},y_{hi} 是五个子网络的输出;$\circ$ 是指哈达玛积;w_{hw},w_{wf},w_{sp},w_{mp},w_{hi} 是用于调整不同子网络输出的权重。这里,预测结果通过 Sigmoid 函数映射到[0,1]之间。然后,我们将预测结果反向标准化来获取实际的空气质量。

1. 分布式融合

根据大气科学领域的知识,我们知道直接和间接因素会对未来空气质量带来不同的影响。在绝大多数时候,所有的间接因素将同时决定直接因素的发展环境空间。此外,每一种间接因素会单独地作用于直接因素进而影响未来空气质量。为了捕捉这些单独和整体的影响,我们提出了一种基于分布式融合框架的深度学习模型。如图 4-5a 所示,主要特征以并行的方式来融合每一个辅助特征,然后将输出合并到一起。构建分布式融合框架的关键点是我们需要先指定一个特征作为主要特征,其他特征指定为辅助特征。这样区分特征的原因是主要特征和预测目标来自同一个领域,而辅助特征和预测目标来自于不同的领域。分布式融合架构强调了主要特征,并捕捉了每一种辅助特征对主要特征的影响,从而学习到各种因素之间的复杂关系。

在分布式融合任务中,首先指定了 AQIs 的嵌入作为主要特征,并将其他特征(即气象学、天气预报、其他污染物,时间和监测站点 ID)的嵌入作为辅助特征。其中,主要特征可以模拟本地排放和区域传输的影响,而辅助特征则可以代表各种各样的间接因素。为了模拟这些因素之间的相互作用,我们建立了五个子网络,以便捕捉所有因素的整体影响,以及来自历史天气、天气预报、二次化学生成、时间和地形等辅助因素对主要因素的单独影响。这里,主要特性是在所有子网络中共享的,且所有的子网络具有相同的网络结构 FusionNet,

每个子网络的 FusionNet 中的权重是不共享的。

如图 4-5b 所示，FusionNet 通过使用一个拼接层将所有的特征合并在一起，从而融合所有的不同特征。这将所有特征拼接在一起，是由于输入是大于 2 个的，无法进行点乘和加法等操作。进而使用一些全连接层以非线性的方式学习这些特征之间的高阶特性。为了更好地训练神经网络，我们在全连接层之间添加一些残差全连接层。通过连接全连接层和残差全连接层，可以方便地将前面的信息通过一种跳跃式传递方式传递到后面的网络中。

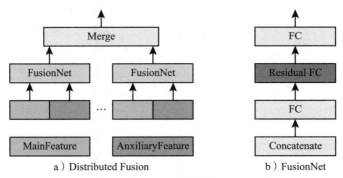

图 4-5 融合框架

2. 子网络模块

我们建立历史天气子网络（HW）和天气预报子网络（WF）以捕捉历史和未来的气象条件对直接因素的影响。建立这两个子网络的原因是由于历史天气数据和天气预报数据在真实性和时间间隔分布上的区别。其中历史气象数据提供每小时更新的真实天气状况，而天气预报数据则提供跨度为 3h 的分段未来天气条件。对于历史气象条件数据，将天气、风速、风向、湿度和气压等视为特征；对于天气预报数据，将天气、风向和风力强度视为特征。将历史和未来天气状况与 AQIs 一起输入子网络后，就可以得到 y_{hw} 和 y_{wf}。除了考虑直接排放的污染物外，大气中还存在着一些污染物的二次化学生成。由于这种二次的化学反应非常复杂，不是一两个化学方程就可以简单刻画的，因此我们设计了一个二级化学生成子网络（HI）来模拟不同污染物之间的化学相互作用。将目标监测站点记录的 $PM_{2.5}$ 和其他污染物（PM_{10}、NO_2、CO、O_3 和 SO_2）融合后，可以计算得到 y_{sp}。

3. 嵌入方法

在分布式融合之前，我们使用嵌入方法来捕捉时间依赖关系和学习每个影响因素的内部动态。对于分类特征，嵌入可以将由独热编码表示的特征转换为实数值的向量，并捕捉不同类别之间的相似性。对于数值特征，嵌入可以将原始特征转换为低维空间，从而学习到隐藏的特征表示并降低后续计算成本。

表4-1介绍了每种影响因素的嵌入设置。对于AQIs、其他污染物、历史天气，我们使用过去及现在的6h数据来获取相关的时间维度信息。对于天气预报，我们使用$k/3$的天气预报实例来捕捉未来天气状况的动态变化。在这里，我们将来自同一领域的特征（例如Month、DayOfWeek和TimeOfDay）结合起来一同学习嵌入，以便在特征交互之后捕捉每个因素的内部动态。因此，在DeepAir模型中，我们使用这些数据的嵌入来模拟直接因素和间接因素。

表4-1 嵌入设置

	特征	编码	嵌入
AQIs	$PM_{2.5}$	6×17	36
Station ID	Beijing	36	3
Time	Month	12	3
	DayOfWeek	7	
	TimeOfDay	4	
Other Pollutants	PM_{10}	6×1	6
	NO_2	6×1	
	CO	6×1	
	O_3	6×1	
	SO_2	6×1	
Historical Weather	Weather	6×8	6
	Wind Speed	6×1	
	Wind Direction	6×4	
	Humidity	6×1	
	Temperature	6×1	
	Pressure	6×1	
Historical Forecast	Weather	$(k/3)×8$	6
	Wind Strength	$(k/3)×4$	
	Wind Direction	$(k/3)×4$	

注：编码的大小是时间点的数量×一个时间点中的特征维数。将属于同一特征集合的所有特征一起做嵌入。

4. 模型训练

算法3概述了DeepAir的训练过程。我们首先根据原始的异构城市数据来构造训练实例（第1~11行）。然后借助最小化预测值和地面值之间的平均绝对误差的反向传播训练方法来训练DeepAir模型（第12~16行）。由于深度学习模型受到参数初始化的影响，我们多次训练DeepAir。

Algorithm 3：DeepAir Training

Input： Historical AQIs observations $\{AQI_S^t\}_{t=1}^{T}$；
Historical weather conditions $\{M_S^t\}_{t=1}^{T}$；
Weather forecasts $\{W_S^t\}_{t=1}^{T+k}$；
Future time interval k；
Length of past sequence h；
Particular air pollutant p；

Output： Learned DeepAir model

```
 1  //construct training instances
 2  D←θ
 3  for all available time interval t(1≤t≤T) do
 4      x_t=Extract_Feature_From_Time(t)
 5      for ∀i∈S do
 6          x_aqi=Spatial_Transformation(p,[AQI_S^{t-h},…,AQI_S^t])
 7          x_hw=[M_i^{t-h},…,M_i^t]
 8          x_wf=[W_i^t,…,W_i^{t+k}]
 9          x_sp=Get_Other_Pollutants(p,[AQI_S^{t-h},…,AQI_S^t])
10          x_id=One-Hot_Encoding(i)
11          y=Get_Prediction_Target(p,AQI_S^{t+k})
12          Append({x_aqi,x_hw,x_wf,x_sp,x_id,x_t},y)into D
13      end
14  end
15  //train the model
16  initialize all learnable parameters θ in DeepAir
17  repeat
18      randomly select a batch of instances D_b from D
19      find θ by minimizing the loss function with D_b
20  until stopping criteria is met；
```

4.5 实验方案与结果分析

4.5.1 实验方案

1. 数据集

为了评估模型，本节用中国 9 个主要城市（北京、天津、上海、南京、杭州、广州、深圳、成都和重庆）三年（2014 年 5 月 1 日至 2017 年 4 月 30 日）

的空气质量数据，覆盖中国的 4 个城市群。图 4-6 展示了 2014 年 5 月至 2017 年 4 月期间 9 个城市 $PM_{2.5}$ 的 AQIs 分布情况，其中颜色代表着中国标准定义的空气污染等级。总体来说，北京和天津的空气质量相对较差，深圳和广州比较好。由于北京市的空气质量最为复杂，我们用北京市的数据与不同的基准模型进行比较，同时展示其他八个城市的实验结果。表 4-2 详细展示了北京市数据集的统计结果。为了预测北京市 36 个监测站点的未来空气质量，我们检索了附近 100km 内的 74 个邻近监测站点。在所有空气质量记录中，有 2.3%是突降情况。在实验中，前 24 个月的数据用于训练，后 12 个月的数据用于测试。

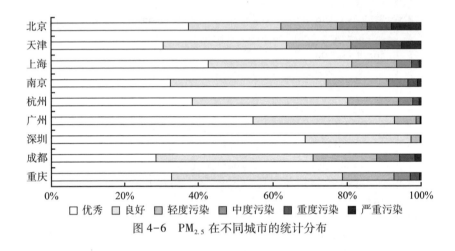

图 4-6 $PM_{2.5}$ 在不同城市的统计分布

表 4-2 实验所用的北京市数据集的数据统计

Air quality	城市内站点数	36
	样本数	875394
	突然变化数	20540
	平均 $PM_{2.5}$	118.2
	邻近监测站点数	74
Meteorology	站点数	17
	样本数	327514
Weather Forecast	站点数	17
	样本数	298790

2. 基准模型

我们将 DeepAir 与以下 10 个基准模型进行比较。

- ARIMA：自回归整合移动平均值是一种流行的时间序列预测模型，结合了移动平均值和自动回归分量。
- LASSO：LASSO 是一种执行变量选择和正则化的回归分析方法。
- GBDT：梯度提升决策树是数据挖掘中功能强大且广泛使用的方法，把残差作为每次建树的目标。
- FFA：考虑空间相关性、时间依赖性和突降情况的基于多视图的混合模型。
- LSTM：长期记忆网络是一种特殊的递归神经网络，它使用门控机制来捕捉长期依赖性。在这里，我们用目标监测站最近 12h 的 AQIs 作为输入。
- DeepST：一种基于 CNN 的预测方法，首先从历史数据构建图像，然后使用 CNN 提取特征。在这里，我们将空间分区从圆形转换为图像大小（5×5）的网格。
- DMVST-Net：深度多视图的空间-时间网络，使用 CNN 和 LSTM 共同考虑空间、时间和语义关系。
- DeepSD：基于深度学习网络的序列融合结构，按一定的顺序迭代融合特征，最终生成预测。
- DeepFM：基于因式分解的深度学习网络，包含对高阶特征交互建模的组件和用于对低阶特征交互建模的 FM 组件。
- WFM：由北京市环境监测中心提供的基于天气预报的预测方法，提供未来 12h 的区域级最小-最大预报，网址为 http://zx.bjmemc.com.cn/。发布时间为每天上午 8 点至晚上 8 点。我们爬取了 2014 年 10 月 1 日至 2016 年 12 月 30 日期间的预测结果。

3. 模型细节

- 预处理：使用最小最大化来将连续特征归一化为 [0，1]，并使用独热编码来转换离散特征。运行模型之后，将预测值重新调整回正常值。
- 超参数：在 FusionNet 中，先使用了一个大小为 24 的全连接层，并在第一个全连接层之后使用一个残差全连接层，后又使用了一个大小为 3 的全连接层。选择 90% 的训练数据用于训练模型，其余的 10% 用作参数优化和提前停止的验证集。训练完模型后，继续运行几个迭代（例如 25 个迭代），对完整的训练数据进行训练。
- 激活函数：对于所有全连接层，使用 ELU 作为激活函数。
- 优化方法：应用 Adam 优化函数对参数进行训练，学习率为 0.001，批量大小为 512。为了防止过拟合，在每个 FusionNet 的最后一层使用概率为

0.5 的 Dropout。此外，将权重为 0.1 的 L2 正则用于损失函数。
- 实验环境：使用 Tesla K40m GPU 训练模型，编程环境为 Keras，后端为 TensorFlow。

4. 评估指标

下面用准确度（ACC）和平均绝对误差（MAE）来评估我们的算法，其定义如下：

$$\mathrm{ACC} = 1 - \frac{\sum_i |\hat{y}_i - y_i|}{\sum_i y_i} \tag{4.2}$$

$$\mathrm{MAE} = \frac{\sum_i |\hat{y}_i - y_i|}{n} \tag{4.3}$$

对于突变情况，选择 AQIs 大于 100 且在接下来的几个小时内降低一定阈值的样本，例如一小时变化 50，两小时 100。

4.5.2 结果分析

表 4-3 显示了我们提出的方法 DeepAir 与其他基准模型的性能比较。DeepAir 在常规情况下和突降情况下均达到最优的性能。这是因为 DeepAir 可以通过对直接因素和间接因素的复杂相互作用进行建模，自动发现复杂的空气污染规律。通过考虑邻居监测站点的空气质量数据，LSTM-STC 显著优于 LSTM，这表明了空间信号的重要性。LSTM 的实验结果不理想有两个原因。一个是空气质量受到许多复杂因素的影响；另一个是空气质量数据只有时间上的邻近性，没有明显的每日/每周/每月规模。与 DeepST 相比，结果显示 CNN 不适用于空气质量预测任务，这是由于空气质量数据在空间维度上是非常稀疏的，如果画成 64×64 的格子，可能只有 3% 的格子会有数据；即使把格子缩小成 6×6，仍然有 50% 左右的格子没有数据。因此，基于 CNN 和 LSTM 的 DMVST-Net 也并不适用于空气质量预测任务，这是因为在复杂的大气污染环境中，其他的影响因素比时空相关性更重要。与 DeepFM 相比，结果显示了 DeepAir 的有效性，因为 DeepFM 是专为高维度和极其稀疏的数据而设计的。与 DeepSD 相比，结果显示分布式架构比按顺序架构更适合空气质量预测任务，因为每个间接因素都会各自作用于直接因素，进而影响未来空气质量。

表 4-4 展示了 DeepAir 和 WFM 在 2014 年 10 月 1 日至 2016 年 12 月 30 日期间的实验对比情况。由于 WFM 在提供未来 12h 内的区域级最小-最大范围预

测,DeepAir 提供接下来的 48h 内每小时站点级的预测,分别对每小时站点级和 12h 的区域范围进行评估。对于每小时站点级,将 WFM 的预测划分为每小时,并将最小-最大范围的平均值作为预测值;对于 12h 区域级,将 DeepAir 的预测合并到区域级别,并从预测结果中计算 12h 的最小-最大范围。在两种评估设置中,DeepAir 比 WFM 都具有更高的准确性。此外,DeepAir 具有更精细的空间和时间粒度、更长的预测周期和更快的更新频率。从结果中,我们可以发现 DeepAir 在 12h 区域级别最小-最大预测方面性能非常不错,这也意味着 DeepAir 模型对于其他预测任务也有非常好的泛化能力和鲁棒性。

表 4-3 北京市数据集上不同基准模型的准确率[一]

	1~6h		7~12h		13~24h		25~48h		突降	
	ACC	MAE	ACC	MAE	ACC	MAE	ACC	MAE	ACC	MAE
ARIMA	0.751	28.3	0.576	52.1	0.458	65.4	0.307	74.6	0.066	112.9
LASSO	0.790	21.9	0.620	39.7	0.534	48.9	0.452	57.1	0.273	87.2
GBDT	0.792	21.8	0.629	38.8	0.540	48.0	0.458	56.5	0.321	21.8
LSTM	0.780	23.1±0.1	0.606	41.2±0.1	0.491	53.2±0.1	0.380	64.8±0.1	0.240	90.1±1.1
LSTM-STC	0.794	21.6±0.2	0.622	39.6±0.2	0.508	51.4±0.1	0.396	63.0±0.3	0.314	82.5±1.6
DeepST	0.806	20.4±0.1	0.633	38.1±0.2	0.545	47.5±0.2	0.466	55.7±0.7	0.380	74.5±2.9
DMVST-Net	0.806	20.4±0.1	0.638	37.8±0.3	0.550	47.4±0.5	0.481	53.9±0.7	0.419	70.4±2.0
DeepFM	0.808	20.1±0.1	0.643	37.3±0.2	0.549	47.2±0.6	0.474	54.9±0.6	0.396	72.3±1.9
DeepSD	0.811	19.7±0.1	0.645	37.1±0.2	0.551	46.8±0.8	0.479	54.3±0.7	0.428	69.5±3.3
DeepAir	**0.812**	**19.5±0.2**	**0.656**	**36.1±0.2**	**0.569**	**45.1±0.1**	**0.500**	**52.1±0.3**	**0.471**	**63.8±2.8**

表 4-4 DeepAir 和 WFM 的实验对比

	站点街		区域级		更新时间	空间粒度
	ACC	MAE	ACC	MAE		
WFM	0.54	54.5	0.64	46.1	12	District
DeepAir	0.77	26.7	0.86	17.9	1	Station

图 4-7 展示了 DeepAir 与之前的在线方法 FFA 在中国 9 个主要城市的实验结果比较。总体来说,DeepAir 在所有城市的 1~6h、7~48h、突降情况下,平均准确率分别为 81.1%、63%、46%。与 FFA 相比,DeepAir 在所有九个城市中都有更好的表现,其中短期、长期和突降预测的准确度分别提高了 2.4%,

---

[一] 对于所有的深度学习模型,我们对每个模型分别运行 5 次,并展示它们的"平均值+标准差"。

12.2%，63.2%。主要原因有以下 3 点。①FFA 分别训练四个模型用于对不同的因素进行建模；而 DeepAir 训练了一个可以同时刻画不同因素之间相互作用的模型。②FFA 是传统机器学习领域的浅层模型，并不能对大规模数据建立复杂模型；DeepAir 是一个深度学习模型，可以从大规模数据中对复杂情况进行建模。③FFA 模型所使用的特征不够丰富，忽略了未来天气的动态变化；DeepAir 不仅考虑了更多的特征，还对特征进行非线性学习。

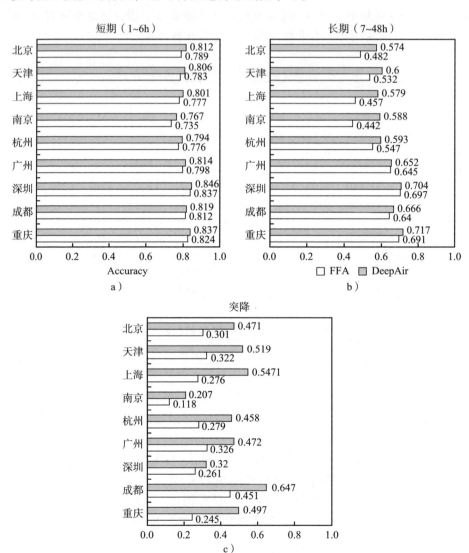

图 4-7　在线模型性能对比

表 4-5 展示了空间转换组件（STC）的有效性。与仅使用来自目标站的空气质量数据相比，DeepAir 对于常规情况和突降情况都具有较高的精度，这也表明空气污染物在空间中不断传输扩散。如果将最近的 k 个监测站点（$k=17$，与 STC 具有相同大小）的空气质量读数作为输入，实验结果比 STC 模块差。其原因是每个监测站点都有一个完全不同的 k 个最近的监测站点，而 STC 模块考虑了空间相关性并从八个方向产生大小一致的输入。在 STC 中，我们发现同时考虑内圈和外圈时比只考虑内圈有着更好的实验效果，这说明远一点的信号是有效果的。

表 4-5　不同数据预处理的实验结果

		1~6h		突降	
		ACC	MAE	ACC	MAE
传统做法	Target station	0.792	21.8	0.314	82.5
	17 nearest stations	0.802	20.1	0.37	75.2
空间转换	Inner circle	0.806	20.3	0.411	70.4
	Inner & outer circles	**0.812**	**19.5**	**0.471**	**63.8**

表 4-6 展示了分布式融合架构的有效性。DeepAir 的实验结果优于所有不同的融合方式组合。与只考虑直接影响和单独影响的模型相比，DeepAir 有着显著的效果提升。与只考虑整体影响和所有单独影响集成的模型，DeepAir 仍然有一定的提升。在 1~6h 和 7~12h，直接影响比单独影响有着更好的性能；而在 13~24h 和 25~48h，结果较差。这表明空气质量会受到多种因素的影响，从而随着时间的流逝显著变化。在所有的单独影响中，WF 在 13~48h 内的效果最好，这表明天气预报信息是用于长期预测最重要的特征。整体影响力和所有单独影响集成比每一种单独因素的影响都好，这也说明空气质量受到多种因素的影响。

表 4-6　不同融合方式的实验结果（ACC）

		1~6h	7~12h	13~24h	25~48h
Direct Influence	AQIs	0.793	0.624	0.508	0.398
Individual Influence	HW	0.739	0.605	0.517	0.412
	WF	0.752	0.607	0.549	0.472
	SP	0.750	0.596	0.509	0.399
	MP	0.758	0.613	0.510	0.399
Holistic Influence	HI	0.772	0.630	0.564	0.496
Distributed(HW,WF,SP,MP)		0.808	0.653	0.565	0.495
DeepAir		**0.812**	**0.656**	**0.569**	**0.5**

表 4-7 中展示了嵌入方法的有效性。如果对原始特征做嵌入，我们可以看到常规情况和突降情况都有明显的改善。这是因为嵌入方法可以捕捉每个因素的内部动态，尤其对于直接因素，嵌入可以学习空气污染扩散的时空相关性。

表 4-7　不同融合方式的实验结果（ACC）

	1~6h		突降	
	ACC	MAE	ACC	MAE
无嵌入	0.807	20.2	0.429	68.1
嵌入	**0.812**	**19.5**	**0.471**	**63.8**

4.6　本章小结

本章提出了一种基于深度学习的方法来预测未来的空气质量。基于大气污染的领域知识，一种新型的分布式融合架构被设计用于来融合城市异构大数据，从而可以同时捕捉到影响空气质量的所有单独影响和整体影响因素。基于中国 9 个城市的 3 年数据，与 10 种基准模型对比，本章提出的方法在常规情况和突降情况都能达到更高的准确性。对比于 FFA 模型的预测结果，DeepAir 模型在短期、长期和突降情况下的预测准确率相对提高了 2.4%，12.2%和 63.2%。

第 5 章

城市交通流预测

随着城市化进程的加快，城市汽车保有量呈快速增长趋势，交通拥堵、尾气排放等问题导致城市交通管理面临严峻挑战，比如经常堵车导致交通网络效率低下，加大燃料浪费和空气污染。因此，对城市交通流的预测研究越来越重要，如何预测未来的交通流趋势以提前干预指导，被认为是智能交通管控的关键问题之一[63]，同时也是指导交通科学管理决策的重要技术手段。交通拥堵发生的早期诊断和预测交通流的未来趋势状况被认为是解决交通拥堵瓶颈的关键性措施，所以交通流预测一直以来都是经典的研究课题，备受研究者们关注。

在本章研究工作中，提出了一种用于短时交通流预测的多模态深度学习模型，该模型通过多模态深度学习策略来自适应地学习交通流相关时序数据中的非线性相关特征。针对交通流相关多模态时空序列数据的高度非线性特征，提出模型的基础模块由 CNN 和带有注意机制的 GRU 深度神经网络两类组件构成，每个基础模块对应处理一个模态的交通序列数据。基础模块中的 CNN 组件用于捕获局部趋势特征，GRU 注意力模块用于捕获序列数据中的长时依赖特征。最后通过设计的多模态深度学习集成框架，融合多个基础模块，集成不同模态序列数据中的共享表示特征。实验结果表明，提出的多模态深度学习模型能够学习到城市交通流序列数据中的复杂非线性特征，在短时交通流预测方面具有较高的准确性。

本章安排如下：5.1 节阐述本章的研究背景和研究意义；5.2 节介绍本章的相关工作；5.3 节介绍相关预备知识；5.4 节介绍基于多模态深度学习的交通流预测方法；5.5 节通过实验对本章所提出的模型进行评估；5.6 节是本章小结。

5.1 引言

交通流预测作为经典的城市时空序列预测应用，在城市计算提出来之前，就有着广泛的研究历史。有很多学者已经提出了各种交通流预测方法，以帮助和提升智能交通的管理和决策水平。大部分交通流预测研究都是基于传统的浅层学习方法，如 Williams 等人最早提出了用 ARIMA 方法来建模和预测交通流。Castro 等人提出了一种在多种交通条件下基于 SVR 模型的短时交通流在线预测模型，该方法可用于预测典型和非典型条件下的短时高速公路交通流[64]。Lippi 等人回顾了基于时间序列分析和监督学习模型的短期交通流预测方法[65]。Chan 等人提出了一种使用混合指数平滑和 Levenberg-Marquardt 算法优化的 ANN 模型来进行短时交通流预测[66]。Sun 等人提出了一种基于贝叶斯网络的短期交通流预测方法，交通路网中相邻道路之间的交通流被建模为贝叶斯网络，预测数据和真实数据的联合概率分布被描述为高斯混合模型（GMM），实验表明该方法相比于传统模型在预测性能上有一定提升[67]。

近年来，深度学习在各领域应用取得重要进展，研究学者们也逐步采用深度学习技术应用于交通模式识别或交通流预测任务。比如 Song 等人提出了一个基于深度学习模型的框架，该框架可以从多源异构交通大数据中学习到人类的流动性规律特征[68]。Yang 等人开发了一种基于堆叠自动编码器深度学习方法的交通流预测模型，并提出了更优化模型框架结构[69]。Huang 等人也在交通流预测研究中应用了深度学习方法，该方法将多任务学习（MTL）整合到了深度学习框架中，实验表明该方法在预测交通流的性能方面要优于传统方法[70]。此外，深度卷积网络可以用于抽取交通流数据相关特征，例如 Zhang 等人使用深度残差网络来学习人群流量数据中的深度特征并预测未来流量，从而提前预知拥堵的发生趋势[71]。另外，还有学者也提出了基于注意力机制的编码器-解码器深度学习模型，如 Chorowski 等人提出了基于拓展注意力机制的深度学习模型，实验结果表明该模型在语音识别性能方面相比传统方法更优[72]。

随着深度学习研究的深入，有学者提出了多模态深度学习方法，多模态深度学习结合了各种经典深度学习模型（尤其是 LSTM 和 CNN）的优势，通过模型组合或各网络层的组合同时处理多个模态的数据集，而达到比单模态数据建模更好的效果，多模态学习在计算机视觉领域（例如图像识别分类，图像自动描述等）首先受到关注。基于多模态策略的深度学习模型，在机器视觉和自然语言处理领域应用广泛，多模态方法通常对于提高深度学习模型的预测性能有帮助。比如 Srivastava 等人基于 Deep Boltzmann 构建多模态深度学习模型，能够处理多种模态的数据输入，从而提升分类和信息检索任务的性能[73]。

5.2 相关工作

在过去的几十年中,有大量研究人员致力于交通流预测与交通拥堵分析研究。这些研究中的大多数方法主要基于数学公式推导或模拟仿真技术来描述交通网络流量的演变,但是交通网络的流量变化通常会受到出行、天气、事故和其他等因素的影响,而且呈动态变化趋势,因此很难用简单的数学模型来准确表示。用于交通流预测的常见传统方法包括经典的浅层学习模型,例如 ARIMA、ANN 和 SVR 等。随着智能城市的高速发展和传感器技术的应用,交通大数据时代已经到来。交通流预测越来越依赖于各种传感器和相关数据采集设备收集到的相关时空序列数据,例如交通流、速度、出行时间、密度、天气数据和事故数据等。但是,传统方法难以很好地适应多源异构大数据建模,因此交通流分析需要数据驱动智能预测模型的支持。

近年来,最具代表性的数据驱动智能建模技术当属深度学习,深度学习方法可以从多个层面自动提取多源异构大数据中的多粒度深层特征,自 Hinton 等人首次提出深度学习思想以来,深度学习技术已在许多领域取得了不错的应用效果,例如图像、音频和自然语言处理等任务,相关研究表明,深度学习模型在许多领域的应用研究都可以达到当前最佳的效果。由于交通拥堵过程和交通流动态演化过程,本质上是动态的和非线性的,而深度学习模型不需要先验知识即可学习交通流序列数据中的深层趋势及关联特征。所以对于交通流预测而言,深度学习方法引起了很多研究者们的兴趣。例如 Lv 等人提出了一种基于深度学习的交通流预测方法,该方法基于堆叠式自动编码器模型,可以有效地学习交通流趋势特征和时空相关性特征[74]。

多模态深度学习是机器学习十分重要的一个研究方向,多模态深度学习的核心思想是基于多个数据源的融合学习,这种跨模态融合学习通常比单模态数据学习具有更好的学习效果。最近几年,多模态深度学习逐步成为研究热点,例如 Karpathy 等人提出了一种基于 LSTM 和 CNN 的多模态(图像和文本)数据融合方法,以完成图像描述任务,模型输入部分使用 CNN 提取图像的特征,而模型输出部分使用 LSTM 生成文本[75]。此外,编码器-解码器深度学习模型作为一种简单而有效的序列数据处理方法,也引起了研究人员的广泛关注。特别是注意力机制已被广泛应用于自然语言和语音处理任务。当前,鲜有研究人员提出结合多模态深度学习和注意力机制进行交通流数据建模。因此,本章研究旨在设计基于多模态深度学习框架的交通流预测建模方法,提出了一种基于

CNN 和 CRU 结合注意力机制的单模态数据处理模块,并支持自适应多模态扩展的端到端深度学习模型,以解决城市交通流预测问题。

多模态深度学习旨在通过集成深度学习的方法实现处理和学习多源模态数据的能力,当前多模态深度学习在图像、视频和自然语言处理领域应用广泛。多模态深度学习可以同时处理多个来源的相关数据,比如图像和文本数据,或音频视频数据,都可以通过多模态模型一并融合处理并学习。多模态深度学习包含三个关键环节:多模态融合、跨模态特征表示和共享特征学习。首先,多模态融合负责联合多个模态的信息,例如常见的多源信息融合和多传感器融合方法;其次,跨模态特征表示是对融合的信息进行统一描述表示,以供进一步学习;最后,共享表示特征学习用于不同模态的联合特征训练和测试,通过联合跨模态模型来学习跨模态特征的相关性。图 5-1 所示是一个典型的多模态深度学习框架,通过联合特征表示层可以同时对音频和视频数据进行跨模态联合建模和学习。

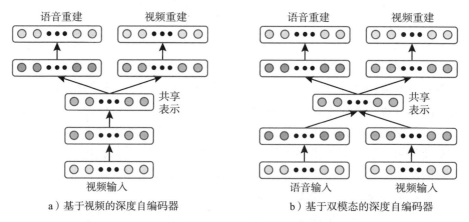

a)基于视频的深度自编码器　　　　b)基于双模态的深度自编码器

图 5-1　一个典型的多模态深度学习框架,可以同时对音频和视频数据进行跨模态学习

为了提升智能交通管理过程中的拥堵分析与决策支持能力,研究人员也提出了大量的交通流预测模型。深度学习由于其捕获非线性深度特征的能力而受到广泛关注,当然也可用于自动提取和学习城市时空序列数据中的深层次表示。由于交通拥堵过程和交通流演化本质上是动态变化和多因素非线性相关的,因此深度学习模型不需要先验知识即可学习交通时空数据的深层特征,这也非常适合处理交通时空序列大数据。因此,越来越多的研究者提出了基于深度学习的交通流预测模型。例如,Lv 等人提出了一种新颖的基于深度学习的交通流预测方法,该方法采用堆叠式自动编码器模型来学习交通流数据中的深层次特征

和时空相关性[74]。Huang 等人在交通流研究中也应用了深度学习方法，该方法将多任务学习纳入了深度学习架构，通过实验验证了其预测性能要优于传统模型[70]。

当前，序列到序列深度学习已广泛应用于序列类数据处理问题，这是一种序列数据学习的通用端到端深度学习模型，该方法在许多情况下具有出色的性能，尤其是自然语言处理任务。序列到序列深度学习模型使用编码器将输入序列编码为固定维数的向量，然后基于该编码向量进行目标序列解码作为预测输出，该方法可以理解为一种通用的序列数据处理端到端框架，备受研究人员的关注。例如，Sutskever 等人提出了一种通用的端到端序列学习方法，该方法提出了一种观点，即简单直接的模型也可以实现有效的机器语言翻译[76]。Venugopalan 等人提出了一种新的端到端序列到序列模型来生成视频字幕，该模型相比传统模型，在图像字幕生成任务中具有最佳的性能[77]。Badrinarayanan 等人提出了一种新的编码器-解码器深度学习模型，该模型使用深度卷积神经网络进行语义像素级分割，实验表明与其他方法相比，该模型具有更优秀的性能[78]。Bahdanau 等人提出了一种改善经典编码器-解码器结构模型性能的扩展方法，该方法实现了英语到法语的有效翻译[79]。Kuznetsov 等人对基于序列到序列深度学习的时间序列预测框架进行了深入的理论分析，并将序列到序列学习与经典时间序列方法进行了实验性能比较[80]。

尽管如此，基于序列到序列学习结构的时空序列预测，还鲜有系统深入的研究。到目前为止，基于序列到序列结构的深度学习模型很少用于解决交通流预测问题。现有的研究方法也很少从时空注意力机制的角度来扩展长时空序列的建模能力，此外，时空序列的多步预测要比单步预测更加困难，而结合注意力机制的序列到序列学习结构有望提升预测性能。与经典的统计分析和机器学习方法不同，本章通过基于时空注意力扩展的序列到序列学习结构模型并应用于交通流的多步预测。实验结果表明，该模型可以在不同条件下进行有效的多步交通流预测。

5.3 预备知识和问题定义

一般来讲，交通流预测的目标是预测监测点（例如各个路口）在未来的每个时间间隔内车辆通过数量随时间变化的趋势。观测的时间间隔通常与数据采集设备有关，一般设置为 5min、15min 或 30min 甚至更长。

交通流预测问题可以定义为：假设 $x_{i,t}$ 表示在第 t 时间间隔内通过第 i 个监

测点（例如路口或车站）的车辆数量。以时间点 T 为基准，交通流预测任务是根据交通流历史数据建模来预测未来时间点交通流 $x_{i,T+1}$ 或 $x_{i,T+n}$。历史交通流数据序列可以表示为 $X=\{x_{i,t}|\ i\in O, t\in 1,2,\cdots,T\}$，其中 O 是所有监测点的集合。

传统的交通流预测主要有两类方法：回归模型和浅层机器学习模型。假设用 $\{X_1,\cdots,X_t\}$ 表示观测到的交通流时间序列，η_t 为随机噪声变量，经典的自回归模型认为历史序列 $\{X_1,\cdots,X_{t-p-1}\}$ 和噪声是条件独立的，因此模型可以定义为求解条件概率。可以认为

$$X_t \sim \mathcal{N}(f(X_{t-1},\cdots,X_{t-p}),\sigma) \tag{5.1}$$

式中，σ 代表噪声方差；f 代表回归函数。经典的时间序列回归分析模型和浅层机器学习模型都可以从式（5.1）中衍生出来。例如，在最简单的情况下，f 为历史观测变量的线性组合，即经典的自回归模型 $AR(p)$ 可以表示为

$$f(X_{t-1},\cdots,X_{t-p};\psi) = \psi_0 + \sum_{i=1}^{p}\psi_i X_{t-i} \tag{5.2}$$

而像人工神经网络这种更复杂的模型，由于可以考虑数据中的非线性依赖关系，作为一种经典的浅层机器学习方法，也经常被用于交通流预测。只需将式（5.1）中的回归函数扩展为非线性函数来表示前馈神经网络：

$$f(X_{t-1},\cdots,X_{t-p};\psi,\boldsymbol{W}) = \psi_0 + \sum_{j=1}^{h}\psi_j \phi_j(X_{t-1},\cdots,X_{t-p};\boldsymbol{W}) \tag{5.3}$$

如式（5.3），前馈神经网络的隐藏单元数可以表示为 h，$\boldsymbol{W}$ 为权重矩阵，每个观测特征可以认为是历史观测值的非线性函数映射，取决于参数 $\boldsymbol{W}$ 的调整而获得，一个典型的非线性变换函数是

$$\phi_j(X_{t-1},\cdots,X_{t-p};\boldsymbol{W}) = \tanh(\sum_{i=1}^{p}w_{ij}X_{t-i}) \tag{5.4}$$

一直以来，有大量学者对上述两种传统的交通流预测方法进行了深入研究，不仅仅是交通流预测，在解决其他经典的时间序列或时空序列预测任务时，上述方法也有一定的应用价值。但随着多源异构城市时空序列数据的高速增长，以上两类传统方法还面临如下挑战：

1）简单的回归模型难以支持复杂的非线性深度特征学习。由于交通流历史序列中的局部特征具有邻近性、周期性和突变性等特点，包含了丰富的序列上下文信息，因此历史数据对未来趋势演变的影响如何进行刻画是一个难点。也

就是说，交通流时间序列数据点除了局部趋势特征受邻近性和突变性影响之外，序列数据的局部趋势特征还和长时依赖特征之间存在周期相关性，如工作日和双休日的规律变化，早晚高峰的规律变化等。

2）传统的浅层机器学习模型难以处理多变量（或多模态）时空序列之间的相互依赖性。因为交通流动态时空数据具有潜在的相关性和非线性特性，加上交通状况的快速变化，所以在各种影响因素的交互影响情况下，交通流预测具有挑战性。例如交通速度（在给定时间段经过路口车辆的平均速度）、交通行程时间（车辆经过道路的平均通过时间）、交通事故或天气状况等的影响。这些影响因素是非常复杂而且高度非线性的，所以采集到的多变量时空序列之间必然是相互依存相互影响的，因此如果仅仅考虑单变量序列或单模态数据，就难以准确地预测未来的交通流情况。

深度学习由于其具备的多层次多粒度特征抽取能力，相比传统浅层学习方法更容易捕获上述关联性和非线性深度特征。基于此，本章提出的多模态交通流预测模型，为交通拥堵分析和流量预测提供了一种替代传统浅层学习的新方法，该方法不仅能获取单模态序列数据中的局部趋势特征和长时依赖非线性特征，而且可以学习到多模态多变量交通序列数据中（例如交通速度、流量、天气、事故等序列数据）的非线性相关性特征，以支持更有效的交通流预测。

5.4 基于多模态深度学习的交通流预测方法

5.4.1 模型框架

针对交通流预测面临的关键问题，本章研究借鉴多模态学习思想，提出了一种基于多模态交通序列数据深度学习的交通流预测方法。一般来讲，由于不同模态的交通序列数据具有不一样的统计特性，即每个模态数据具有不同的特征表示和相关联系，所以很难直接将浅层学习模型用于多模态数据集成融合建模。因此，多模态深度学习是指针对多模态数据的不同特征，采用集成式融合学习方法，例如融合单模态交通数据的局部趋势特征与多模态交通数据的长时依赖特征。

接下来，将详细描述本章提出的用于交通流预测的多模态深度学习框架（简称 HMDLF）。该框架基本模块由 CNN 和 GRU 深度神经网络并结合注意力机制设计构建，每个模块负责一个模态的交通序列数据处理，抽取单模态交通序列数据的长时依赖特征和局部趋势特征等。然后,基于多个 CNNGRU-ATT 模块来融合不同模态交通序列数据的共享表示特征。本章提出的交通流多模态深度学习框架如图 5-2 所示。如图 5-2 所示,整个模型框架由三个部分组成:一是针对单模态数据的局部趋势特征和空间表示特征学习(这里的空间表示分为两个方面,除了站点间的空间相互影响特征之外,还指序列片段之间的空间结构关系特征),采用 1D-CNN 提取单模态数据的相关深度特征;二是对序列数据中的长时依赖特征和周期性特征进行抽取学习,采用 GRU 模型提取相关特征;三是对每个模态数据抽取到的中间表示特征采用注意力机制进行权重学习。接下来把每个模态数据中抽取出的最重要的相关特征进行融合,构建最终的多模态自适应集成学习模型。

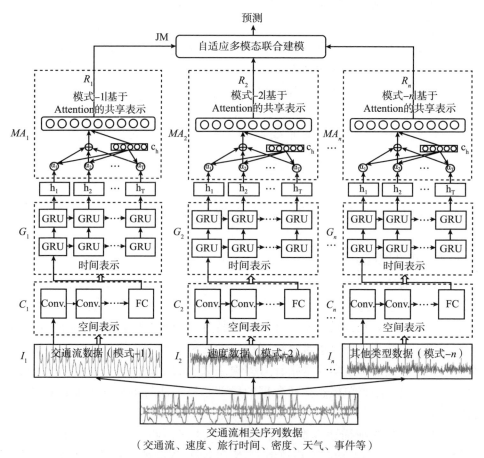

图 5-2　基于多模态深度学习的交通流预测 HMDLF 模型框架

下面描述整个模型框架的处理过程，第一步是训练 CNN 和 GRU 模型以提取分层的深度表示特征。对于给定的单模态数据 I_i，抽取该模态数据中的多层次特征（包括序列片段空间特征表示与长时依赖特征表示）过程表示如下：

$$C(I_i) \rightarrow S_i, G(S_i) \rightarrow S_i T_i, MA(S_i T_i) \rightarrow R_i \tag{5.5}$$

式中，S_i 和 T_i 分别表示基于 CNN 模型和 GRU 模型，从每个模态输入数据集 I_i 中提取的局部趋势空间表示特征和时间依赖相关特征。MA 表示基于注意力机制的多层次特征融合层，构建 S_i 和 T_i 特征的共享表示 R_i。为了学习不同的交通序列数据（例如速度、流量、通行时间、天气等）的多模态特征融合表示，本章设计基于上述多模态学习模块整合的自适应深度学习框架（模型框架中的单通道模块可以根据不同模态的数据进行动态增加或减少），来融合学习不同模态交通数据的多层次深度表示特征。多模态特征融合表示学习模型可以描述为

$$JM((R_1, R_2, \cdots, R_n), W^i, b^i) \rightarrow \pi, \quad i = 1, 2, \cdots, n \tag{5.6}$$

式中，π 表示融合学习模型从多模态数据中抽取到的共享特征 R_i 并构建的融合学习模型；W^i 和 b^i 分别表示权重和偏差；i 表示每个模态输入。整个 HMDLF 模型的训练目标函数定义如下：

$$\arg\min_{\theta} C = \frac{1}{n} \sum_{i=1}^{n} \sum_{j=1}^{m} \| \hat{y}_i^j - y_i^j \|^2 + \frac{\lambda}{2} \sum_{l} \| W_l^i \|_F^2 \tag{5.7}$$

最终的模型训练目标是使每个模态数据的训练误差 C 最小，其中 i 表示每个模态输入 ($i = 1, 2, \cdots, n$)，j 表示某个模态数据的样本数 ($j = 1, 2, \cdots, m$)，并且 W_l^i 表示第 i 个模态输入数据相应处理网络层 l 的权重参数。θ 是包括所有模态数据所有网络层的 W_l^i 和 b_l^i 参数空间，λ 用于控制目标函数的正则项。

本节提出的多模态深度学习框架，通过上述处理过程，使用一维卷积网络捕获单模态序列数据的局部趋势及空间表示特征，并设计基于注意力机制的 GRU 深度网络来学习时序周期特征和长时依赖特征。然后，模型框架将这些多层级共享表示特征进行融合学习。整个多模态集成深度学习框架可以将不同的模态数据共享表示特征进行融合学习，最终将上述融合特征输入回归层以支持交通流预测。

5.4.2 核心模块说明

经典的 CNN 结构属于前馈神经网络，一般拥有三个网络层（卷积层、池化

层和全连接层)。经典 CNN 由于其良好的空间特征学习能力经常被用于图像处理识别,也有一些研究人员通过将时空序列数据转化为图像后利用 CNN 进行建模分析。针对交通流序列数据的时间邻近性和周期性等特点,本章通过一维 CNN 的卷积运算提取交通流相关时间序列中的局部趋势特征,通过一维 CNN 的卷积运算提取时间序列中的局部趋势特征,这些抽取的特征可以作为更进一步高层特征学习的输入。一维 CNN 的计算过程如下:

$$c_j^l = \sum_i x_i^{l-1} * w_{ij}^l + b_j^l \tag{5.8}$$

$$x_j^l = \emptyset(c_j^l) \tag{5.9}$$

$$x_j^{l+1} = \text{pool}(x_j^l) \tag{5.10}$$

式(5.8)表示卷积运算,式(5.9)表示激活函数计算,式(5.10)表示卷积后的池化处理。x_i^{l-1} 和 c_j^l 分别代表卷积层的输入和输出,其中 l 代表当前处理的网络层,c_j^l 和 x_j^l 分别表示激活层的输入和输出。

RNN 是一种流行的深度学习模型,经常被用于序列处理任务,例如时间序列的预测或语音识别。RNN 的自循环结构使其能够保存相关记忆特征,利用状态向量来隐式包含序列中的历史信息。随着时间步展开,RNN 可以视为具有相应时间步层数的深度神经网络,RNN 的计算公式为

$$s_t = f(Ux_t + Ws_{t-1}), y = g(Vs_t) \tag{5.11}$$

式中,x_t 表示 t 时间步的输入信息;s_t 表示 t 时间步的隐藏状态,可以视为 RNN 网络的存储记忆;f 表示激活函数,例如 tanh 或 ReLU 函数;g 表示输出层的激活函数(例如 Softmax 或者 linear 函数);y 表示在 t 时间步的网络输出。与 CNN 不同,RNN 在所有时间步长上共享相同的参数,我们用 U、V、W 表示网络共享参数。

由于 RNN 面临梯度消失或爆炸问题,所以有学者提出了各种基于 RNN 的变体模型,比如典型的 LSTM 可以用于捕获序列数据的长时依赖特征,另一个基于 LSTM 的著名变体模型就是门控循环单元模型 GRU,模型结构如图 5-3 所示,GRU 将遗忘门与输入门合并为一个更新门。与 LSTM 相比,GRU 模型更简单且参数更少,并且在某些序列处理任务上,GRU 模型的性能要优于 LSTM,或者至少与 LSTM 保持相当的水平。

如图 5-3 所示,每个 GRU 模块单元包含四个核心组件。这些组件使得 GRU 可以长时间保存和访问时序数据中的长时依赖信息。GRU 的时序特征学习过程如下:

$$\begin{cases} z_t = \sigma(W^{(z)} \cdot [h_{t-1}, x_t]) \\ r_t = \sigma(W^{(r)} \cdot [h_{t-1}, x_t]) \\ \tilde{h}_t = \tanh(W \cdot [r_t * h_{t-1}, x_t]) \\ h_t = (1 - z_t)h_{t-1} + z_t * \tilde{h}_t \end{cases} \quad (5.12)$$

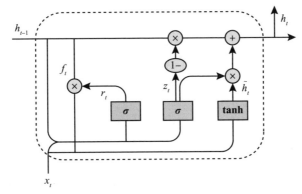

图 5-3　GRU 模型单元内部结构

式中，z_t, r_t 分别表示更新门和复位门；σ 是激活函数。更新门 z_t 决定多大程度更新当前的状态信息，它的作用是用于控制前一时刻的状态信息被带入当前状态中的程度，更新门的值越大说明前一时刻的状态信息带入越多。复位门 r_t 设定多大程度上擦除以前的状态信息，其作用是控制前一状态有多少信息被写入当前的候选激活状态 $\tilde{h}_t$ 上，复位门的值越小说明前一状态的信息被写入得就越少。h_t 表示在 t 时刻 GRU 单元的实际激活状态，它是前一时刻状态激活值 h_{t-1} 和候选状态激活值 $\tilde{h}_t$ 的线性组合。

通过上述计算过程，GRU 的每个隐藏单元都有一个复位门和一个更新门，它们的组合学习可以捕获时序数据中不同时间范围片段的时序特征关系，如果复位门被激活，则倾向于学习短时依赖特征，否则更倾向于捕获长时依赖特征。但是上述学习过程中存在一个问题，那就是面对长时序列数据建模时，GRU 难以对很长的整个序列特征进行有效抽取和表示，比如先输入模型的序列数据，其携带的时序特征很可能会被后输入的数据覆盖或稀释掉，当输入的序列越长，这个现象就越严重，这就使得 GRU 模型难以获得输入序列中足够的特征表示，从而影响模型预测的性能。

为了解决这个问题，本章提出了融合时序注意力机制的多模态交通流深度学习模型。在交通流预测过程中，让深度模型不只是关注全局时序表示特征，而是在学习时序特征片段时增加了一个"注意力范围",提示模型在未来的交通流预测输出时要重点关注输入交通序列中的某些片段,然后根据关注的片段来预测未来输出,从而获得更精准的预测效果。上述时序注意力过程的核心计算公式如下:

$$\begin{cases} e_t = \tanh(W_h h_t + b_h) \\ \alpha_t = \dfrac{\exp(e'_t c_h)}{\sum_{i=1}^{T} \exp(e'_i c_h)} \\ r = \sum_{t=1}^{T} \alpha_t h_t \end{cases} \quad (5.13)$$

式中,权重 α_t 表示时序输入片段的注意力权重值,它表明了不同时间步 t 下的观测值对于交通流预测的重要性,这使得模型在输入时序数据特征的某些关键片段上可以进行更准确的预测。模型使用 Softmax 函数将长度为 T 的向量 e_t 标准化,h_t 表示 GRU 隐藏层的输出状态,r 表示整个输入序列特征的加权注意力共享表示。

5.5 实验方案与结果分析

在本节中,基于真实的交通流相关数据集进行模型预测实验,以评估所提出方法的预测性能。通过对经典的浅层学习模型和基准的深度学习模型进行实验效果对比,验证了 HMDLF 多模态深度学习模型相比传统方法具有更好的交通流预测性能。

5.5.1 实验方案

1. 数据集

所采用的实验数据集包含不同的交通流相关属性,包括位置、日期、时间段、通行速度、交通流和通过时间等。实验数据集描述见表 5-1。

实验数据来源于英国开放政府平台的公路交通流数据集[81],该数据集包含了由英国公路局管理的所有高速公路站点,每隔 15min 进行数据采集,包括平均通过时间、行车速度和车流量信息等。用于模型训练的数据集时间范围为 2013 年 1 月 1 日至 2013 年 12 月 31 日,共包含 34876 条记录,用于模型测试的数据集时间范围为 2014 年 2 月 1 日至 2014 年 2 月 28 日,共包括 2688 条记录。

表 5-1　交通流实验数据集描述

数据集	英国高速公路数据集
数据类型	时间序列
位置	从 M1 J7 到 A405
采样间隔	15min
时间范围	2013 年 1 月 1 日—2014 年 2 月 28 日
属性	交通流、速度、通过时间
样本数	37564

图 5-4 显示了测试数据集中两周时间范围内的交通流、通行速度和通行时间数据的相关性，图中展示出三条序列数据的非线性关系。以交通速度和通行时间序列数据为例，通常在拥堵情况下车辆通行时间较长，并且交通速度较低，但在从交通拥堵到通畅的渐进转变过程中，这一相关关系却不一定成立，类似情况说明交通流相关时序数据之间有着复杂的非线性相关性特征。

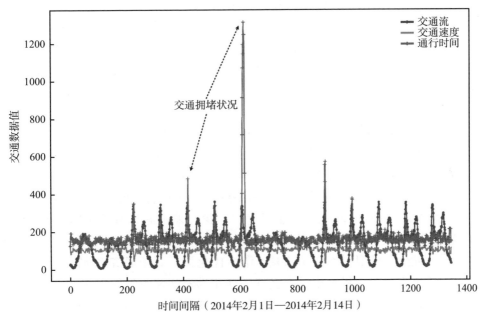

图 5-4　测试数据集中两周时间段内的交通流相关数据

2. 基准模型及参数设置

接下来描述对比模型实验的软硬件环境和参数设置细节。采用基于 Tensorflow 后台的 Keras 深度学习库，构建本章所提出的多模态模型与基准深度学习模型，基于 Scikit-learn 机器学习开源库构建浅层学习模型。所有实验均在同一台 PC 服务器环境上运行，服务器硬件配置为 Intel® Xeon® CPU E5-2623 3.00GHz，内存 128GB，4 个 GPU（每个 GPU 为 12G 配置的 NVIDIA Tesla K80C）。

我们所提出的多模态深度学习模型与如下几种传统的模型方法进行了交通流预测性能对比分析：

SVR：SVR 是一种经典的判别回归预测方法，SVR 基于核函数映射可以学习数据集中的非线性趋势特征。一般有 RBF、POLY、LINEAR 三种核参数。

ARIMA：ARIMA 是时间序列预测最为经典的模型之一，另外还选取了线性回归模型（LR）、决策树回归模型（DTR）和岭回归模型（RIDGE）进行对比实验。

RNN：RNN 是用于序列数据建模的一种经典深度学习方法。由于 RNN 的梯度消失或爆炸问题，GRU 和 LSTM 是基于 RNN 模型改进后的变体模型。一维 CNN 作为卷积神经网络，也可以用于时间序列建模。

CNN-GRU 和 CNN-LSTM：这两种模型是基于本章提出的框架 HDMLF，采用了不同神经网络层，并去除注意力机制后的基础模块，基础模块也可用于局部趋势特征和长时依赖特征学习，多个基础模块的组合可以融合学习多个模态的时序数据。

3. 模型参数设置

在模型参数设置方面，由于深度神经网络需要设置很多项超参数，在超参数优化设置方面没有标准的方法，因此根据具体的实验效果进行调优设置。实验过程中采用 Keras 框架的默认参数用于各种网络层的初始化，例如权重初始化和学习率策略。为了降低深度神经网络的过拟合问题，我们对各网络层设置丢弃率为 0.2。Batch size 大小设置为 512。我们采用 tanh 作为 GRU、RNN 和 LSTM 等基准深度神经网络层的激活函数，采用 ReLU 作为 CNN 网络层的激活函数[82]。此外，模型训练使用 Adam 作为优化器，基于研究和实验经验表明 Adam 函数在深度学习模型中具有良好的通用性和快速收敛能力[83]。基准深度神经网络模型的网络结构（包括 RNN、GRU、LSTM、CNN）默认使用一个隐藏层，每个隐藏层的神经元个数设置为 128。

在整个模型框架中，经过特征融合后的输出层，我们使用线性函数作为最终激活函数。此外，我们使用最小-最大归一化（min-max normalization）方法将每个模态交通序列数据缩放到 [0，1] 范围，通过 MSE（Mean Square Error）损失函数来训练 HMDLF 模型。在数据分割方面，我们选择 2013 年的交通流相关序列数据进行训练和验证（80%用于训练，其余20%用于验证），并选择2014年2月的数据进行模型测试。实验过程中使用了 earlystoping 早期停止策略（patience 参数为10）训练深度神经网络。

合理的参数设置对于深度学习模型的预测能力至关重要。对于本章所提出的模型，如何确定输入模态序列的数量以及模型框架中一维卷积层 Conv 和 GRU 的数量都对预测结果有重要的影响。一般来讲，输入模型的序列模态数取决于实际数据集条件。在实验中，由于实验数据集的条件限制，暂时只使用了三种模态数据（交通流、通行速度和通行时间），在实际应用中可以根据实际数据集进行动态设置，比如加入天气或交通事故等不同模态序列数据等。通过实验优化和调整参数，最终模型的参数设置参照表 5-2 中的数据。

表 5-2 深度学习模型参数设置

参数	值	参数	值
Conv 层数	3	Batch size	512
GRU 层数	2	Default epochs	100
每层 Conv 中单元数	64,32,16	Loss function	MSE
每层 GRU 中单元数	128,128	Optimizer	Adam
Dropout rate	0.2		

另外，我们采用均方根误差 RMSE 作为模型预测性能的评估指标，用于分析不同模型的交通流预测实验结果。

5.5.2 结果分析

实验结果数据见表 5-3，该表列出了 ARIMA、SVR（不同核函数）、LR、DTR、RIDGE、RNN、LSTM、GRU、CNN、CNN-LSTM、CNN-GRU 和本章提出的 HMDLF 模型的 RMSE 误差指标数据（HMDLF 多模态学习框架设定了三种不同的单模态基础学习模块：CNN-LSTM、CNN-GRU 和具有注意力机制的 CNNGRU-ATT）。通过实验结果可以看到，在交通流预测性能方面，HMDLF 模型相比其他基准对比模型具有最优的预测性能（更低的 RMSE 指标）。与基准模型相比，HDMLF 模型（基于 CNNGRU-ATT 基础模块）将预测误差降低到了 4.35，在一定程度上提高了模型的预测准确性。而基准的深度学习模型 RMSE 指标差异不大，尤其是 CNN、CNN-LSTM 和 CNN-GRU，预测性能都差不多，这意味着基于传统的经典深度学习模型，只是对单模态数据进行建模不能明显提升交通流预测性能。

表 5-3　HMDLF 模型与其他基准模型的预测性能比较[一]

类型	模型	RMSE
单模态浅层学习模型（交通流）	SVR-POLY	41.64
	SVR-RBF	15.41
	SVR-LINEAR	16.21
	ARIMA	14.01
	RIDGE	12.56
	LR	12.54
	DTR	12.51
单模态深度学习模型（交通流）	RNN	12.18
	CNN	9.34
	LSTM	11.14
	GRU	11.15
	CNN-LSTM	9.75
	CNN-GRU	9.09
本章提出多模态模型（交通流/通行速度/通行时间）	HMDLF（with CNNLSTM module）	5.23
	HMDLF（with CNNGRU module）	4.67
	HMDLF（with CNNGRU-ATT module）	4.35

另外通过实验数据对比发现，HMDLF 模型（尤其采用注意力机制的基本模块 CNNGRU-ATT）和基准深度学习模型的预测性能，都要优于经典的浅层学习方法（例如 SVR 和 ARIMA）。说明 HMDLF 模型可以充分学习到多模态时序数据中的局部趋势特征，短期时间时序突变和时序数据的长时依赖性特征。此外，所提出的 HMDLF 模型还充分利用了多模态序列之间的相互关联性，通过学习交通流相关的多模态序列数据中的这种相互关联性特征，相比单模态序列的学习具有更好的预测效果。实验结果表明，本章所提出的多模态深度学习框架可以通过融合各种模态数据中的深度特征信息来提高整个模型的预测性能。

通过对实验结果数据的进一步比较分析，我们还发现与 LSTM 相比，使用

[一] 基准深度学习模型和 HMDLF 模型的参数配置为 look-up size-20，batch-size-512，dropout-0.2，early stopping patience-10。

GRU 作为基础模块组件会使得整个多模态深度学习模型产生更好的预测性能。这是因为 GRU 比 LSTM 更简单且超参数更少,而且具有与 LSTM 相当或更好的性能。一般来讲,采用 GRU 作为基础模块组件,模型所需的训练时间更少,预测效率更高,实验结果表明使用 CNNGRU-ATT 作为基础模块要比另外两种方案(CNN-LSTM 和 CNN-GRU)具有更优的预测性能。

接下来,我们研究不同的训练迭代次数(epoch)对模型预测性能的影响。图 5-5 显示了 HMDLF 模型与其他基准深度学习模型,在不同的 epoch 条件下的 RMSE 指标曲线。从图中我们可以看到,随着迭代次数的增加,刚开始所有模型预测性能在逐步提高,这表明当迭代次数不是很大时,各模型的 RMSE 指标呈下降趋势。特别是,随着 epoch 的增加,HMDLF 模型(基于 CNNGRU-ATT 模块)始终保持优于其他基准模型的预测性能,不管是基准深度学习模型还是浅层学习模型。另外,当 epoch 值约为 150 时,RMSE 达到最低值;当 epoch 值继续增加时,RMSE 保持逐步稳定或略微增大。也就是说,迭代次数越小,训练时间就越短,而最佳的预测性能不需要太大的迭代次数。比如当 epoch 值大于 150 时,模型的泛化能力无法再明显提高,当 epoch 值大于 250 时,所有的模型都发生了过拟合现象。通过上述实验结果分析发现,迭代次数过大可能会造成模型过度拟合,而且也带来了更大的计算成本,并不利于模型的应用。

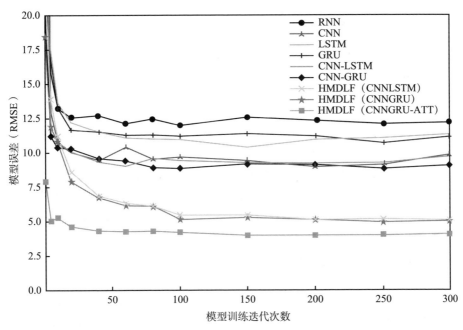

图 5-5 在不同的 epoch 条件下,HMDLF 模型与其他基准模型的 RMSE 指标对比

另外我们还分析了在不同 lookup size 大小条件下的模型预测性能对比情况。如图 5-6 所示，我们可以看到，与基准深度学习模型相比，HMDLF 模型在不同 lookup size 条件下的交通流预测误差最小。随着 lookup size 的增加，基准对比模型的预测误差会减少或来回振荡，例如 RNN 和 LSTM 模型。当 lookup size 在 50 到 100 之间时，这些对比模型的 RMSE 达到最小值，当 lookup size 继续增加时，模型发生了过拟合问题，RMSE 不再降低甚至会增加。但是，我们提出的 HMDLF 模型，在不同的 lookup size 条件下，都能保持比其他对比模型更好的预测性能。

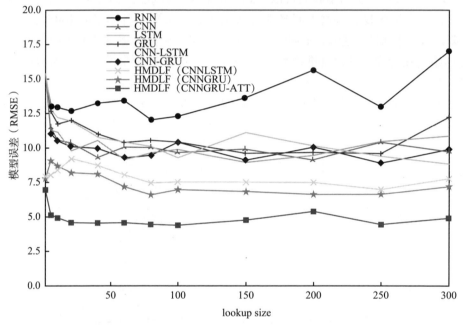

图 5-6　在不同的 lookup size 条件下，HMDLF 模型与其他基准模型的 RMSE 指标对比

为了进一步评估 HMDLF 模型的预测性能，我们分别对 HMDLF 模型在一天（包括 96 个观测时间步）和三天（包括 288 个观测时间步）时间范围内的预测情况进行了可视化展示分析，并选择了两个传统浅层学习模型（SVR-RBF 和 LSTM）与 HMDLF 模型进行对比。图 5-7 展示了三种模型（SVR-RBF、LSTM 和 HMDLF）在一个工作日时间范围内（2014 年 7 月 2 日）的单步交通流预测值与真实交通流观测值对比曲线分析。通过对比分析表明，基准的深度学习模型 LSTM 的性能要优于浅层学习模型 SVR，浅层学习模型 SVR 难以有效地预测峰值交通流变化情况，比如早高峰和晚高峰时间段的交通流。虽然 LSTM 模型的预测性能比较好，但是 HMDLF 模型相比 LSTM 模型的预测性能有进一步提升，

可以有效地预测交通流峰值状况。图 5-8 对三种模型（SVR-RBF、LSTM 和 HMDLF）在三个工作日时间范围内（2014 年 7 月 2 日—2014 年 9 月 2 日，包含工作日和周末情况）的单步交通流预测值与真实交通流观测值曲线进行了对比展示。通过对比图我们可以看到，不管是在工作日或周末情况下，SVR 模型都难以有效地预测交通流的波峰和波谷趋势，并且 LSTM 模型的总体预测性能明显要优于 SVR 模型，LSTM 模型可以在交通时间序列数据的峰值时间范围进行准确预测。HMDLF 模型的整体预测性能最优，可以在整个观测时间范围内进行准确预测，不管是平常情况还是峰值交通流情况。另外，由于基准的深度学习模型本身也具有很强的学习能力，因此 HMDLF 模型相比 LTSM 模型在交通流单步预测性能上，只能说有一定的提升，但差异不是太大。

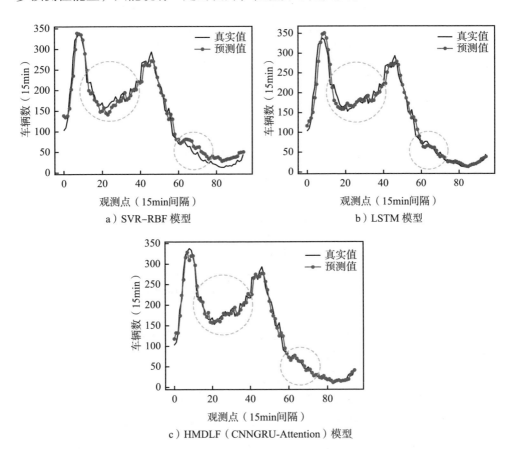

图 5-7　三种模型（SVR-RBF、LSTM 和 HMDLF）在一个工作日时间范围内（2014 年 7 月 2 日）的单步交通流预测值与真实交通流观测值图示比较分析

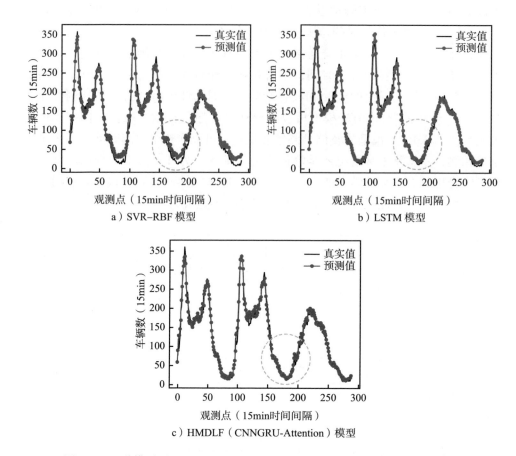

图 5-8 三种模型（SVR-RBF、LSTM 和 HMDLF）在三个工作日时间范围内（2014 年 7 月 2 日—2014 年 9 月 2 日，包含工作日和周末情况）的单步交通流预测值与真实交通流观测值图示比较分析

上述对比实验的训练数据集和测试数据集来自同一个观察点数据（来自 M1J7 线路 A405 与 A414 之间的站点，站点名为 AL100）。为了更好地进行模型预测效果比较分析，我们最后进行了模型的泛化能力对比分析实验（见图 5-9）。在 HMDLF 模型泛化性能实验中，我们基于 AL100 站点的数据集进行模型训练，但使用另一个观测站点的数据（名为 AL1811）进行测试。如果 HMDLF 模型在不同观测站的交通流预测中能保持稳定的预测效果，则可以说该模型具有较好的泛化能力。

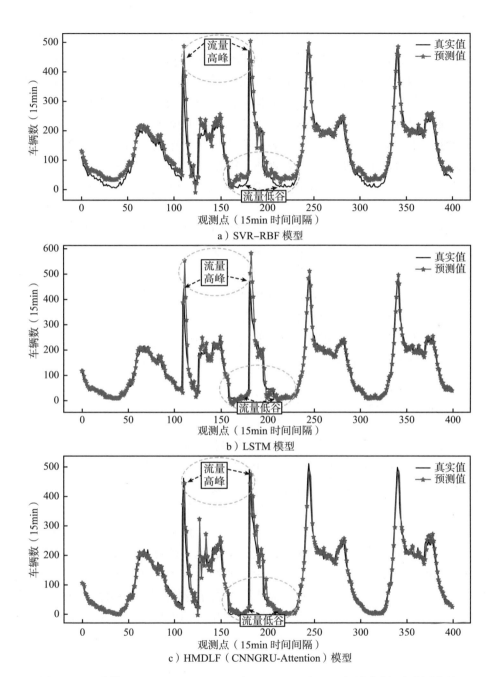

图 5-9　三种模型（SVR-RBF、LSTM 和 HMDLF）在 400 个观测时间步范围内的
单步交通流预测值与真实交通流观测值图示比较分析

注：训练集和测试集数据来自于不同的观测站点。

如图 5-9 所示，HMDLF 模型相比以 LSTM 为代表的基准深度学习模型和以 SVR 为代表的浅层学习模型，其整体预测性能和模型泛化能力都是最优的，不仅可以在一般时间范围情况下，而且在交通流峰值情况下，都可以准确有效地进行交通流预测。从预测值与真实值比较曲线图中我们还可以看到一些有趣的现象，尤其是在预测误差较大的地方，SVR 模型的预测值始终要稍高于真实值，而 LSTM 模型在交通流峰值情况下的预测值始终要稍高于真实观测值，但在波谷时间段内的预测值却低于真实观测值。HMDLF 模型不存在这一问题，与浅层学习模型和基准深度学习模型相比，HMDLF 模型能保持最佳的综合预测性能和模型泛化能力。

综上所述，HMDLF 模型在各种交通情况下（包括工作日或周末，正常情况或异常峰值情况等）都能保持最佳的预测效果，交通流的预测值可以与真实观测值较好地匹配，这验证了本章提出的多模态深度学习交通流预测模型可以有效地学习多模态交通时序数据中的各种特征，包括单模态序列的时间趋势和长时依赖特征、多模态序列之间的相互关联特征等。本章所提出的基于多模态深度学习框架的交通流预测模型，为智能交通应用中的交通拥堵分析预测提供了一种有价值的模型参考。

5.6 本章小结

本章提出了一种用于短时交通流预测的自适应多模态深度学习模型 HMDLF。该模型将一维 CNN 网络和 GRU 注意力学习网络集成为一个基本模块，以捕获单模态序列的局部趋势特征与长时依赖性特征。借助注意机制可以更有效地探索和学习交通流时序数据中更深层的相互影响特征。基于上述多个单模态基础模块构建自适应的多模态深度学习框架，该模型框架可以同时融合多个交通模态输入序列数据（例如通行速度、交通流、通行时间和天气状况等）进行学习，以获取多模态时序数据中的深层非线性相关特征。基于真实交通流数据集进行实验，通过多个维度的实验结果对比分析验证了所提出模型的有效性，不管是正常交通流还是峰值交通流情况下，我们的模型相比基准模型都具有更优异的预测性能。

第 6 章

城市人流量预测

城市公共区域的人流量分析和预测可以为管理决策提供有力依据，对公共安全、智能交通服务等具有重要的现实意义。城市人流量受多种复杂因素的影响，包括：空间依赖（近处和远处）、时间依赖（近期、周期和趋势），以及外部因素（如天气和事件），因此，如何构建人流量准确预测模型极具挑战性。本章提出了基于时空残差卷积的端到端网络（ST-ResNet）来批量预测城市任何一个区域的两种人流量类型（流入和流出）。具体而言，我们设计了一种多层堆叠的残差网络结构用于建模人流量的时间邻近性、周期性和趋势性。针对每种时间特性，我们提出了一系列残差卷积单元，用于建模相应的人流量时间特性。ST-ResNet 基于输入数据学习动态聚合三个残差网络输出，为不同残差卷积单元和区域分配权重。聚合结果进一步与外部因素结合，如天气和星期信息，进而预测得到每个城市区域未来的交通人流量。我们在北京和纽约两个城市人流量数据集上开展实验，结果表明 ST-ResNet 要优于现有的 9 种基线方法。此外，我们在微软 Azure 云平台上部署了一个实时系统 UrbanFlow，能够监测和预测贵阳市的实时人流量。

本章安排如下：6.1 节阐述城市人流量预测的研究背景和研究意义；6.2 节介绍城市人流量预测的相关工作；6.3 节给出相关预备知识；6.4 节描述了所提出的用于预测人群流动的深度时空残差网络；6.5 节通过实验对城市人流量预测所提出的模型进行评估；6.6 节简要介绍了基于 ST-ResNet 和微软 Azure 云平台的实时人群流预测系统；6.7 节是本章小结。

6.1 引言

城市人流量的准确预测对交通管理、风险评估和公共安全具有重要意义。近些年发生的城市踩踏事件，如果能够提前感知城市该区域的出入人流量，我们就可以采用紧急机制（如交通管制、发出警告或提前疏散人员），提前做好管控分流，从而保证群众人身安全。

在本章中，我们考虑两种类型的人群流动：流入和流出的预测问题，如图 6-1a 所示。流入是指在给定时间间隔内，从其他地方进入某一区域的人群的总流量。流出是指在给定的时间间隔内，离开一个地区前往其他地方的人群的总流量。这两种类型的流量记录了区域间人群的流动情况，准确地预测流量对风险评估和交通管理非常有益。流入/流出可通过行人数量、附近道路行驶的汽车数量、公共交通系统（如地铁、公交车）上的出行人数等数据进行综合地衡量。图 6-1b 给出了一个例子。我们可以利用手机信号来估计行人的数量，得到 r_2 区域的流入和流出分别是 3 和 1。类似地，使用车辆的 GPS 轨迹进行人流量估计，两种类型的流量分别为 0 和 3。因此，r_2 的总流入和流出分别为 3 和 4。显然，城市人流量预测可以看作一种时空预测问题[84]。

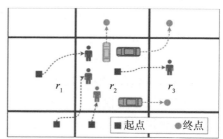

a）流入和流出　　　　　　　　　　b）衡量人流量变化

图 6-1　区域内人群流动

深度学习已成功应用于许多领域，是最前沿的人工智能技术之一。探索这些时空数据技术对于一系列不同的时空应用非常重要，包括城市规划、交通、环境、能源、社会、经济、公共安全和安保[84]。尽管两种主流的深度神经网络都考虑了部分空间或者时间属性：①卷积神经网络（CNN）可用于捕获空间结构；②递归神经网络（RNN）可用于学习时间依赖关系。但是将这些现有的人工智能技术应用于此类领域仍然是非常具有挑战性的，主要是由以下三个复杂因素造成的：

1. 空间依赖性

近距离　如图 6-1a 所示，区域 r_2 的流入受附近的区域（如 r_1）流出的影响。同样，r_2 的流出也影响其他区域（如 r_3）的流入。区域 r_2 的流出同样也会影响自身的流出。

远距离 人流量会受遥远区域的流量影响。例如，住在离办公室非常远的人通常经由地铁或者高速公路去上班，意味着远距离流出直接影响了办公区域的流入。

2. 时间依赖性

邻近性 一个区域的流量受邻近一段时间流量的影响，包括远距离和近距离区域。例如，早上 8 点的交通拥堵将会影响早上 9 点的交通状况。同时，今天下午 4 点人流量与昨天下午 4 点的人流量类似。

周期性 工作日中每天早高峰期间的人流量类似。

趋势性 冬季的时候早高峰的时间要推迟。因为气温下降，日出较晚，人们起床的时间会越来越晚。

3. 外部影响

一些外部因素，比如天气状况或者事件，可能会影响城市不同区域的交通流。例如，暴风雨天气会影响车速，进而影响区域的流量。

为解决上述挑战，本章为时空数据设计出一种深度神经网络，并提出了一个时空残差网络（ST-ResNet）同时预测城市每个区域的人流出量和人流入量。其贡献包括以下五个方面：

❑ ST-ResNet 基于卷积残差网络，可以建模近距离和远距离的两种区域之间的空间依赖性，同时也保证了预测的精度不受神经网络的深度结构影响。

❑ ST-ResNet 分别使用三种不同的残差神经网络来建模邻近性、周期性和趋势性这三类不同的特性。

❑ ST-ResNet 动态聚合前述三个网络的输出，为不同的区域赋予不同的权值，聚合结果进一步与外部因素结合（如天气）。

❑ 我们利用北京市的出租车轨迹数据和天气数据，以及纽约市的自行车数据来评估算法，结果表明，相对于其他 9 种基线，ST-ResNet 方法更具有优势。

❑ 基于 ST-ResNet，我们利用云计算平台和 GPU 服务器在贵阳市部署了一个实时的人流量监测、预测系统。

6.2 相关工作

前期基于用户的位置来预测个人行为的研究工作主要预测个人的轨迹，而不是一个区域的交通流。这些工作可能需要很多的计算资源,同时在公共安全的场景下不是必要的。另一部分相关研究人员旨在预测道路上的行驶速度和交通流量。这些工作大部分预测单条或者多条路段,而不是整个城市范围的路段。最近,研究人员开始关注城市规模的交通流预测。与城市人流量预测不同,上述两类研究主要是针对单个区域而不是整个城市,并且它们没有将整个城市划分成网格,而是使用了较为复杂的方法找到不规则的区域。

交通流预测可以看成是一种时间序列预测问题。对于这类问题,有几种传统的线性模型。历史平均模型理论计算简单,使用历史时间序列的平均值来预测未来的时间序列的平均值。然而,此模型无法对动态事件(如交通事故)做出响应。差分自回归滑动平均(ARIMA)模型假设未来时间序列的值由历史值的线性组合和残差构成,因此,为了获得稳定的结果,非稳定的时间序列在分析之前需要单独处理。ARIMA 不适合有缺失值的时间序列,因为它依赖于非缺失时间序列,随着应用场景的复杂度提高,数据填补技术将会出现问题。SARIMA 作为 ARIMA 的扩展,增加了季节性因子建模。然而,仍受限于平稳性要求,且计算复杂度较高。向量自回归(Vector Autoregressive,VAR)模型能够捕捉非相关时间序列的线性依赖。然而,由于忽略了预测值与残差之间的相关性,因而预测精度降低。

与前述的线性模型不同,人工神经网络(ANN)是一个非线性模型,可用于时间序列预测。ANN 具有较强的非线性建模能力,但是线性建模能力欠佳。神经网络和深度学习在许多应用场景中都获得了巨大成功,包括计算视觉、语音识别和自然语言处理等。例如,卷积神经网络在 2012 年之后就获得了 ImageNet 的冠军,同时帮助 AlphaGo 打败了人类围棋冠军。递归神经网络(RNN)已成功运用在了序列学习的任务上。Song 等人提出了一个 RNN 模型来预测个人未来的行为[85]。Chen 等人提出了一种深度学习模型来理解人类行为如何影响交通事故风险[86]。长短记忆(LSTM)单元或者门控递归单元(GRU)的结合使得 RNN 能够学习长时间依赖性。然而,这两种神经网络都只能捕捉空间或者时间依赖性。最近,研究人员将上述网络结合起来,提出了一种卷积递归神经网络(ConvLSTM)同时学习时间和空间依赖性。但是该类网络无法建模非常长的时间依赖性(即周期性和趋势性),并且随着深度的增加,训练过程也变得更加困难。针对时空数据,之前的工作[87] 提出了一种基于深度神经网络(DNN)的通用预测模型。为更加有效地建模时空预测(即城市范围的流量预测),本章提出使用残差学习和参数矩阵融合机制。

6.3 预备知识和问题定义

我们首先简要回顾人流量预测问题。

定义 6-1（区域[一]） 根据经纬度将城市划分成 $I\times J$ 的网格，每个网格表示一个区域，如图 6-2a 所示。

定义 6-2（流入和流出） 令 $\mathbb{P}$ 表示时间区间第 t 个的轨迹集合。对于第 i 行和第 j 列的网格 (i,j)，在指定时间区间 t 的流入和流出的分别定义为

$$x_t^{\text{in},i,j} = \sum_{Tr\in\mathbb{P}} |\{k>1 \mid g_{k-1}\notin(i,j)\wedge g_k\in(i,j)\}| \tag{6.1}$$

$$x_t^{\text{out},i,j} = \sum_{Tr\in\mathbb{P}} |\{k>=1 \mid g_k\in(i,j)\wedge g_{k+1}\notin(i,j)\}| \tag{6.2}$$

式中，$Tr:g_1\to g_2\to\cdots\to g_{|Tr|}$ 是 $\mathbb{P}$ 中的一个轨迹；g_k 是地理空间坐标；$g_k\in(i,j)$ 表示点 g_k 所在网格 (i,j)，反之亦然；$|\cdot|$ 表示集合的基数。

在第 t 个时间间隔内，所有 $I\times J$ 区域的流入和流出都可以表示为张量 $\boldsymbol{X}_t\in\mathbb{R}^{2\times I\times J}$，其中 $(\boldsymbol{X}_t)_{0,i,j}=x_t^{\text{in},i,j}$，$(\boldsymbol{X}_t)_{1,i,j}=x_t^{\text{out},i,j}$。流入矩阵可以在图 6-2b 中表示。

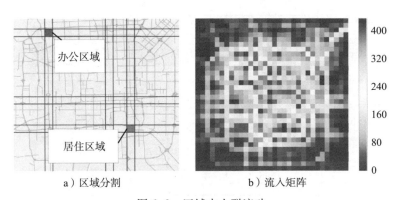

a）区域分割　　　　　　b）流入矩阵

图 6-2　区域内人群流动

形式化地，在一个 $I\times J$ 的网格地图中，每个网格有两种人流量。任何时间的人流量可以表示成一个张量 $\boldsymbol{X}\in\mathbb{R}^{2\times I\times J}$。

[一] 根据不同的粒度和语义，区域还可以有多种定义。

定义 6-3（人流量预测问题） 根据历史人流量记录 $\{X_t | t=0,1,\cdots,n-1\}$，预测未来第 n 个时间间隔的人流量 X_n。

6.4 基于深度时空残差网络的城市人流量预测方法

6.4.1 模型框架

与长短期记忆（LSTM）网络类似，递归神经网络（RNN）能够学习较长范围的时间依赖性。然而，使用 RNN 来建模时间周期性和趋势性，需要很长的输入序列（通常长度为 1344）⊖，这让整个训练过程变得更加艰难。根据时空领域的知识，我们发现少数前面关键的时间帧数据能够决定下面一帧的数据。因此，我们利用时间邻近性、周期性和趋势性来选择关键帧。图 6-3 展示了深度时空残差网络 ST-ResNet 的框架，包括四个主要的模块，分别对邻近性、周期性、趋势性和外部影响因子进行建模。

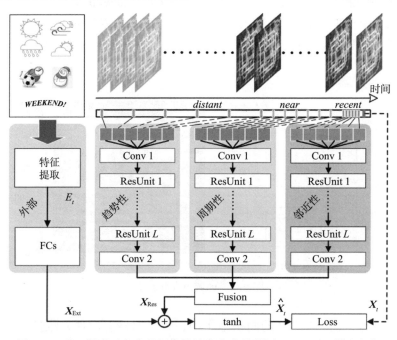

图 6-3 基于深度时空残差网络的城市人流量预测 ST-ResNet 模型框架

⊖ 假设半小时是一个时间间隔，4 周时间序列的长度等于 48×7×4=1344。

图 6-3 的右上角，我们首先使用定义 6-1 和定义 6-2 的方法，将一段时间内城市中的流入和流出转化成一个类似于图像的 2 通道矩阵。然后将时间轴划分成 3 个分段：最近、近和远。接着将每个时间段的 2 通道交通流矩阵输入三个不同的模块中来建模前述三种不同的时间特性：邻近性、周期性和趋势性。前三个特性共享相同的网络结构，即卷积神经网络，外加一个残差单元序列。这种结构能够捕捉近距离的和远距离的空间依赖性。在外部模块中，我们从外部数据集中（天气数据、事件数据）手动提取一些特征，然后将特征输入一个两层的全连接神经网络。前三个特性的输出基于参数矩阵融合成 X_{Res}，参数矩阵为不同的矩阵不同的区域赋予不同的值。X_{Res} 与外部模块 X_{Ext} 融合起来。最终，融合结果通过一个 tanh 函数映射到 [−1,1] 区间中。tanh 函数与后向传播学习中标准的逻辑函数相比，具有更快的收敛速度。

6.4.2　时空特征提取模块

前三层的结构（即邻近性、周期性和趋势性）共享相同的网络结构，每个网络结构包括两个子模块：卷积单元和残差单元，如图 6-4 所示。

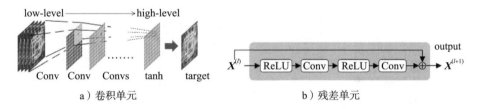

图 6-4　卷积单元和残差单元

1. 卷积单元

城市的面积通常非常大，包含许多不同距离的区域。直观上来说，距离较近的区域之间能够相互影响，卷积神经网络正好能够较好地层次化处理空间结构信息。此外，地铁系统和高速公路能够连接非常远的两个区域，也让远的地区拥有空间依赖性。为了捕捉任意两点之间的空间依赖性，我们需要设计一个多层的 CNN，因为一层卷积只是捕捉了近距离空间依赖性，且受核的大小限制。这个问题在输入和输出具有相同分辨率的视频序列生成任务中也同样存在。研究人员提出了一些方法来解决由下采样导致的分辨率丢失问题，从而保留模型对较远地区的空间依赖性。与传统的 CNN 不同的是，我们并没有采用下采样，而只是使用卷积操作。如图 6-5a 所示，在多层特征映射中，有多个卷积操作。我们发现高层特征映射的节点取决于中层特征映射的 9 个节点，而这些节点被更低层特征映射的节点覆盖。这意味着一个卷积操作能够捕捉空间邻近依赖性,多个卷积堆叠操作能够捕捉远距离的甚至整个城市的空间依赖性。

图 6-3 的邻近性特征采用一些相邻时间的 2 通道交通流矩阵来建模时间的邻近性依赖。令最近的一个分段为 $(X_{t-l_c}, X_{t-l_c-1}, \cdots, X_{t-1})$,称为邻近性依赖矩阵。首先将它们与第一个轴(即时间轴)拼接成一个张量,然后利用卷积层(见图 6-3 的 Conv1)来提取特征,即

$$X_c^{(1)} = f(W_c^{(1)} * X_c^{(0)} + b_c^{(1)}) \tag{6.3}$$

式中,$*$ 表示卷积操作;f 是一个激活函数;$W_c^{(1)}$,$b_c^{(1)}$ 是第一层中需要学习的参数。

传统的卷积操作输出比输入要小,即窄卷积,如图 6-5a 所示。假定输入的大小为 5×5,卷积核的大小为 3×3,步长为 1,如果使用窄卷积,那么输出的大小为 3×3。实际上,最终的输出大小应该与输入的大小相同(即 $I \times J$)。为此,我们采用了 padding 操作,即标准卷积(见图 6-5b),允许卷积核在输入边界的外部,边界外部的区域赋值为 0。

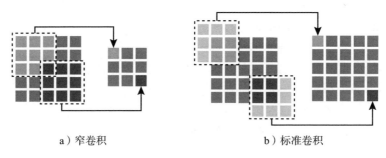

a)窄卷积　　　　　　　　b)标准卷积

图 6-5　窄卷积和标准卷积

注:卷积核的尺寸为 3×3。

2. 残差单元

多项研究表明,尽管使用一些特定的激活函数(如 ReLU)和规范化技术[88-90]可以训练深层网络,但是随着卷积网络层数的增多,训练效果越来越差。另外,我们仍然需要一个较为深层次的网络来捕捉全城范围内的空间依赖性。假设一个典型的交通流数据的输入大小为 32×32,卷积核的大小为 3×3,如果需要建模全城的空间依赖(即高层的每个节点依赖输入的每个节点),那么需要 15 层连续的卷积层。为了解决这个问题,我们的模型采用残差学习[91]。残差学习被证明训练 1000 层以上的深度神经网络都非常有效。

在 ST-ResNet 中（见图 6-3），Conv1 堆叠 L 个残差单元，具体如下：

$$X_c^{(l+1)} = X_c^{(l)} + \mathcal{F}(X_c^{(l)}; \theta_c^{(l)}) \tag{6.4}$$

式中，$\mathcal{F}$ 是残差方程（即两个 ReLU 和卷积的组合，见图 6-4b）；$\theta^{(l)}$ 包括所有第 l 层需要学习的参数。同样，在 ReLU 之前，我们使用批量规范化（Batch Normalization，BN）[89]。我们在最顶端的 L 层残差单元后添加了一个卷积层（见图 6-3 的 Conv2），图 6-3 中邻近性特征的输出为 $X_c^{(L+2)}$。

类似地，使用上述操作，构建图 6-3 的周期性和趋势性特征，假设有 l_p 个时间段，周期为 p。那么，周期依赖性序列为 $[X_{t-l_p \cdot p}, X_{t-(l_p-1) \cdot p}, \cdots, X_{t-p}]$。利用像式（6.3）和式（6.4）的卷积操作及 L 层残差单元，周期性特征的输出为 X_p^{L+2}。同样，趋势性特征的输出为 X_q^{L+2}，周期依赖性序列为 $[X_{t-l_q \cdot q}, X_{t-(l_q-1) \cdot q}, \cdots, X_{t-q}]$。其中 l_q 是趋势性依赖序列的长度，q 是周期长度。注意，p 和 q 是两种不同的周期。在具体实现中，p 是一天的时间，描述了每天的周期性，q 是一周的时间，揭露了一周的趋势。

6.4.3 外部因素模块

人流量受多种复杂的外部因素影响，如天气状况和事件。图 6-6a 显示假期（中国的春节）的人流量与平常的人流量非常不同。图 6-6b 显示，与平日里相比，暴风雨能够减少办公区域的流量。令 E_t 表示预测时间区间 t 的外部因素特征向量。现实中，我们主要考虑天气、假期以及其他的元数据（星期几或者工作日/周末），表 6-1 介绍了相关细节。为了预测时间区间 t 的人流量，可以直接获得假期事件和元数据，但是，未来时间区间 t 的天气是未知的。我们可以使用 $t-1$ 时刻的天气近似预测 t 时刻的天气。因此，在 E_t 上堆叠两个全连接层，第一层可以看作每个子因素的嵌入层，后面接着一个激活函数。第二层将每个因素的高维嵌入映射为与 X_t 相同的高维张量。其结果如图 6-3 中外部模块的输出，表示为带参数 θ_{Ext} 的 X_{Ext}。

6.4.4 模型融合模块

本节讨论如何融合图 6-3 所示的四个模块。我们首先用参数矩阵融合算法融合前 3 个特征，然后与外部模块进一步融合。

图 6-7a、d 展示了表 6-1 的北京市轨迹数据的比率曲线，其中 x 轴是两个时间区间的间隔，y 轴是任意两个拥有相同时间跨度的流入的平均比率。不同区域的曲线都显示了时间相关性。也就是说，更近的时间区间的流入比远的时

间区间的流入更相关，这揭示了时间邻近性。两条曲线的形状不同，说明不同的区域可能拥有不同的邻近性特征。图 6-7b、e 描述了 7 天的流入。我们可以看到两个区域都呈现出明显的日周期性。在办公区域，工作日的高峰值远远比周末的要高。居住区域在工作日和周末都拥有类似的峰值。图 6-7c、f 展示了从 2015 年 3 月和 2015 年 6 月所有周二的特定时间区间（晚上 9 点到 9 点半）的流入。从中可以看出，随着时间的推移，办公区域的流入逐渐降低，但居住区域的流入逐渐升高。这也说明不同的区间有不同的趋势。总之，两个区域的流入都有邻近性、周期性和趋势性，但是受影响的程度大不相同。我们在其他的区域以及流入上也发现了类似的特性。

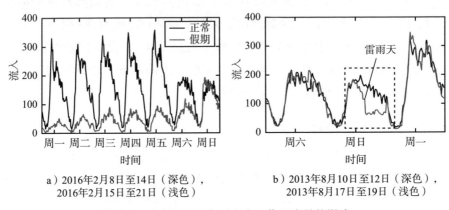

a）2016年2月8日至14日（深色），2016年2月15日至21日（浅色）

b）2013年8月10日至12日（深色），2013年8月17日至19日（浅色）

图 6-6 节假日和天气对北京工作区流量的影响

总的来说，不同的区域都受邻近性、周期性和趋势性的影响，但是影响程度不同。受此观察启发，我们提出了一个基于参数矩阵融合的方法。

1. 基于参数矩阵的融合

我们使用下述方法融合图 6-3 所示的三个特征（邻近性、周期性和趋势性）：

$$X_{\text{Res}} = W_c \circ X_c^{(L+2)} + W_p \circ X_p^{(L+2)} + W_q \circ X_q^{(L+2)} \in \mathbb{R}^{2 \times I \times J} \tag{6.5}$$

或者，同样地可以表示为

$$x_{\text{Res}}^{k,i,j} = w_c^{k,i,j} \cdot x_c^{k,i,j} + w_p^{k,i,j} \cdot x_p^{k,i,j} + w_q^{k,i,j} \cdot x_q^{k,i,j}, \forall k \in \{0,1\},$$
$$\forall i \in \{0,\cdots,I-1\}, \forall j \in \{0,\cdots,J-1\} \tag{6.6}$$

式中，$\circ$ 是阿达玛乘积（即逐元素相乘）；$w_c^{k,i,j} \in W_c, w_p^{k,i,j} \in W_p$ 与 $w_q^{k,i,j} \in W_q$ 是分别表示邻近性、周期性和趋势性的影响程度。$x_{\text{Res}}^{k,i,j}, x_c^{k,i,j}, x_p^{k,i,j}, x_q^{k,i,j}$ 分别为 $X_{\text{Res}}, X_c^{(L+2)}, X_p^{(L+2)}, X_q^{(L+2)}$ 的元素。

第6章 城市人流量预测

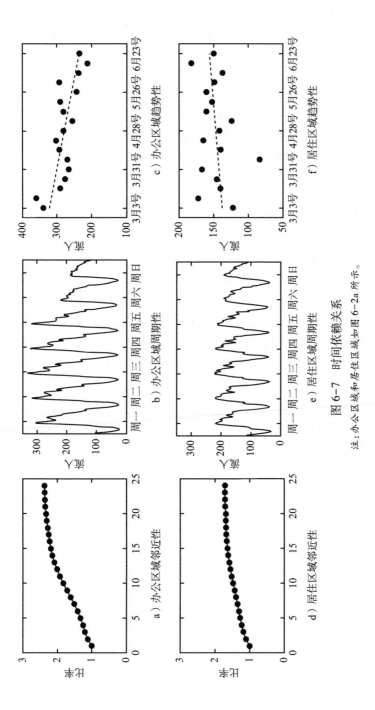

图 6-7 时间依赖关系

注：办公区域和居住区域如图 6-2a 所示。

2. 融合外部信息模块

我们直接将前 3 个特征的输出与外部模块进行融合，如图 6-3 所示。最终，预测的第 t 个时间区间的值用 $\hat{X}_t$ 表示为

$$\hat{X}_t = \tanh(X_{\text{Res}} + X_{\text{Ext}}) \tag{6.7}$$

式中，tanh 是双曲线正切函数，保证了输出的范围在 -1 到 1 之间。

ST-ResNet 通过 3 个特征矩阵和外部因素特征来预测 X_t，最小化预测的人流量矩阵和真实的人流量矩阵之间的平均平方误差为

$$\mathcal{L}(\theta) = \| X_t - \hat{X}_t \|_2^2 \tag{6.8}$$

式中，θ 是 ST-ResNet 中的可学习参数。

6.4.5 算法框架与优化方法

算法 4 描述了 ST-ResNet 的训练过程。我们首先从原始序列中构建一个训练实例（第 1~6 行），然后通过后向传播和 Adam 优化器[83]进行训练（第 7~11 行）。训练完成后，学到的 ST-ResNet 模型 $\mathcal{M}$ 可以用来做单步预测或者多步预测。预测的过程如算法 5 所示。一些外部特征（即天气）与算法 4 不同。在训练过程中，使用真实的天气数据，但在算法 5 中，使用的是预测的天气数据。

Algorithm 4: 训练 ST-ResNet 模型

Input: 历史观测值: $\{X_0, \cdots, X_{n-1}\}$；
外部因素: $\{E_0, \cdots, E_{n-1}\}$；
邻近性、周期性和趋势性三种性质的长度: l_c, l_p, l_q；
周期性: p；趋势间隔: q.

Output: ST-ResNet 模型 $\mathcal{M}$

1 // 构建训练样例
2 $\mathcal{D} \leftarrow \emptyset$
3 **for** 所有可用时间序列 $t(1 \le t \le n-1)$ **do**
4   $\mathcal{S}_c = [\mathbf{X}_{t-1_c}, \mathbf{X}_{t-1_c-1}, \cdots, \mathbf{X}_{t-1}]$
5   $\mathcal{S}_p = [\mathbf{X}_{t-1_p \cdot p}, \mathbf{X}_{t-(1_p-1) \cdot p}, \cdots, \mathbf{X}_{t-p}]$
6   $\mathcal{S}_q = [\mathbf{X}_{t-1_q \cdot q}, \mathbf{X}_{t-(1_q-1) \cdot q}, \cdots, \mathbf{X}_{t-q}]$
7   // $\mathbf{X}$ 是 t 时刻的目标
8   将一个训练样本放入 $(\{\mathcal{S}_c, \mathcal{S}_p, \mathcal{S}_q, E_t\}, \mathbf{X})$ $\mathcal{D}$
9 **end**

(续)

```
10  //训练模型
11  初始化所有参数 θ
12  repeat
13  │  从 𝒟 随机选择一个子集 𝒟_b
14  │  找到能使式(6.8)最小化的参数 θ
15  until 达到结束条件;
16  输出学习完毕的模型 ℳ
```

Algorithm 5：基于 ST-ResNet 的多步超前预测

Input：学习完毕的模型 ℳ；
超前步频数：k；
历史观测值：$\{X_0, \cdots, X_{n-1}\}$；
外部因素：$\{E_n, \cdots, E_{n+k-1}\}$；
邻近性、周期性和趋势性三种性质的长度：l_c, l_p, l_q；
周期性：p；趋势间隔：q.

```
1  𝒳 ← {X_0, ⋯, X_{n-1}}  //(i.e. 𝒳_t, ∀ t)
2  for t=n to n+k-1 do
3  │  𝒮_c = [X_{t-l_c}, X_{t-l_c-1}, ⋯, X_{t-1}]
4  │  𝒮_p = [X_{t-l_p·p}, X_{t-(l_p-1)·p}, ⋯, X_{t-p}]
5  │  𝒮_q = [X_{t-l_q·q}, X_{t-(l_q-1)·q}, ⋯, X_{t-q}]
6  │  X̂_t ← ℳ(𝒮_c, 𝒮_p, 𝒮_q, E_t)
7  │  put X̂_t into 𝒳, i.e. 𝒳_t = X̂_t
8  end
9  return: {X̂_n, ⋯, X̂_{n+k-1}}
```

6.4.6　模型变体构建方法

这里提出了用两种不同的方法来构造图 6-3 的邻近性、周期性和趋势性分量的输入，如图 6-8 所示。令周期（p）和趋势跨度（q）分别为 1 天和 1 周。根据三个时间特性（即邻近性、周期性和趋势性），原始构造方法选择以下关键帧：

1) 依附邻近性相关输入：$[X_{t-l_c}, X_{t-l_c-1}, \cdots, X_{t-1}]$；
2) 依附周期性相关输入：$[X_{t-l_q·q}, X_{t-(l_q-1)·q}, \cdots, X_{t-q}]$；
3) 依附趋势性相关输入：$[X_{t-l_q·q}, X_{t-(l_q-1)·q}, \cdots, X_{t-q}]$。

在原始方法的基础上，我们介绍了两种采用平均历史帧的方法（AVG1 和 AVG2），其中邻近性分量的相关输入与原始方法相同。

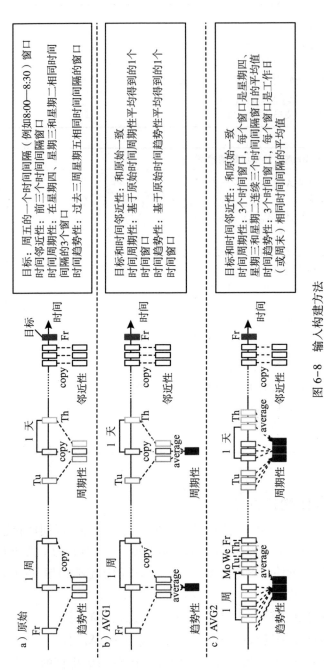

图6-8 输入构建方法

注：Mo代表星期一，Tu代表星期二，We代表星期三，Th代表星期四，Fr代表星期五。

AVG1（见图 6-8b）：将原始方法的周期和趋势分量的相关输入分别平均为周期和趋势分量的新相关输入，具体如下：

1) AVG1 周期分量的相关输入：$\frac{1}{l_p}\sum_{i=1}^{l_p} X_{t-i\cdot p}$；

2) AVG1 趋势分量的相关输入：$\frac{1}{l_q}\sum_{i=1}^{l_q} X_{t-i\cdot q}$。

与原始方法相比，AVG1 具有相同的原始输入，但需要具有较少可训练参数的模型，因为其周期和趋势分量都只有 1 个时间间隔。

AVG2（见图 6-8c）：对原始方法中相同时间间隔周围的帧进行平均，产生与原始方法相同数量的时间间隔。具体定义如下：

1) AVG2 周期分量的相关输入：$[\overline{X}_{t-l_p\cdot p}, \overline{X}_{t-(l_p-1)\cdot p}, \cdots, \overline{X}_{t-p}]$。

其中 $\overline{X}_{t-j\cdot p} = \frac{1}{3}(X_{t-j\cdot p-1} + X_{t-j\cdot p} + X_{t-j\cdot p+1})$，$j=1,\cdots,l_p$。

2) AVG2 趋势分量的相关输入：$[\overline{X}_{t-l_q\cdot q}, \overline{X}_{t-(l_q-1)\cdot q}, \cdots, \overline{X}_{t-q}]$。

$\forall j \in \{1,\cdots,l_q\}$，若 X_t 是工作日，则 $\overline{X}_{t-j\cdot q} = \frac{1}{5}\sum_{X_k \in X_{j_{\text{weekdays}}}} X_k$。否则为 $\overline{X}_{t-j\cdot q} = \frac{1}{2}\sum_{X_k \in X_{j_{\text{weekend}}}} X_k$。其中，在第 j 个趋势间隔 $X_{j_{\text{weekdays}}}$ 被认为是 5 个工作日并且 $X_{j_{\text{weekend}}}$ 认为是周末。

与原始方法相比，AVG2 具有相同的可训练参数，但能够捕获更多原始时间间隔。

6.5 实验方案与结果分析

本章比较 ST-ResNet 与 9 种基线算法在北京和纽约两种城市人流量数据的预测性能。

6.5.1 实验方案

1. 数据集

我们使用两个不同的数据集，见表 6-1。每个数据集包含两种不同的数据：轨迹和天气，具体描述如下。

❑ **TaxiBJ**：北京市的出租车轨迹数据和天气数据，包括四个时间段：2013 年 7 月 1 日至 2013 年 10 月 30 日，2014 年 3 月 1 日至 2014 年 6 月 30

日，2015年3月1日至2015年6月30日，2015年11月1日至2016年4月10日。根据定义6-2，我们获得两种类型的交通流。我们选择最后4个星期的数据作为测试集，所有其他的数据作为训练集。
- BikeNYC：纽约的轨迹数据来自纽约共享单车系统，时间跨度为2014年4月1日到2014年9月30日。一条数据包括：旅行时间、开始站点和结束站点的ID、开始时间和结束时间。这些数据中，最后10天的数据作为测试集，其他数据作为训练集。

2. 对比方法

我们将ST-ResNet与9种基线方法进行比较：
- HA：通过计算对应时间区间的所有历史流入和流出的平均流量。例如：周二上午的9点到9点半，对应所有历史数据中所有周二上午的9点到9点半。
- ARIMA：差分自回归滑动平均（ARIMA）是一个常用的预测时间序列的模型。
- SARIMA：季节性ARIMA。在ARIMA上，SARIMA还考虑了季节特性，能够同时学习时间邻近性和周期性。
- VAR：向量自回归（VAR）是一个较为新颖的时空模型，能够捕捉所有流量之间的成对关系，但由于参数规模大，计算开销也大。
- ST-ANN：提取空间（周围8个区域的值）和时间（前8个时间区间）的特征，然后放入人工神经网络。
- DeepST[87]：一个针对时空数据的深度神经网络（DNN）预测模型，在交通流数据预测问题上展示了较好的预测能力。
- RNN[92]：递归神经网络（RNN）是一种深度学习模型，能够捕捉时间依赖性。形式化地讲，RNN能够训练任意长度的序列。实际上，输入序列的长度可以为 {3, 6, 12, 24, 48, 336}。例如，当序列长度为48且时间区间为30min时，输入序列的时间依赖性为1天。因此，有六种RNN的变种，包括：RNN-3、RNN-6、RNN-12、RNN-24、RNN-48和RNN-336。
- LSTM[93]：长短期记忆（LSTM）网络是RNN的一种变种，增加了多种门控机制，能够学习长时间的时间依赖。与RNN的设置相同，我们做了6种LSTM变种的实验，即LSTM-3、LSTM-6、LSTM-12、LSTM-24、LSTM-48和LSTM-336。
- GRU[94]：门控递归单元网络，是一种新的RNN，能够捕捉长时间的时间依赖。与RNN的设置相同，有以下6种GRU变种作为对比方法：

GRU-3、GRU-6、GRU-12、GRU-24、GRU-48 及 GRU-336。
- **ST-ResNet**：本书提出的模型。对于数据集 TaxiBJ，残差单元数设置为 12，对于 BikeNYC，残差单元数设置为 4。
- **ST-ResNet-AVG1 和 ST-ResNet-AVG2**：具有相同设置但不同输入构造方法的两个 ST-ResNet 变体（见 6.4.6 节）。

表 6-1 数据集（包括临近周末的假日）

数据集	TaxiBJ	BikeNYC
数据类型	出租车 GPS	共享单车
地理位置	北京	纽约
时间跨度	2013 年 7 月 1 日—2013 年 10 月 30 日 2014 年 3 月 1 日—2014 年 6 月 30 日 2015 年 3 月 1 日—2015 年 6 月 30 日 2015 年 11 月 1 日—2016 年 4 月 10 日	2014 年 4 月 1 日—2014 年 9 月 30 日
时间间隔	30min	1h
网格大小	(32,32)	(16,8)
轨迹数据		
平均采样率/s	~60	—
出租车/自行车数量	34000+	6800+
可用时间间隔数量	22459	4392
额外信息（节假日和气象信息）		
节假日数量	41	20
气象条件	16 种（如晴天、雨天）	—
温度/°C	[−24.6,41.0]	—
风速/mph⊖	[0,48.6]	—

表 6-2 介绍了这些方法的特征。LSTM 和 GRU 模型具有与 RNN 相同的特性。例如，HA 模型隐式地捕捉每日周期和每周趋势，但不能捕捉空间依赖性或外部因素；VAR 考虑区域内流入和流出之间的关系；ST-ANN 利用附近区域的流量进行预测；RNN-336 对每日周期和每周周期进行评估趋势，但它们并不明确。而 ST-ResNet 可以捕获所有空间和时间依赖性以及外部因素。

⊖ mph 全称是 mile per hour，是速度计量单位，表示英里每小时，1mph=1.609344km/h。——作者注

表 6-2 基准方法的特征

模型	空间特征		时间特征			外部因素
	内部	外部	邻近性	周期性(天)	趋势性(周)	
HA	×	×	×	Im	Im	×
ARIMA	×	×	Ex	×	×	×
SARIMA	×	×	Ex	Ex	×	×
VAR	×	✓	Ex	×	×	×
ST-ANN	×	✓	Ex	×	×	×
DeepST	✓	✓	Ex	Ex	Ex	✓
RNN-3/6/12/24	×	×	Ex	×	×	×
RNN-48	×	×	Ex	Im	×	×
RNN-336	×	×	Ex	Im	Im	×
ST-ResNet	✓	✓	Ex	Ex	Ex	✓

注：Im：隐式；Ex：显式；×：不包括；✓：包括。

3. 预处理

在 ST-ResNet 的输出中，我们使用 tanh 作为最后的激活函数 [见式 (6.7)]，使得输出介于 -1 和 1。这里使用最小-最大标准化方法将数据映射到 [-1, 1] 范围中。在预测层，我们将预测值恢复到正常的值，然后与真值进行对比。对于外部因素，我们使用独热编码（one-hot encoding）将元数据（即一周中为星期几，周末/工作日）、节假日和天气状况转化成二进制向量，然后使用最小-最大标准化方法将气温和风速转化到 [0, 1] 区间。

4. 超参数

需要学习的参数用 Keras[95] 默认参数的均匀分布进行初始化。卷积操作 Conv1 和所有的残差单元使用 64 个 3×3 的卷积核，Conv2 使用 2 个 3×3 的卷积核。例如，一个 4 残差单元的 ST-ResNet 由一个 Conv1、4 个残差单元和一个 Conv2 组成。表 6-3 进行了详细的说明。我们使用 Adam [16] 进行优化，批处理大小为 32。在残差单元数目的设置中，TaxiBJ 设为 12，BikeNYC 设为 4。ST-ResNet 有 5 个超参数，其中 p 和 q 分别设为 1 天和一周。对于 3 个序列，设为 $l_c \in \{1,2,3,4,5\}, l_p \in \{1,2,3,4\}, l_q \in \{1,2,3,4\}$。选择 90% 的数据作为训练数据，剩下的 10% 的数据作为验证集。当验证分数最佳时，训练算法可以提前终止。最后，使用所有的训练数据训练固定的 epoch（即 10100epoch）。

表 6-3　卷积和残差单元的详细信息

网络层名	输出大小	邻近性	周期性	趋势性
Conv1	32 × 32	3 × 3,64	3 × 3,64	3 × 3,64
ResUnit 1	32 × 32	$\begin{bmatrix} 3\times3,64 \\ 3\times3,64 \end{bmatrix}\times2$	$\begin{bmatrix} 3\times3,64 \\ 3\times3,64 \end{bmatrix}\times2$	$\begin{bmatrix} 3\times3,64 \\ 3\times3,64 \end{bmatrix}\times2$
ResUnit 2	32 × 32	$\begin{bmatrix} 3\times3,64 \\ 3\times3,64 \end{bmatrix}\times2$	$\begin{bmatrix} 3\times3,64 \\ 3\times3,64 \end{bmatrix}\times2$	$\begin{bmatrix} 3\times3,64 \\ 3\times3,64 \end{bmatrix}\times2$
ResUnit 3	32 × 32	$\begin{bmatrix} 3\times3,64 \\ 3\times3,64 \end{bmatrix}\times2$	$\begin{bmatrix} 3\times3,64 \\ 3\times3,64 \end{bmatrix}\times2$	$\begin{bmatrix} 3\times3,64 \\ 3\times3,64 \end{bmatrix}\times2$
ResUnit 4	32 × 32	$\begin{bmatrix} 3\times3,64 \\ 3\times3,64 \end{bmatrix}\times2$	$\begin{bmatrix} 3\times3,64 \\ 3\times3,64 \end{bmatrix}\times2$	$\begin{bmatrix} 3\times3,64 \\ 3\times3,64 \end{bmatrix}\times2$
Conv2	32 × 32	3 × 3,2	3 × 3,2	3 × 3,2

5. 评估指标

利用均方根误差（RMSE）⊖来评估模型的有效性，其表达式为

$$\text{RMSE} = \sqrt{\frac{1}{z}\sum_i (x_i - \hat{x}_i)^2} \tag{6.9}$$

式中，x 和 $\hat{x}$ 分别表示真值和对应的预测值；z 是所有可获得的真值数目。

实验在 GPU 服务器上运行，详细信息见表 6-4。使用 Python 库（包括 TensorFlow[96] 和 Keras[95]）来训练模型。

表 6-4　实验环境

OS	Ubuntu16.04
Memory	512GB
CPU	Intel(R) Xeon(R) CPU E5-2690 v4 @ 2.60GHz
GPU	Tesla P100
CUDA version	8.0
cuDNN version	8.0
Keras version	2.0
TensorFlow version	1.3

⊖　其值越小越好。

6.5.2 结果分析

1. 单步提前预测的评价

本节使用历史数据预测未来第 t 个时刻的交通流。表 6-5 记录了在 TaxiBJ 和 BikeNYC 数据集上所有方法的 RMSE。ST-ResNet 明显优于所有的对比方法。特别地，TaxiBJ 数据集上的结果表明 ST-ResNet（有 12 个残差单元）比 ARIMA 好 26%，比 SARIMA 好 37%，比 VAR 好 26%，比 ST-ANN 好 14%，比 DeepST 好 7%，比 RNN 好 28% 到 64%，比 LSTM 好 18.1% 到 45.7%，比 GRU 好 17.4% 到 46.1%。ST-ResNet-noExt 是 ST-ResNet 的一个变体，没有考虑外部因素（如天气数据）。我们可以看到，ST-ResNet-noExt 略逊于 ST-ResNet，表明外部因素对于模型的有效性。DeepST 采用时空 CNN，明显优于其他对比方法。尽管 ST-ANN 和 VAR 使用时空信息以及不同交通流之间的关系，但是都比 DeepST 表现要差，主要由于其方法只是考虑了比较短的邻近时间信息。对于 GRU 和 LSTM（时间）模型，其 RMSE 结果相近，但基本优于 RNN，因为 GRU 和 LSTM 都能够捕捉长时间的时间依赖性。相反地，GRU-336 和 LSTM-336 以及 RNN-336 的性能最差，表明基于 RNN 的模型不能捕捉长时间的依赖性（即周期性和趋势性）。为了更加直观地展示对比模型效果，我们将这些模型排序，如图 6-9a 所示。

表 6-5 在 TaxiBJ 和 BikeNYC 上与基线的比较

模型	RMSE	
	TaxiBJ	BikeNYC
HA	57.69	21.578
ARIMA	22.78	10.07
SARIMA	26.88	10.56
VAR	22.88	9.92
ST-ANN	19.57	7.58
DeepST	18.18	7.43
RNN-3	26.68 ± 3.41	9.01 ± 0.50
RNN-6	30.03 ± 1.60	8.61 ± 0.42
RNN-12	45.51 ± 2.01	12.41 ± 0.84
RNN-24	51.12 ± 1.99	12.53 ± 0.14
RNN-48	43.42 ± 1.20	12.76 ± 0.18
RNN-336	39.61 ± 0.77	10.74 ± 0.35
LSTM-3	26.81 ± 2.80	8.67 ± 0.33

(续)

模型	RMSE	
	TaxiBJ	BikeNYC
LSTM-6	26.07 ± 1.87	9.56 ± 0.64
LSTM-12	27.59 ± 3.69	9.90 ± 0.67
LSTM-24	25.69 ± 2.25	11.34 ± 0.44
LSTM-48	27.80 ± 2.87	12.36 ± 0.87
LSTM-336	40.68 ± 1.08	10.54 ± 0.13
GRU-3	22.97 ± 1.11	8.76 ± 0.37
GRU-6	23.64 ± 1.14	8.57 ± 0.22
GRU-12	27.40 ± 3.72	9.68 ± 0.51
GRU-24	27.01 ± 1.58	12.27 ± 0.77
GRU-48	28.56 ± 3.71	12.71 ± 0.93
GRU-336	40.27 ± 2.30	10.76 ± 0.33
ST-ResNet	17.17 ± 0.21(12 残差单元)	6.32 ± 0.13(4 残差单元)
ST-ResNet-noExt	17.26 ± 0.38(12 残差单元)	—
ST-ResNet-AVG1	19.07 ± 0.30(12 残差单元)	6.44 ± 0.19(4 残差单元)
ST-ResNet-AVG2	18.04 ± 0.15(12 残差单元)	5.99 ± 0.09(4 残差单元)

注：ARIMA、SARIMA、VAR 和 DeepST 在 BikeNYC 的研究结果摘自参考文献 [87]。对于基于 RNN 的模型和 ST-ResNet 变体，我们分别运行 10 次，并显示"平均值±标准偏差"。

与 TaxiBJ 不同，BikeNYC 包括了两种类型的人流量，包括开始地点和终止地点[97]。我们采用 4 残差单元的 ST-ResNet，同时像 DeepST[87] 一样考虑元数据作为外部特征。ST-ResNet 与这些方法对比要优 9%至 71%，这体现出我们的模型在其他流量预测任务上具有较好的泛化性能。图 6-9b 对这些模型预测性能进行了排序。

对于不同的输入构造方法，我们观察到 ST-ResNet-AVG1 在这两个数据集上效果最差，因为它平均了周期依赖项和趋势依赖项，尽管模型复杂度降低，但其误差增加。ST-ResNet-AVG2 在 TaxiBJ 上比 ST-ResNet 差，但在 BikeNYC 上更好。原因可能是 TaxiBJ 在数据中缺少一些时间间隔，但在 BikeNYC 中没有缺少，这意味着在不完整的数据集中，ST-ResNet 比 ST-ResNet-AVG2 有更多的训练样本。

2. 不同 ST-ResNet 变体的结果

下面讨论不同 ST-ResNet 变种的性能比较结果，包括改变网络配置、网络深度和使用不同的基础网络结构。

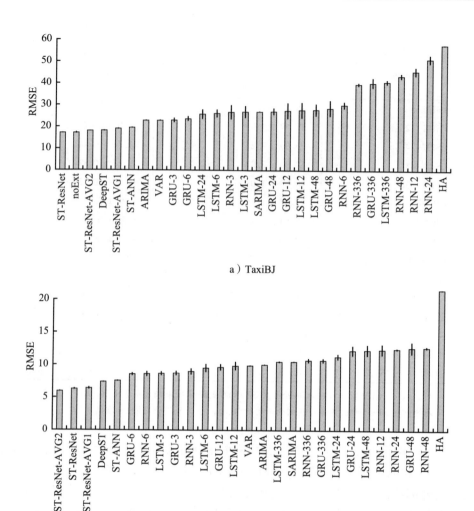

图 6-9 使用 RMSE（平均值）在 TaxiBJ 和 BikeNYC 数据集上进行模型排名

注：平均值越小表示模型效果越好。对于深度学习模型，我们使用误差条来显示标准偏差。

（1）不同网络配置的影响 图 6-10 示出了不同配置的结果。它们都有相同的超参数：$l_c = 3$，$l_p = 1$，$l_q = 1$，ResUnit = 12。

- 批量规范化（Batch Normalization，BN）的效果：我们尝试在每个残差单元采用 BN，发现在单步预测时 RMSE 略微提升了一点，如图 6-10a 所示。
- 参数矩阵融合的效果：我们使用了一种参数矩阵融合的机制［见式（6.3）］来融合时间邻近性、周期性和趋势性特征。更简单一点，我们也可以使用一种直接的方式，即 $X_c^{L+2}+X_p^{L+2}+X_q^{L+2}$。图 6-10b 显著显示了我们的方法比直接的方法要好，这表明了参数矩阵融合方法的有效性。

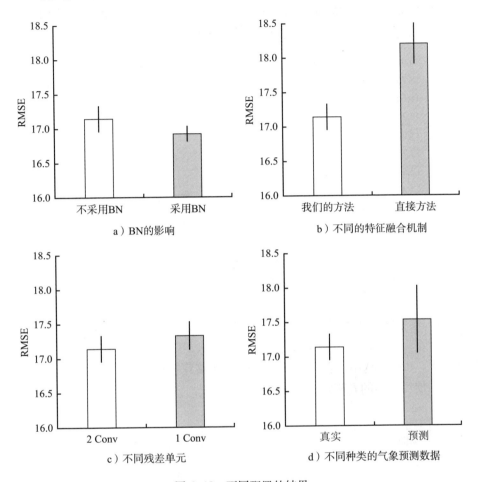

图 6-10　不同配置的结果

注：我们运行每个配置 10 次，其中误差条显示标准偏差。

- 残差单元的内部结构：残差单元包括多个卷积操作。我们测试了不同卷积单元的性能。从图 6-10c 可以看到使用 2 个卷积比使用 1 个卷积效果更好。
- 真实天气数据与预测天气数据：使用相同的网络架构和不同的天气数据作为训练数据。图 6-10d 显示了不同天气的比较，表明使用真实天气作为训练数据表现更好。可能的原因是天气预报提供了粗粒度的预测值，即未来 6h、12h、18h、24h。

(2)网络深度的影响 图6-11显示的是不同网络深度的影响。RMSE随着网络深度的增加(即残差网络增加)先变小然后变大,表明越深的网络通常拥有更好的性能,因为它能够同时捕捉近处和远距离的空间依赖性。然而,当网络变得很深时(例如残差单元超过14时),训练变得非常困难。

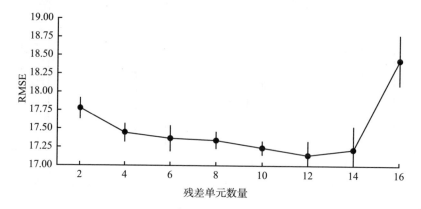

图6-11 网络深度的影响

注:我们将每个模型运行10次,误差条显示标准偏差。

(3)卷积核大小和数量的影响 卷积的感受野(可感知的范围)取决于卷积核的大小。我们设置了不同的卷积核大小,从2×2到5×5。图6-12a显示了卷积核越大,RMSE越小,表明大的感受野更能够建模空间的依赖性。从图6-12b可以看到使用越多的卷积核,实验结果越好。

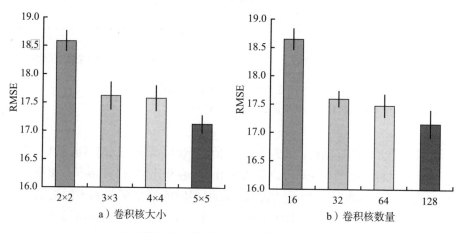

图6-12 卷积核大小和数量的影响

注:我们将每个模型运行10次,误差条显示标准偏差。

（4）时间邻近性、周期性和趋势性的影响　我们验证了 TaxiBJ 数据集上的时间邻近性、周期性和趋势性特征的影响，如图6-13所示。图6-13a 显示当固定 $l_p=1$，$l_q=1$，l_c 变化的时间邻近性效果。我们观察随着考虑的时间区间的增加，RMSE 首先下降，然后上升，且 $l_c=4$ 时性能最佳。图6-13b 展示了周期性的影响，此时，l_c 和 l_q 设为 1，l_p 不断变化。可以看到当 $l_p=1$ 时，RMSE 最小。没有周期性特征的模型（即 $l_p=0$）比 $l_p=2,3$ 的效果差些，从 $l_p=4$ 的模型中可以看出，小范围的周期性通常更有效，而长时间的周期难以建模，甚至会影响整体的效果。图6-13c 显示了趋势性的变化，此时 l_c 和 l_p 分别等于 3 和 2，l_q 的取值从 0 到 3。曲线表明 $l_q=1$ 时模型效果最好。与周期性类似，趋势性能够增强模型的性能，而且长趋势性难以捕捉。

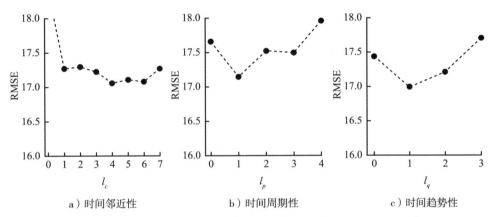

图6-13　时间邻近性、周期性和趋势性的影响

注：我们将每个模型运行10次，误差条显示标准偏差。

为了更好地了解人群流量的邻近性、周期性和趋势性，我们展示了参数矩阵融合层的参数，这能够学习到城市不同的区域之间的时间影响程度，如图6-14所示。每个图中的单元表示一个特定区域学到的参数，反映了时间邻近性、周期性和趋势性的影响程度。我们设置了一个阈值（如0.3）来查看整个城市的时间属性。给定一个固定的阈值0.3，我们发现邻近性的比率（参数值小于0.3的区域的数目）为0，表明城市中所有的区域或多或少都有一些邻近性。周期性的比率显示9%的区域没有周期模式。同样，图6-14c 显示 7% 的区域没有时间趋势性。从图6-14a 中可以看出，一些主要干道对应区域（虚线框区域）的邻近性并不明显。其中一个原因是这些区域的流量可以使用周期性和趋势性，结合较少的邻近性便可精准预测。

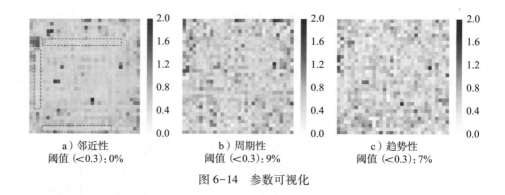

a）邻近性
阈值（<0.3）：0%

b）周期性
阈值（<0.3）：9%

c）趋势性
阈值（<0.3）：7%

图 6-14 参数可视化

（5）输出层激活函数的影响 在这些实验中，我们研究了输出层中激活函数（Sigmoid 和 tanh）的影响。由于 Sigmoid 函数的范围为 [0, 1]，我们必须将人群流量数大小缩放为 [0, 1]。将每个模型运行 5 次，并使用 Adam 进行 50 个 epoch（不提前停止）的训练。其他超参数设置如下：ResUnit 设置为 12、batch size 为 32 和学习率为 0.0002。结果如图 6-15 所示。可以观察到，tanh 激活的 ST-ResNet 具有更快的收敛速度，在固定轮数的测试集上产生了更好的结果（RMSE：16.80±0.46）。可能原因是 Sigmoid 函数的输出不是以零为中心的，整个网络的相应输入也不是以零为中心的，这是不可取的，因为网络中的所有层都将接收到非以零为中心的数据。它对梯度下降过程中的动力学有影响，因为如果进入神经元的数据总是正的，那么反向传播过程中权重的梯度要么都是正的，要么都是负的。在权重的梯度更新中可能会出现不希望出现的锯齿形动态。

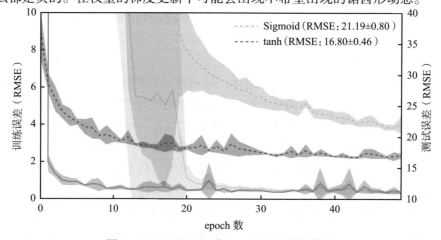

图 6-15 ST-ResNet 在 TaxiBJ 上的训练曲线

注：虚线表示平均测试误差（右侧 y 轴），实线表示平均训练误差（左侧 y 轴），阴影区域表示标准偏差。tanh 使 ST-ResNet 更容易训练。

3. 多步提前预测的评价

根据算法 5，我们使用历史数据和最近的预测数据来预测接下来时间的人流量，这就是多步预测。图 6-16 显示在 TaxiBJ 数据集上 13 种不同的模型的预测结果。这些模型中，ST-ResNet［BN］、ST-ResNet［CP］和 ST-ResNet［C］是三种 ST-ResNet（12 残差单元）的变种，其中 ST-ResNet［BN］在所有的残差单元中加入 BN 层，ST-ResNet［CP］没有部署趋势性特征，ST-ResNet［C］只是使用了邻近性和外部模块。LSTM-3、LSTM-6 和 LSTM-12 是 LSTM 模型的变种。在实际应用中，预测未来短时间的人流量（如未来 2h）尤为重要。从 4 步预测的结果可以看到，尽管 ST-ResNet［BN］方法在单步预测时表现一般，但是 ST-ResNet 在多步预测中表现最佳。在 ST-ResNet、ST-ResNet［C］和 ST-ResNet［CP］中，ST-ResNet 表现最好，表明周期性和趋势性在多步预测中非常重要。同时，我们注意到当多步预测的步长超过 8 时，LSTM-12 比 ST-ResNet 更好，原因可能是 LSTM-12 考虑了过去 12 个历史记录，而 ST-ResNet 只是采用过去 3h 的记录作为邻近性特征的输入。

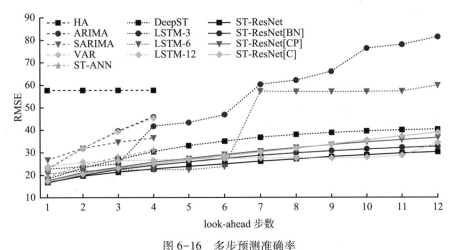

图 6-16　多步预测准确率

4. 效率和资源

我们测试了云平台上（即微软 Azure）两种不同的虚拟机的效率，见表 6-6。预测城市中每个区域的人流量分成 4 步：①从 Redis 中读取轨迹数据；②将轨迹数据转化成交通流数据；③预测未来短时间的人流量；④将预测结果放入 Redis 中。我们分别测试了以上 4 步的时间开销。整体上，A2 标准的虚拟机完成整个预测过程需要 18.56s，而 D4 标准的虚拟机（性能更强但是价格将更贵）只需要 10.93s。我们可以选择 A2 标准的虚拟机,因为它仅仅只需要 20% 的价格,但是能够获得 50% 的性能。

表 6-6　虚拟机的配置和性能

虚拟机(Azure)	A2 标准	D4 标准
OS	Ubuntu 14.04	Ubuntu 14.04
内存	3.5GB	28GB
CPU	2 cores @ 2.20 GHz	8 cores @ 2.20 GHz
Keras 版本	1.1.1	1.1.1
Theano 版本	0.9.0dev	0.9.0dev
		时间 1s
Pulling trajectories from Redis	2.71	1.64
Converting trajectories into flows	9.65	6.05
Predicting the crowd flows	5.79	2.97
Pushing results into Redis	0.41	0.27
总计	18.56	10.93

6.6　城市人流量预测系统

图 6-17 显示了城市人流量预测系统的框架,包括三个主要部分:本地 GPU 服务器、云平台和客户端(即网站和二维码),分别产生在线数据流和离线数据流。本地 GPU 服务器存储历史数据,例如,出租车轨迹、天气数据。云平台接收实时的数据,包括一段时间的实时的交通数据(如轨迹)和天气数据。客户端能够获得流入和流出的数据,并在网页中或者手机中展示。

1. 云平台

云平台不断地接收出租车的轨迹,并且爬取天气数据,然后将它们缓存到了 Redis[⊖] 中。云平台上的一台虚拟机不断地从 Redis 中获取数据,然后根据 GPS 轨迹计算出城市中每个区域的交通流。同时,虚拟机从天气数据、事件数据及其他数据中抽取特征,之后,虚拟机将流量数据和抽取的特征数据存入存储器中(虚拟机的一部分)。为了节约云平台的资源(更多的存储需要花费更

⊖ Redis 是内存中的数据结构存储,用作数据库(https://redis.io/)。

多的钱),我们只存储最近两天的交通流数据和特征数据。历史数据每隔一段时间备份到本地服务器中。

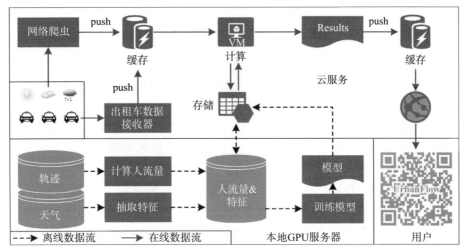

图 6-17 系统框架

表 6-7 详细介绍了我们系统使用的 Azure 资源以及价格。我们部署了一台 A2 标准的虚拟机[⊖](拥有 2 核 3.5GB 的内存)来预测未来短期的人流量。考虑到可能来自多个用户的大量访问,网页服务共享一个 APP 服务。由于历史数据存储在了本地服务器中,一个 6GB 的 Redis 缓存便可存储最近半小时的实时轨迹数据、过去两天的人流量数据和抽取的特征数据,以及预测的结果数据。

表 6-7 用于系统的 Azure 资源

Azure 服务	配置
应用服务	标准 4 核,7 GB 内存
虚拟机	A2 标准,2 核,3.5 GB 内存
Redis 缓存	P1 premium,6 GB

2. 本地 GPU 服务器

尽管所有的工作都可以在云平台上运行,部分地区的 GPU 云服务不支持。

○ 为了加速计算,可以选择一个更强大的虚拟机,比如 Azure 的 D4 标准,它有 8 个内核和 28 GB 内存。

另外，我们需要为其他云服务付费，比如存储和 I/O 带宽。节约不必要的开支对于研究原型更重要。此外，考虑到有限的网络带宽，将大量的数据从本地服务器上传到云平台非常费时。例如，历史轨迹可能达到上百 GB，甚至 TB 级别，这需要非常长的时间将数据从本地服务器复制到云端。

因此，我们部署了一个混合框架，结合了本地 GPU 服务器与云平台。本地 GPU 服务器主要处理离线训练（学习），包括以下 3 个任务：

1）将轨迹转换成流入和流出。首先使用一个计算模型将大量的历史轨迹转化成人流量数据，然后将结果存储在本地。

2）从外部数据中抽取特征。首先从不同的数据源中收集外部数据（如天气数据和节日事件），然后将它们放入特征抽取模型，得到一些连续的和离散的特征，最后存储在本地。

3）训练模型。利用上述产生的人流量数据和外部特征通过提出的 ST-ResNet 来训练预测模型，然后将学到的模型上传到云端。由于动态人流量和特征存储在了 Azure 存储账号中，在每次训练之前，我们都会将在线的数据同步到本地服务器中。

3. 用户接口

图 6-18a 展示了网站 UrbanFlow 的 Web 用户界面，其中地图上的每个方格表示一个区域，方格上的数字表示其中的流入和流出。用户可以通过右上角的按钮查看流入或者流出。交通流越小，颜色越浅。用户可以点击任何一个区域查看详细的流量情况，如图 6-18b 所示。网页的下方是一个时间轴，用户可以点击特定的时刻，会显示该时刻的交通流热力图。当用户点击播放按钮时，交通流热力图可按时间轴播放（见图 6-18c）。目前，我们在中国贵阳市部署了 UrbanFlow。

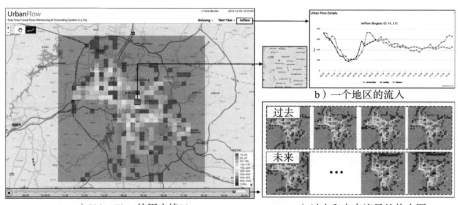

a）UrbanFlow的用户接口　　　　　c）过去和未来流量的热力图

b）一个地区的流入

图 6-18　UrbanFlow 的 Web 用户界面

6.7 本章小结

本章提出了一种新的深度学习模型——ST-ResNet 模型，使用历史时空数据、天气数据和事件数据，能够预测城市每个区域的人流量。该模型能够学习所有的空间（近处和远处）依赖、时间（邻近性、周期性和趋势性）依赖和外部因素（如天气和事件）。在北京市和纽约市的两个数据集上，实验验证了 ST-ResNet 模型的性能优于 9 种基线方法，更进一步证明了该模型在人流量预测中的实用性。代码和数据集已经发布在了：https://www.microsoft.com/en-us/research/publicatiop/deepspatio-temporal-residual-networks-for-citywide-crowd-flows-predpredic。本章也部署了一个基于云平台的系统，称为 UrbanFlow，能够监控实时交通流，预测未来短时间的人流量。

第 7 章

城市出租车路径推荐

出租车是城市居民日常出行最常用的交通方式之一。在大城市中，每天都有几十万甚至上百万的乘车需求。然而城市中的出租车数量却是非常有限的，"打车难"已经是许多大城市共同面临的问题和挑战，提升有限出租车资源的载客效率已经成为一个非常紧迫的问题。动态出租车路径推荐是解决城市"打车难"的一个有效方法，其旨在为空驶的出租车推荐行驶路径，使得其能够快速地找到新乘客，从而提升出租车的载客效率。为此，本章研究动态出租车路径推荐问题，将其推导为一个时序决策问题，并提出了一个高效的方法，大幅提升了有限出租车资源的载客效率。

本章安排如下：7.1 节阐述本章的研究背景和研究意义；7.2 节介绍本章的相关工作；7.3 节介绍相关预备知识；7.4 节介绍动态出租车路径推荐方法；7.5 节通过实验对本章所提出的模型进行评估；7.6 节是本章小结。

7.1 引言

出租车是人们日常出行最方便最常用的交通方式之一。在北京、纽约等大城市中，每天都有几十万甚至上百万的乘客需要出租车出行。相比于城市居民巨大的乘车需求，城市中的出租车数量是非常有限的。同时，乘客的乘车需求在时间和空间上是非常不均匀的，这导致当出租车将乘客带到目的后，需要花费很长的时间寻找下一个乘客。因此"打车难"已经成为城市面临的一个显著问题，提升有限出租车资源的载客效率变得十分迫切。

动态出租车路径推荐，即为空闲的出租车推荐行驶路径使得其能够快速地找到下一个乘客，是提升出租车载客效率的有效方法。如图 7-1a 所示，动态出租车路径推荐旨在为空闲的 1 号出租车推荐了一条路径（即一序列的路段，例如 r_1, r_2, r_3, r_4），使得 1 号出租车能够快速地找到乘客。动态出租车路径推荐问题本质上是一个时序决策问题[98]，通常情况下需要多轮的推荐，出租车才能找到新乘客。

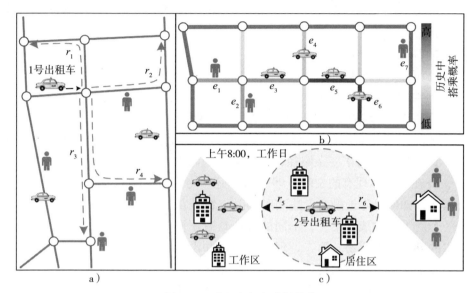

图7-1 动态出租车路径推荐

然而，动态出租车路径推荐是一个很有挑战的问题，主要有以下两个原因。首先，出租车路径推荐需要考虑多种实时的时空特征，这些相关特征并不容易定义和推导。虽然已有文献[99]对出租车路径推荐问题进行研究，但是其并没有很好地考虑所有相关的实时时空特征。本章考虑并推导以下内在和外在的特征作为实时的时空特征。

- **实时特征**。之所以需要考虑实时的特征是因为每一次的路径推荐方案都会影响当前系统的状态。例如，在图7-1b中，路段 e_3，e_5，e_6 在历史上有较高地找到乘客的概率。然而，一旦我们推荐了一些出租车到达这些路段，大部分乘客就已经被这些出租车接走了，因此这些路段实时找到乘客的概率就会大幅降低。此时，如果仍然根据历史找到乘客的概率进行推荐，就会导致推荐失败，因为出租车并不能在这些路段上找到乘客。故需要考虑实时特征。

- **内在特征**。对于每一条潜在的推荐路径，其实时的内在特征是与出租车在该路径上找到新乘客的概率相关的特征，例如：该路径上空闲的出租车数量、预计的正在等车的乘客人数等。已有方法[99-100]考虑的是历史的内在特征，并非实时的内在特征。

❑ **外在特征**。对于一条路径来说，如果出租车在该路径上未能找到新乘客，该路径的实时外在特征是与出租车未来能够找到乘客的概率相关的特征。例如，在图 7-1c 中，2 号空闲的出租车在工作日早上 8 点的工作区，而当前大部分乘客是在居住区。图中灰色的圆圈代表一次路径推荐的路径长度。在这种情况下，所有的潜在路径（如 r_5 和 r_6）都没有出工作区，这就导致所有潜在路径的内在特征都是接近的，例如在路径上找到乘客的概率都接近于零。因此，如果只考虑路径的内在特征，给空闲出租车推荐路径 r_5 或 r_6 就没有区别。然而，如图中所示，路径 r_6 显然比路径 r_5 更好，因为路径 r_6 去往居住区，而路径 r_5 连向另外一个工作区。因此，对于一条路径，除了实时的内在特征，还需要考虑其实时的外在特征。现有的文献 [99-101] 还未考虑过实时的外在特征。

其次，如何更好地融合上述实时的时空特征从而得到更优的路径推荐方案也是一个巨大的挑战。第一，不同的特征具有不同的物理意义，对这些特征进行有机的融合并不容易。第二，现有的数据并没有标记哪一条潜在路径是最优的，因此基于监督学习的特征融合方法和决策方法不能用于这个问题中。

为了解决上述挑战，本章提出了一种深度强化学习方法将实时的内在和外在特征融合到出租车的动态路径推荐中。本章的贡献有以下三点：

❑ 为了更好地进行出租车路径推荐，基于对该问题的深入分析，考虑和抽取了最为相关的实时内在和外在时空特征。现有文献并没有充分考虑这些特征。
❑ 设计了一种深度强化学习方法将实时的内在和外在特征融合到出租车的路径推荐过程中。具体地，设计了一个深度神经网络（深度策略网络）来融合这些特征，并提出了强化学习方法对该深度策略网络进行学习，使得其能得到更好的路径推荐结果。
❑ 基于纽约市和旧金山市的数据进行实验。结果显示，与现有方法相比，所提出的方法能够提升出租车司机 42.8% 的收入、降低乘客 44.4% 的等待时间，从而大幅提升了有限出租车资源的整体载客效率。

7.2 相关工作

1. 出租车路径推荐

基于对问题的不同定义，已有的动态出租车路径推荐方法可以分为两类。第一类旨在为空闲的出租车在城市路网上推荐一条具体的路径；而第二类旨在为空闲的出租车推荐一个区域,而不是具体的路径。本章研究的是第一类问题,未来会尝试将所提出的出租车路径推荐方法推广到第二类问题中。

虽然问题的定义不同,但是现有的出租车路径推荐方法都有一个共同的缺点,即当进行路径推荐时,现有的方法并不考虑当前出租车系统的实时特征。例如,文献[100]是基于历史上各条路径上找到乘客的概率进行推荐的。相似地,文献[101]是基于历史上各条路径的净利润进行推荐。而其他的方法[99]并不考虑任何的特征。然而,实时的特征对出租车路径推荐将影响巨大。因此,本章提出了一种能够考虑实时特征的动态出租车路径推荐方法,其考虑了实时的内在和外在时空特征。其中,外在特征更是现有的方法所未考虑的。为了更好地将实时的内在和外在特征考虑到出租车路径推荐中,本章设计了一种深度策略网络,并提出用了一种深度强化学习方法来学习该策略网络。

2. 出租车调度和出租车拼车

除了出租车路径推荐,出租车调度和出租车拼车也是提升有限出租车资源载客效率的重要方式。出租车调度旨在实时地调度一辆空闲出租车去接送每一个实时到来的乘客。出租车拼车也是出租车调度的一种,其考虑不同时间不同地点的乘客可以进行拼车的情况。出租车调度和拼车通常是在网约车平台进行,例如:滴滴、Uber、Lyft 等网约车平台。对于网约车平台来说,出租车路径推荐通常是在空闲的出租车数量多于乘客请求数的情况下进行。而对于传统的出租车系统,出租车路径推荐在任何时候都是必要的。事实上,出租车路径推荐、调度和拼车是互相协作和互相补充的关系,其能共同提升有限出租车资源的载客效率。

3. 深度强化学习

深度学习的迅猛发展快速推动了深度强化学习的研究和成功。深度强化学习已经在很多领域取得了惊人的效果,例如:围棋、机器人、游戏、快速分类等。本章将深度强化学习方法应用到动态出租车路径推荐问题中,并成功地大幅提升了有限出租车资源的载客效率。

7.3 预备知识和问题定义

定义 7-1(路网) 城市路网是一个有向图 $G=\langle V,E \rangle$。V 是所有路节点的集合,E 是所有路段的集合。

对于有向边 $e=\langle v_{in},v_{out} \rangle \in E$,其从路节点 v_{in} 连向路节点 v_{out}。基于该定义,$\langle v_{in},v_{out} \rangle$ 和 $\langle v_{out},v_{in} \rangle$ 是两条不同的边。与文献[100,102]类似,本章的动态

出租车路径推荐也是在城市路网 G 上进行的。

定义7-2（推荐请求） 空闲出租车的推荐请求是一个元组 req＝$\langle e,t \rangle$，其中 e 是该出租车当前所在路段，$e.v_{in}$ 是该出租车进入路段 e 时的路节点，而 $e.v_{out}$ 则是离开路段 e 时的路节点。t 是该出租车发送请求时的时间点。

本章假设空闲出租车会持续地发送推荐请求，直到其找到乘客为止。

定义7-3（推荐路径） 对于一个推荐请求 req＝$\langle e,t \rangle$，其潜在的推荐路径 r 是一序列的路段，即 $r=e_1 \to e_2 \to \cdots \to e_l$（见图7-1a）。当一辆出租车发送推荐请求 req 时，所提出的方法就会为其推荐一条路径。l 是推荐路径中的路段个数，例如 $l=4$。路径 r 中的路段 e_1，e_2，$\cdots$，e_l 需要满足以下约束：

$$\text{req}.e.v_{out} = e_1.v_{in}, e_1.v_{out} = e_2.v_{in}, e_2.v_{out} = e_3.v_{in}, \cdots, e_{l-1}.v_{out} = e_l.v_{in} \tag{7.1}$$

对于一个请求 req，其所有的潜在路径为 $\mathcal{R}(\text{req})=\{r_1,r_2,\cdots,r_Q\}$。$Q$ 是请求 req 的所有潜在路径的数量，对于不同的 req，Q 可能不同。$\mathcal{R}(\text{req})$ 中的每条路径 $r\in\mathcal{R}(\text{req})$ 都需要满足约束（7.1）。这里用 $r_*(\text{req})$ 标记所提出的方法为请求 req 推荐的路径。

定义7-4（动态出租车路径推荐问题） 动态出租车路径推荐问题旨在为每一辆空驶出租车的推荐请求 req 推荐最优的路径 $r_*(\text{req})\in\mathcal{R}(\text{req})$，使得该出租车按照所推荐的路径行驶能够最快地找到下一个乘客，即空驶时间最短。

除了最小化出租车的空驶时间外，出租车路径推荐问题还可以设置其他目标，例如：最大化出租车找到乘客的概率[100]、最大化出租车司机的收入[101]、最小化出租车的空驶路程[99] 等。虽然本章将最小化出租车的空驶时间作为目标，但是所提出的推荐方法能够适用于所有的目标。其他目标将作为实验的评估指标对所提出的方法进行评估。

7.4 基于深度强化学习的动态出租车路径推荐方法

7.4.1 模型框架

如图7-2所示，当出租车发送一个推荐请求 req＝$\langle e,t \rangle$，本章主要有三个步骤来进行推荐，即：潜在路径生成、特征抽取以及深度策略网络。下面详细介绍每一个步骤。

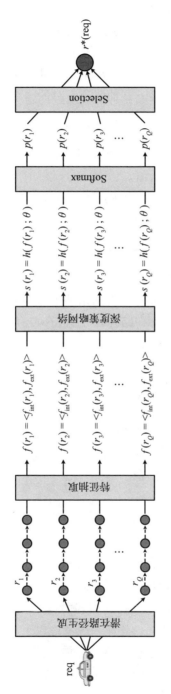

图 7-2 基于深度强化学习的动态出租车路径推荐方法框架

潜在路径生成用于生成一个请求 req 的所有的潜在路径 $\mathcal{R}(\text{req}) = \{r_1, r_2, \cdots, r_Q\}$。为了生成所有的潜在路径，可以直接应用图论中的搜索算法，例如深度优先搜索算法、广度优先搜索算法等[102]。对于不同的请求 req，Q 可能不同。

特征抽取旨在为每一条潜在路径 $r_q \in \mathcal{R}(\text{req})$ 抽取相关的特征 $f(r_q)$。正如前文所介绍的，对于每一条潜在路径 r_q，抽取其实时的内在特征和外在特征：

$$f(r_q) = \langle f_{\text{int}}(r_q), f_{\text{ext}}(r_q) \rangle \tag{7.2}$$

式中，$f_{\text{int}}(r_q)$ 表示潜在路径 r_q 的实时内在特征；$f_{\text{ext}}(r_q)$ 表示实时外在特征。特征抽取的完整过程将在 7.4.2 节给出。

深度策略网络将每一条潜在路径 r_q 的特征 $f(r_q)$ 作为输入，经过深度策略网络的非线性变换，输出该潜在路径的评分 $s(r_q)$，即

$$s(r_q) = h(f(r_q); \theta) \tag{7.3}$$

式中，h 表示深度策略网络的非线性函数；θ 表示深度策略网络的参数。网络结构的设计见 7.4.4 节的图 7-6。深度策略网络能够很好地对实时的内在和外在特征进行融合。接着，基于每条潜在路径 r_q 的评分 $s(r_q)$，可以计算得到推荐每条潜在路径 r_q 的概率

$$p(r_q) = \frac{\exp(s(r_q))}{\sum_{q'=1}^{Q} \exp(s(r_{q'}))} \tag{7.4}$$

最后，基于每一条潜在路径 r_q 的推荐概率 $p(r_q)$ 进行出租车路径推荐：一条潜在路径 r_q 的评分 $s(r_q)$ 越高，其推荐概率 $p(r_q)$ 就越大。为了学习更好的深度策略网络，7.4.4 节提出了一种深度强化学习方法。

7.4.2 时空特征抽取

1. 实时的内在时空特征

对于推荐请求 req 的每一条潜在路径 $r = e_1 \to e_2 \to \cdots \to e_l \in \mathcal{R}(\text{req})$，实时内在特征 $f_{\text{int}}(r)$ 需要能够反映出租车在该路径上找到乘客的概率。在路径 r 上找到乘客的概率与在路段 $e_1, e_2, \cdots, e_l$ 上找到乘客的概率相关。因此，首先考虑每个路段 e_i 上与找到乘客相关的特征，具体来说考虑以下三个特征：

- 该路段上当前的等待乘客数量 $e_i.\#wp$（估计值）。
- 该路段上当前的空闲出租车数量 $e_i.\#vt$（可知值）。
- 该路段上未来一段时间（1h）的净乘客数量 $e_i.\#np_+$（估计值）。

接着就可以定义路径 r 的实时内在特征为路段 $e_1, e_2, \cdots, e_l \in r$ 的内在特征的总和，即

$$f_{\text{int}}(r) = \begin{bmatrix} e_1.\#wp, & e_1.\#vt, & e_1.\#np_+ \\ e_2.\#wp, & e_2.\#vt, & e_2.\#np_+ \\ \vdots & \vdots & \vdots \\ e_l.\#wp, & e_l.\#vt, & e_l.\#np_+ \end{bmatrix} \quad (7.5)$$

图 7-3 展示了一条路径 $r = e_1 \to e_2 \to e_3 \to e_4$ 的内在特征。很显然，我们希望将一辆空闲的出租车推荐到一条等待乘客数量多、空闲出租车数量少以及未来净乘客数量多的路径上，在该路径上找到新乘客的概率大。下面介绍这些特征的具体定义和获取方法。

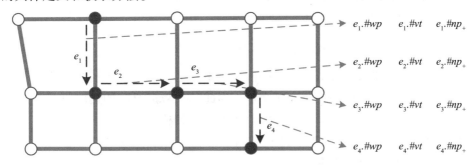

图 7-3　路径 $r = e_1 \to e_2 \to e_3 \to e_4$ 的实时内在特征 $f_{\text{int}}(r)$

（1）路段上当前的等待乘客数量　路段 e_i 当前的等待乘客数量 $e_i.\#wp$ 是未知的，因此需要对其进行估计。首先，可以用两个值来代表等待乘客数量 $e_i.\#wp$：一是过去一段时间（0.5h）该路段出现的乘客数量 $e_i.\#ap_-$（估计值）；二是过去一段时间该路段搭乘出租车的乘客数量 $e_i.\#pp_-$（可知值）。然后，该路段当前的等待乘客数量 $e_i.\#wp$ 就是过去一段时间该路段出现的乘客数量 $e_i.\#ap_-$ 减去乘出租车的乘客数量 $e_i.\#pp_-$，即

$$e_i.\#wp = e_i.\#ap_- - e_i.\#pp_- \quad (7.6)$$

为了对过去一段时间路段 e_i 上出现的乘客数量 $e_i.\#ap_-$ 进行估计，可以应用该路段历史上出现的乘客数量数据。许多现有的时间序列估计模型可以使用，例如：差分整合移动平均自回归模型（ARIMA）[103]、线性回归模型[104]、深度神经网络模型[105-107]等。由于本章的主要任务在于设计高效的动态出租车路径推荐方法，而不是提出新的时间序列估计模型，因此本章直接应用现有的模型。

由于差分整合移动平均自回归模型（ARIMA）的高效性和易实现性[103]，不失一般性的特点，本章用 ARIMA 算法对过去一段时间出现的乘客数量进行估计。

（2）路段上当前的空闲出租车数量　路段 e_i 当前的空闲出租车数量 $e_i.\#vt$ 是可知的。现在每辆出租车上都装有无线传感器，用于收集出租车实时的 GPS 坐标以及状态（空闲或者忙碌）。因此，每辆出租车的位置和状态是实时可知的，从而可以统计出每个路段当前有多少辆空闲的出租车。通过对所有出租车的位置和状态进行考虑，所提出的方法能够对所有的空闲出租车进行整体的路径推荐，使它们都能够快速地找到乘客。例如，如果一条路段 e_i 已经有足够多的空闲出租车了，就不必再推荐空闲的出租车到该路段。同理，也可以避免推荐同一条路径给很多的出租车。

（3）路段上未来一段时间的净乘客数量　路段 e_i 未来一段时间的净乘客数量 $e_i.\#np_+$ 可以定义为

$$e_i.\#np_+ = e_i.\#ap_+ - e_i.\#dt_+ \tag{7.7}$$

式中，$e_i.\#ap_+$ 为预估的未来一个时间段出现的乘客数量；$e_i.\#dt_+$ 为未来一个时间段将要到达路段 e_i 的空闲出租车数量。因此，$e_i.\#np_+$ 反映的是路段 e_i 未来的乘车需求，其越大，出租车在该路段上找到乘客的概率就越大。同样地，可以用 ARIMA 模型来对 $e_i.\#ap_+$ 和 $e_i.\#dt_+$ 进行估计。

2. 实时的外在时空特征

如前文所述，一条路径 r 的外在特征 $f_{\text{ext}}(r)$ 需要反映出租车走出该路径之后找到乘客的容易程度。因此，本章提出考虑路径 $r = e_1 \to \cdots \to e_l$ 的终点 $e_l.v_{\text{out}}$ 附近的相关特征。具体而言，将城市分割成大小一样的格子，例如 300m × 300m，并考虑 $e_l.v_{\text{out}}$ 所在的格子及其附近格子的相关特征。例如，如图 7-4 所示，路径 r 的终点 $e_l.v_{\text{out}}$ 在格子 g_{ij} 中，可以考虑格子 g_{ij} 的 k 阶邻居格子，图中，k 分别为 0、1 和 2。用 $\mathcal{G}(r)$ 标记路径 r 终点附近的格子集合。

与每个路段的特征相似，对于每个格子 $g_{i'j'} \in \mathcal{G}(r)$，本章也考虑以下三个特征：

❏ 该格子当前的等待乘客数量 $g_{i'j'}.\#wp$（估计值）。
❏ 该格子当前的空闲出租车数量 $g_{i'j'}.\#vt$（可知值）。
❏ 该格子未来一段时间（1h）的净乘客数量 $g_{i'j'}.\#np_+$（估计值）。

很显然，这些特征能够反映空闲出租车在格子 $g_{i'j'}$ 当前和未来找到乘客的概率。因此，如果一条路径终点的附近格子找到乘客的概率较高，那么空闲出租车离开该路径后就能很快地找到下一个乘客。

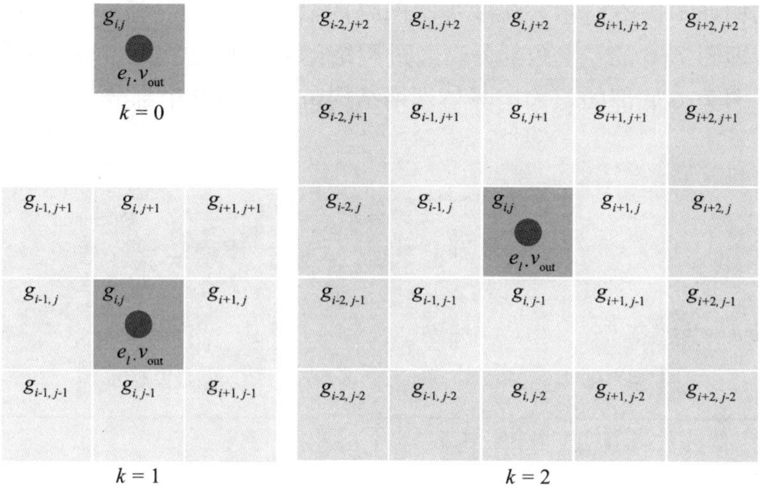

图 7-4 路径 r 终点附近的格子集合 $\mathcal{G}(r)$

一条路径 r 的实时的外在特征 $f_{\text{ext}}(r)$ 定义为该路径终点附近的格子 $g_{i'j'} \in \mathcal{G}(r)$ 的特征总和。图 7-5 展示了一条路径 r 的实时外在特征 $f_{\text{ext}}(r)$，其考虑了该路径终点所在格子及其 $k=1$ 阶邻居格子。

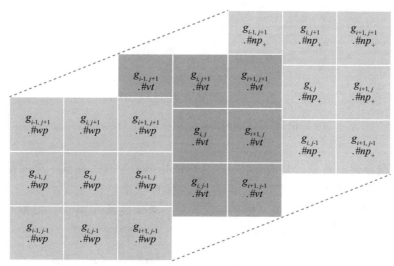

图 7-5 一条路径 r 的实时的外在特征 $f_{\text{ext}}(r)$（$k=1$）

7.4.3 深度策略网络

为了更好地融合实时的内在和外在特征，本章设计了一个深度策略网络，其网络结构如图 7-6 所示。深度策略网络的输入是一条路径 r 的实时内在和外在特征,即图 7-6 的左上角部分。经过网络的非线性变换后,输出是该路径的评分,即图 7-6 底部的 $s(r)$。具体网络结构包含以下几个部分。

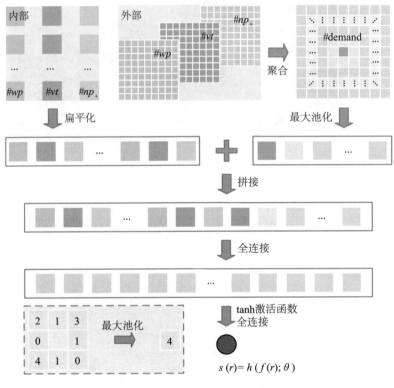

图 7-6 深度策略网络:$f(r) \mapsto s(r) = h(f(r); \theta)$

1) **扁平化**。首先,将内在特征 $f_{\text{int}}(r)$ 的矩阵扁平化,得到一个向量。

2) **聚合**。对于每个格子 $g_{ij'} \in \mathcal{G}(r)$,其有三个特征 $g_{ij'}.\#wp$、$g_{ij'}.\#vt$ 和 $g_{ij'}.\#np_+$。这三个特征反映了格子 $g_{ij'}$ 当前及未来的乘车需求,根据其内在关系,可以将其合并为一个特征:

$$g_{ij'}.\#\text{demand} = (g_{ij'}.\#wp - g_{ij'}.\#vt) + \gamma \times g_{ij'}.\#np_+ \quad (7.8)$$

式中,$(g_{ij'}.\#wp - g_{ij'}.\#vt)$ 反映了格子 $g_{ij'}$ 当前的乘车需求;$g_{ij'}.\#np_+$ 反映了格子 $g_{ij'}$ 未来的乘车需求。γ 是一个未来需求与当前需求的相对重要性系数,通常 $\gamma \in [0, 1]$。经整合之后,对于每个格子 $g_{ij'} \in \mathcal{G}(r)$,如图 7-6 的右上部分所示,其只包含了一个特征 $g_{ij'}.\#\text{demand}$,反映该格子当前及未来的整体乘车需求。

3) **最大池化**。对于每阶的邻居格子，对其进行最大池化操作。图 7-6 中的底部展示了最大池化操作，其得到一阶邻居格子的乘车需求最大值。最大池化操作能够大幅降低网络的参数，同时也能够避免过拟合[92]。对于每一阶邻居格子的乘车需求，最大池化只取其最大需求。经过最大池化后，最终得到 k 个特征，其表示每阶邻居的最大乘车需求。

4) **拼接**。将扁平化后的内在特征和最大池化的 k 维外在特征整合到一个向量中。

5) **全连接**。接着将整合后的特征放进两个全连接层，其将特征映射到每条路径 r 的最终评分 $s(r)$。在第一个全连接层之后，加入一个 tanh 激活函数对输出进行非线性变换[92]。

7.4.4 深度强化学习

为了学习深度策略网络中的参数 θ，本节首先将动态出租车路径推荐问题定义成一个强化学习任务[98-108]，接着提出了一种基于策略梯度算法的深度强化学习方法对该深度策略网络进行学习[109]。

1. 强化学习任务

强化学习用于解决决策系统中的时序决策问题[98-108]，其基本框架如图 7-7 所示。具体来说，给定环境当前的状态 sta_t，基于当前的行动策略 π_θ，智能体采取一个行动 act_t。接着，该智能体会得到一个即时奖励 rew_t，并且环境的状态会从 sta_t 变为下一个状态 sta_{t+1}。强化学习就是通过不断的交互，令智能体学习到最优行动策略 π_θ 从而获取最多的奖励。其中，θ 是策略 π_θ 中的参数，将状态-行动(sta_t, act)映射到采取行动 act_t 的概率。在本问题中，策略 π_θ 中的参数 θ 就是深度策略网络（见图 7-6）中的参数，其正是所需要学习的参数。

本章将动态出租车路径推荐问题正式定义为一个强化学习任务：强化学习中的智能体就是本问题中的出租车，环境就是城市的出租车系统。所有的出租车共享一个策略 π_θ，即图 7-6 中的策略网络。

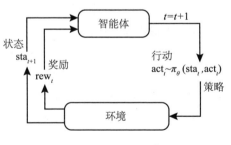

图 7-7 强化学习框架

1) **状态**。当一辆空闲的出租车发送一个推荐请求 req 时，就需要获取当前系统的状态 sta_t。该状态包含了所有的相关信息，例如：当前的推荐请求 req、

当前每辆出租车的状态、当前潜在的乘客分布等。因此，sta_t 是

$$sta_t = (req, STATUS_{TAXIS}, STATUS_{PASSENGERS}, \cdots) \tag{7.9}$$

2) **行动**。行动 act_t 是当前推荐请求 req 的一个潜在的推荐路径 r_q，即

$$act_t \in \mathcal{R}(req) \tag{7.10}$$

式中，$\mathcal{R}$(req) 是当前推荐请求 req 的所有潜在推荐路径的集合。

3) **状态-行动**。对于每一对状态-行动(sta_t, act_t)，需要抽取其对应的特征，记为 $\phi(sta_t, act_t)$。基于该特征，策略 π_θ 计算采取每个行动 act_t 的概率。正如 7.4.2 节所阐述的，对于每一个行动 $act_t = r_q$，基于当前系统状态 sta_t，这里抽取路径 r_q 的实时内在和外在特征，即

$$\phi(sta_t, act_t = r_q) = f(r_q) = \langle f_{int}(r_q), f_{ext}(r_q) \rangle \tag{7.11}$$

4) **策略**。基于每一对状态-行动($sta_t, act_t = r_q$)对应的实时内在和外在特征 $f(r_q)$，策略 $\pi_\theta(sta_t, act_t)$ 计算采取行动 $act_t = r_q \in \mathcal{R}(req)$ 的概率。

事实上，策略 $\pi_\theta(sta_t, act_t)$ 就是图 7-2 中的推荐方法。其首先计算每个潜在路径（行动）的得分 $s(r_q) = h(f(r_q); \theta)$。接着，基于以下 Softmax 方程，计算采取每个行动的概率：

$$\pi_\theta(sta_t, act_t = r_q) = p(r_q) = \frac{\exp(h(f(r_q); \theta))}{\sum_{q'=1}^{Q} \exp(h(f(r_{q'}); \theta))} \tag{7.12}$$

$Q = |\mathcal{R}(req)|$ 是当前推荐请求 req 的所有潜在推荐路径的数量。对于不同的请求 req，$Q = |\mathcal{R}(req)|$ 可能不同。

5) **状态转移**。一辆出租车在状态 sta_t 采取了一个行动 act_t 后，当下一个推荐请求到来时，系统的状态会演化到下一个状态，即 sta_{t+1}。如图 7-8 所示，当前的状态是 sta_t，2 号出租车在上午 8 点 25 分发送了一个推荐请求。当 2 号出租车采取了一个行动后，下一辆出租车（3 号）在上午 8 点 26 分发送了一个新推荐请求时，系统演化到下一个状态 sta_{t+1}。

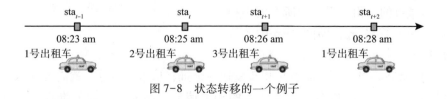

图 7-8 状态转移的一个例子

6）奖励。本章直接定义出租车在状态sta_t采取一个行动act_t的长期奖励$Rew(sta_t, act_t)$，在学习策略π_θ的过程中需要用到状态-行动的长期奖励。正式地，$Rew(sta_t, act_t)$定义为当前时间与出租车找到新乘客的时间长度的负值，即

$$Rew(sta_t, act_t) = -(time_{pickup} - time_t) \quad (7.13)$$

式中，$time_{pickup}$是出租车找到新乘客时的时间点；$time_t$是当前状态sta_t的时间点。图7-9给出了一个例子：1号出租车在状态sta_{t0}时（08：23）采取行动act_{t0}、在状态sta_{t1}时（08：28）采取行动act_{t1}，并在08：38在路径act_{t2}上成功找到乘客。对于每一对状态-行动，就可以获取其长期奖励，即$Rew(sta_{t0}, act_{t0}) = -15$，$Rew(sta_{t1}, act_{t1}) = -10$、$Rew(sta_{t2}, act_{t2}) = -3$。需要注意的是，通常$t1 \neq t0+1$。

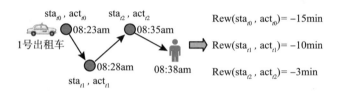

图7-9 长期奖励的一个例子

2. 策略梯度

强化学习的目标是学习一个最优的策略π_θ（即最优的深度策略网络），使得给定任意的状态sta，运用策略π_θ，出租车能够获得最优的长期奖励（即最快地找到下一个乘客）。目标函数为

$$\max_\theta J(\theta) = \mathbb{E}_{sta \sim \pi_\theta}[\overline{Rew}(sta)] \quad (7.14)$$

式中，$\overline{Rew}(sta)$表示基于策略π_θ，出租车在状态sta能够获得的平均长期奖励[98]。$sta \sim \pi_\theta$表示sta是基于策略π_θ抽取的。

为了学习策略θ，这里使用了一个名为REINFORCE[109]的策略梯度算法，其已经在许多领域的时序决策问题中得到成功应用[98-108]。算法6展示了REINFORCE的伪代码。该算法首先随机初始化深度策略网络的参数θ，接着不断更新参数θ直到其收敛，即目标函数$J(\theta)$收敛。具体的更新过程包含以下三步。

Algorithm 6:REINFORCE 算法

1 Initialize θ
2 **while** θ not converge **do**
3   MC-sampling: state-action pairs and rewards;
4   Calculate: gradient $\nabla_\theta J(\theta)$(式(7.16));
5   Update: $\theta \leftarrow \theta + \alpha \cdot \nabla_\theta J(\theta)$;
6 **end**
7 **return**: θ;

首先,运用 Monte-Carlo 采样方法来采样状态-行动(sta_t, act_t)及其对应的长期奖励 $Rew(sta_t, act_t)$。具体来说,给定随机的初始状态 sta_0,运用当前的策略 π_θ(当前的参数)选取一个行动 act_0。系统的状态变为 sta_1。同样地,仍基于当前的策略 π_θ,选取一个行动 act_1。不断重复上述的采样过程,直到获得给定数量 T 的状态-行动样本。

接着,计算 $J(\theta)$ 对 θ 的梯度,即 $\nabla_\theta J(\theta)$。基于文献[98,109],$\nabla_\theta J(\theta)$ 为

$$\nabla_\theta J(\theta) = \mathbb{E}_{(sta,act) \sim \pi_\theta}[(\nabla_\theta \log \pi_\theta(sta,act)) \cdot \overline{Rew}(sta,act)] \quad (7.15)$$

式中,$\overline{Rew}(sta,act)$ 是基于策略 π_θ,出租车在状态-行动(sta, act)后能够获取的平均长期奖励[98]。事实上,Monte-Carlo 采样得到的 $Rew(sta, act)$ 是 $\overline{Rew}(sta, act)$ 的一个具体实例。因此,基于采样得到的状态-行动和长期奖励,$\nabla_\theta J(\theta)$ 可定义为[110]

$$\nabla_\theta J(\theta) \approx \frac{1}{T} \sum_{t=0}^{T-1} [(\nabla_\theta \log \pi_\theta(sta_t, act_t)) \cdot Rew(sta_t, act_t)] \quad (7.16)$$

最后,在获取梯度 $\nabla_\theta J(\theta)$ 后,可以更新 θ 为

$$\theta \leftarrow \theta + \alpha \cdot \nabla_\theta J(\theta) \quad (7.17)$$

式中,α 是算法的学习率,例如 $\alpha = 0.001$。

7.5 实验方案与结果分析

7.5.1 实验方案

1. 数据集

为了评估所提出的动态出租车路径推荐方法,本章运用美国旧金山市和纽

约市的数据集进行实验。旧金山市和纽约市的出租车数据是公开的[110-111]，其地图数据也能够从 OpenStreetMap 网站上[112] 获取。

(1) **出租车数据** 旧金山市的出租车数据[110] 包含了 536 辆出租车的 GPS 轨迹数据，时间记录从 2008 年 5 月 17 日到 2008 年 6 月 10 日。该数据总共包含 11219955 个 GPS 数据点，每个 GPS 数据点包含四个元素：经度、纬度、时间、状态。GPS 数据点的状态记录着该出租车当前是否有乘客在车上，因此可以从 GPS 轨迹中得到每个乘客的上车地点、上车时间、下车地点以及下车时间，即乘客的出行记录。从该出租车 GPS 轨迹数据集中，总共抽取了 414381 条乘客出行记录。

纽约市的出租车数据也是可以公开获取的[111]，实验选取了从 2015 年 3 月到 2015 年 5 月共 3 个月的数据。该数据中包含了详细的乘客出行记录，每个乘客的出行记录包含了许多具体信息：上车地点（经纬度）、下车地点（经纬度）、上车时间、下车时间、费用等。从这些乘客出行数据中，获得了曼哈顿区域的 32638971 条乘客出行记录，平均每天 354771 条记录。

(2) **地图数据** 旧金山市和纽约市的地图数据都可以从公开的地图网站 OpenStreetMap[112] 上获取。对于旧金山市的地图数据，经过数据清洗和过滤，得到了 3087 个路节点和 5648 个路段。对于纽约市的曼哈顿区，得到了 5118 个节点和 7843 个路段。

2. 参数及仿真设置

本章运用前面 2/3 的数据来学习深度策略网络，用剩下 1/3 的数据作为测试数据评估学习到的深度策略网络。类似于现有的文献 [99-101，113-115]，本章也设计了一个仿真的出租车系统来评估所提出的方法。在仿真中，乘客出现的时间和地点完全复制了收集到的真实乘客出行数据。对于旧金山市，出租车的数量设为 536 辆。对于纽约市，出租车的数量设为 10000 辆。初始阶段，出租车的位置是随机分布的。如果一辆出租车是空闲的，就会发送推荐请求，系统就为其推荐一条路径。如果出租车根据所推荐的路径没有找到乘客，系统就为其再推荐一条路径，直到找到乘客为止。出租车的行驶时间是从仿真器中获得，其基于路段的长度和行驶速度。本章的仿真系统用 C++实现，而深度策略网络的学习用 Python 实现，实验在一台频率为 2.60GHz、内存为 126GB 的服务器上进行。

3. 对比方法

为了更好地评估所提出的动态出租车路径推荐方法，本章将其与下面几个方法进行对比：

❏ MPP[100]：该方法为空闲出租车推荐找到乘客概率最大的路径。然而，其考虑的最大概率是历史最大概率，并不是实时最大概率。正如本章引言中所介绍的，仅考虑历史最大概率是不够合理的。
- MNP[101]：该方法为空闲的出租车推荐净利润最大的一条路径。然而，其净利润也是基于历史数据，并不是实时数据。
- MDM[99]：该方法利用 Monte-Carlo 树搜索，其旨在最小化出租车的空驶路程。该方法是最新的方法。

虽然也存在一些其他的针对空闲出租车的推荐算法，但是其并不是为出租车推荐路径，而是推荐格子[113]、区域[115] 或者路的集合[114]。由于完全不同的设置，进行公平比较是比较困难的，因此本章暂时不与这些方法进行比较。

4. 评估指标

与文献 [99] 中的评估方法类似，本章也将所提出的方法相比于对比方法的效果提升比例作为评估指标。具体来说，考虑以下四个评估指标。

(1) 出租车司机平均收入的提升比例　对比每一个对比方法（记为 basl），所提出的基于深度强化学习的方法（记为 DRL）的出租车司机平均收入的提升比例为

$$\text{Improve}_{\text{basl}}^{\text{Earn}} = \frac{\text{Earn}_{\text{DRL}} - \text{Earn}_{\text{basl}}}{\text{Earn}_{\text{basl}}} \tag{7.18}$$

式中，Earn_{DRL} 和 $\text{Earn}_{\text{basl}}$ 分别表示 DRL 方法和对比方法 basl $\in$ [MPP，MNP，MDM] 对应的出租车司机平均收入。

(2) 出租车平均空驶时间的提升比例　对比每一个对比方法 basl，所提出的 DRL 方法的出租车司机平均空驶时间的提升比例为

$$\text{Improve}_{\text{basl}}^{\text{VCT}} = \frac{\text{VCT}_{\text{basl}} - \text{VCT}_{\text{DRL}}}{\text{VCT}_{\text{basl}}} \tag{7.19}$$

式中，VCT_{DRL} 和 VCT_{basl} 分别表示 DRL 方法和对比方法 basl $\in$ [MPP，MNP，MDM] 对应的出租车平均空驶时间。

(3) 乘客平均等待时间的提升比例　对比每一个对比方法 basl，所提出的 DRL 方法的乘客平均等待时间的提升比例为

$$\text{Improve}_{\text{basl}}^{\text{WT}} = \frac{\text{WT}_{\text{basl}} - \text{WT}_{\text{DRL}}}{\text{WT}_{\text{basl}}} \tag{7.20}$$

式中，WT_{DRL} 和 WT_{basl} 分别表示 DRL 方法和对比方法 basl $\in$ [MPP，MNP，MDM] 对应的乘客平均等待时间。

(4) **30min 之内上车的乘客比例的提升比例**　对比每一个对比方法 basl，所提出的 DRL 方法的 30 min 之内上车的乘客比例的提升比例为

$$\text{Improve}_{\text{basl}}^{\#\text{PP30}} = \frac{\#\text{PP30}_{\text{DRL}}}{\#\text{PP30}_{\text{basl}}} \tag{7.21}$$

式中，#PP30$_{\text{DRL}}$ 和#PP30$_{\text{basl}}$ 分别表示 DRL 方法和对比方法 basl ∈ [MPP, MNP, MDM] 对应的 30min 之内上车的乘客比例。

7.5.2　结果分析

1. 效果对比

图 7-10 和表 7-1 展示了所提出的动态出租车路径推荐方法相比于对比方法的提升比例的实验结果。如图 7-10a、e 所示，出租车司机平均收入在旧金山市和纽约市的提升比例分别至少为 58.1%（相比于 MNP 方法）和 42.8%（相比于 MDM 方法）。对于出租车的平均空驶时间，如图 7-10b、f 所示，本章的方法在两个城市的提升比例分别至少为 10.5% 和 13.7%。相似地，对于乘客来说，本章的方法在两个城市能够分别降低至少 44.4% 和 63.4% 的平均等待时间，如图 7-10c、g 所示；30min 之内上车的乘客比例也被大幅度地提升，分别为图 7-10d、h 的 62% 和 42.7%。基于这些结果，可以发现所提出的方法能够非常显著地提升有限出租车资源的载客效率，大幅提升出租车司机的收入，降低乘客的等待时间。该方法的高效主要可以归因于两点：①考虑更多有效的实时的时空特征，即内在和外在特征；②设计一个深度策略网络来很好地融合这些特征，同时用高效的深度强化学习完成对深度策略网络的学习。

2. 参数分析

图 7-11a 展示了本章的出租车路径推荐方法在不同推荐路径长度 l 下的效果，即 l 为每一条路径的路段个数。该实验运用的是旧金山市的数据，考虑所提出的方法相比于对比方法 MNP 的提升比例。MNP 方法是对比方法中在旧金山市的数据中表现最好的一个方法。从结果中可以看出，随着推荐长度 l 的增大，所提出的方法的效果也逐渐提升。这是因为随着 l 的增大，每一个推荐请求拥有更多的潜在路径，因此能够推荐一条更优的路径。

相似地，图 7-11b 讨论了所提出的方法考虑不同阶数 k 邻居格子的情况。很显然，考虑越多阶数格子，效果就越好。这是因为考虑越多阶数的邻居格子，就能够知道出租车在未来更长一段时间内找到乘客的容易程度，即特征越多，所提出的方法的效果越好。

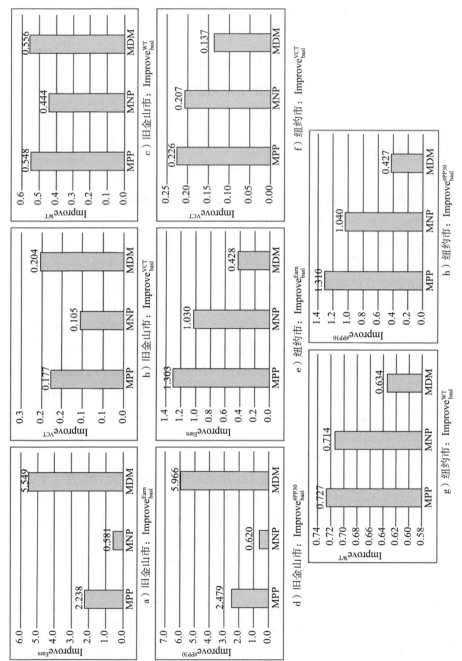

图 7-10 本章的方法相比于对比方法的提升比例（$l=4, k=2$）

表 7-1 本章的方法相比于对比方法的提升比例（$l=4$，$k=2$）

方法	旧金山市				纽约市			
	Earn	VCT	WT	#PP30	Earn	VCT	WT	#PP30
MPP	2.238	0.177	0.548	2.479	1.303	0.226	0.727	1.310
MNP	0.581	0.105	0.444	0.620	1.030	0.207	0.714	1.040
MDM	5.549	0.204	0.556	5.966	0.428	0.137	0.634	0.427

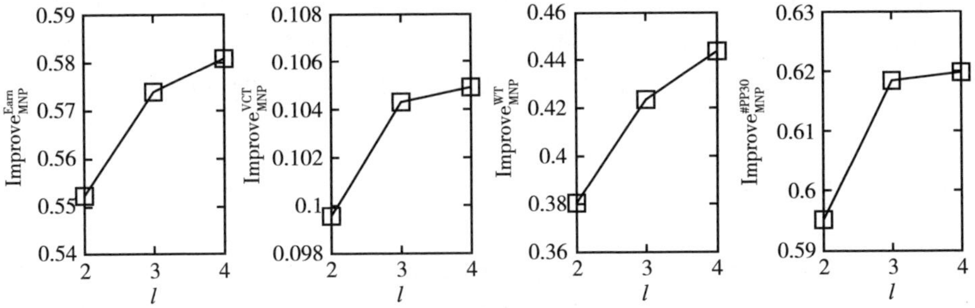

a）不同的推荐路径长度 l，$k=2$

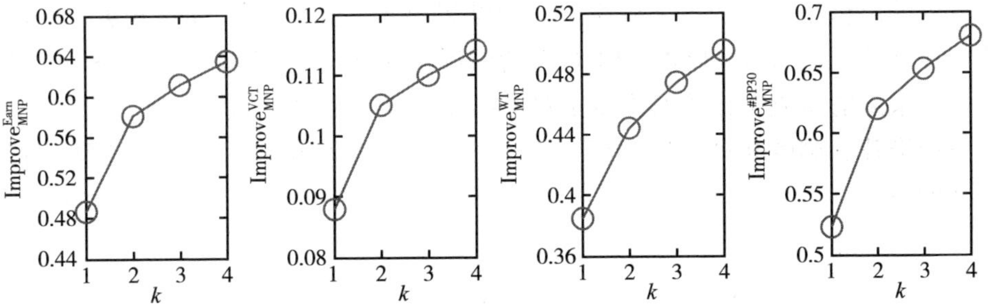

b）不同阶数 k 的邻居格子，$l=4$

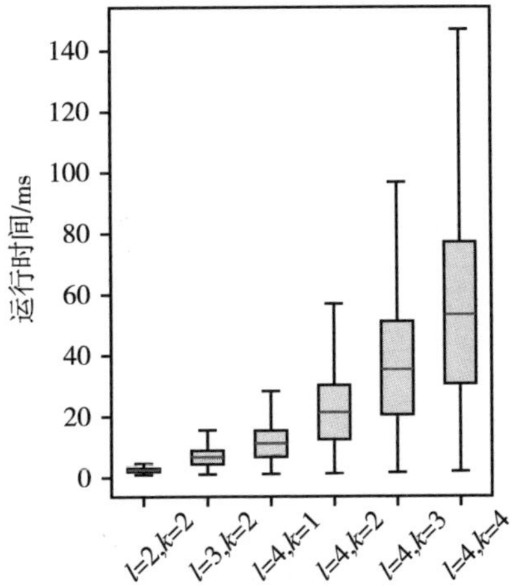

c）不同 k 和 l 对应的算法运行时间（以 ms 计）

图 7-11 不同参数下算法的效果及运行时间

3. 运行时间效率分析

图 7-11c 展示了本章的方法进行一次路径推荐所需要的运行时间。从图中可见，所提出的方法对于所有的参数设定所需要的平均运行时间都小于 57ms。随着 l 和 k 的增大，运行时间也会增大，这是因为其带来了更多的潜在路径和更多的特征，导致运算量增大。当 $l=4$ 和 $k=4$ 时，所提出的方法已经取得很好的结果，其平均运行时间仅为 57ms，最大的运行时间大约为 148ms。从图 7-10 中可以看出，本章的方法在 $l=4$ 和 $k=2$ 就已经比对比方法好很多。因此，可以相信所提出的方法能够很好地满足现实应用中对算法运行时间的要求。

7.6 本章小结

本章设计了一个基于深度强化学习的动态出租车路径推荐方法，能够很好地将实时的内在和外在时空特征嵌入出租车路径的动态推荐中，从而大幅提升了有限的出租车资源的载客效率。实验结果显示，相比于已有的方法，所提出的方法能够降低乘客 44.4% 的平均等待时间以及提升出租车司机 42.8% 的平均收入。未来的研究工作将对出租车路径推荐、调度和拼车的综合优化进行研究，对路径推荐、调度和拼车进行相互协作，进一步提升有限的出租车资源的整体载客效率。

第8章

城市租房推荐

随着城市化的进程,大量的移民来到城市,通过租房来解决居住问题。众所周知,租房过程需要花费大量时间和精力,因此一个好的租房推荐模型可以帮助到这些城市移民,不仅具有商业价值,而且也可以帮助城市管理者。租房是一个决策过程,即用户通过自身属性来选择房子(根据其属性条件)的过程,为帮助人们更好地选择居住小区,本章提出了一种基于元学习的深度学习模型来对该决策过程进行建模,以推断出用户对房子的满意程度。首先,从多源数据(包括地理、交通和电子商务等数据)中提取了用户和小区的特征,并馈入该深度网络,从而融合用户和小区数据,进一步给出对应的满意度。最后,通过真实数据的实验验证了所提出模型的有效性和实用性。该方法已应用在某电商公司,为其用户提供服务。

本章安排如下:8.1节阐述本章的研究背景和研究意义;8.2节介绍本章的相关工作;8.3节介绍相关预备知识;8.4节介绍城市租房推荐方法;8.5节通过实验对本章所提出的模型进行评估;8.6节介绍城市租房推荐系统;8.7节是本章小结。

8.1 引言

近几十年来,大规模城市化吸引越来越多的人来城市工作,以中国为例,2017年大约有2.5亿移民在大城市工作,如图8-1a所示。大量的城市移民需要租用房屋,构成了一个巨大的租赁市场。现有的研究通过设计在线交互房间观测界面从而使用户可以方便地选取房屋,即根据多个给定条件来筛选合适的房子[例如房屋与其他兴趣点(Point of Interest,POI)之间的距离]。但是,用户在面对城市中众多的筛选条件和候选房屋时很难做出合适的选择,尤其是大多数移民对所在城市并不熟悉,迫切需要一种能够直接为用户个性化地提供几处理想住房选择的数据驱动智能方法。

如今,由于在线购物的便利性,越来越多的人从在线零售商那里购买商品。出于以下三个原因,电子商务中有关这些移民的海量数据可用于帮助人们更好地解决租房问题。第一,如图 8-1b 所示,根据权威调查,出生年份在 1985 年到 1999 年之间的人占大城市租户的 86%,这些租房用户和网购用户高度重合。第二,用户的消费习惯可以通过分析电子商务的行为来建模,而租房也属于一种消费活动,因此该消费习惯可以用于迁移于其租赁偏好上。例如,如果用户对价格敏感,则可能会牺牲通勤时间来选择郊区的便宜房屋。另外,另外一些用户可能会在其工作场所附近找房以节省通勤时间,从而将更多的时间花在诸如烹饪和养宠物等业余爱好上。第三,人们通常根据工作地址来选择居住地。网上购物后,在线零售商将通过物流将商品交付给用户。用户填写的送货地址不仅有其居住地,还可能是他们的工作地址。这是因为他们可能会购买一些办公用品,或是以防工作时间无人在家收货的情况。因此,可以通过提取用户经常使用的收货地址来得到他们的家庭和办公位置,这些地址即可以作为标记数据来指导模型的学习。受以上三点启发,本工作提出了一种数据驱动的方法,给定用户和房屋,可根据用户的偏好对房屋进行评估。利用该方法,可以对一组候选住房进行排名,并最终推荐排名最高的住房以供用户选择。

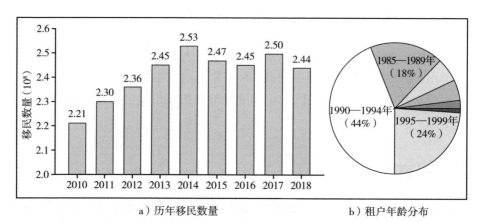

a)历年移民数量　　　　　　b)租户年龄分布

图 8-1　2018 年中国城镇化移民和租房者统计信息

本工作面临三个挑战:①从大量不同的数据源中选择能有效鉴别用户和房屋的特征是一件困难的工作。②本场景是一个复杂决策过程(即用户决定租用房屋),为了更好地建模用户的满意程度需要设计新的学习模型,以期明确建模该选择的因果关系,从而得到更好的推荐结果。③与总体用户的数量相比,标签用户即同时具有家庭住址和公司地址的用户数量是非常有限的。

为了应对这些挑战，本章提出了一种新颖的基于元学习的方法，该方法包括两个主要部分：特征提取器和满意程度评估模型。前者用于从多源城市数据（包括地理、交通和电子商务数据）中提取用户和房屋的特征。后者是一个基于元学习的深度神经网络，命名为 HouseCritic，它可以从提取的特征中捕获用户的偏好与房屋的嵌入。具体来说，该模型将用户偏好用作元知识以生成房屋嵌入的参数权重，从而使我们可以显式地对选择的因果关系建模并据此对给定房屋进行评分。值得注意的是，HouseCritic 可以利用辅助信息（例如用户之间的丰富交互行为）来更好地学习用户和房屋的嵌入。总而言之，本章的贡献包括三个方面：

- 设计了一种基于元学习的半监督深度神经网络模型，该模型可以通过元学习范式对因果关系进行建模，并利用未标记的数据来提高模型的准确性。
- 根据领域知识精心设计和提取了用户和房屋的特征。通过文献和专利调研所知，本工作提出的方法，通过多源数据中提取用户偏好来指导推荐租住房屋的工作为行业内第一次提出。
- 使用从北京市收集的真实数据集进行了实验，结果证明了所提出模型的有效性。本方法已经部署在某电子商务公司，为该公司用户提供租房推荐服务。

8.2 相关工作

本章研究问题与以下两个方面相关。

1. 城市计算

（1）**房地产相关任务** 房地产评估是评估房产市场价值的过程，是当下被广泛研究的热点问题。不同于房地产评估，住房租赁与之面向完全不同的市场。调研住房租赁问题发现，以往帮助人们租房的相关研究主要集中在设计查询算法和用户界面方面，人们可以从中查询具备多个条件的房屋。例如，Williamson[116]提出了一个基础的动态查询接口，名为 HomeFinder，可以根据房屋与其他 POI 之间的物理距离来查询符合条件的住房数据。之后，Weng 等人研发了新版本的 HomeFinder[25]，他们没有使用物理距离，而是精心设计了一种基于交通数据的可达性计算方法，从而可以提供更准确的距离估计来查询更好的候选住房。然而，这类方法并不合适，因为行程时间不易估计，并且还需要用户对城市有充足的了解才能正确选择标准。因此，在本章中，提出了一种个性化方法，可以直接提供多种住房选择。

（2）位置推荐相关任务　作为城市规划中的一个基本问题，位置推荐问题已被广泛研究。例如，文献［117-119］分别研究了救护站、广告牌和连锁店的位置推荐问题。近期有关区域表征的研究引起了极大的关注[120]，可以应用于位置推荐问题。与上述工作中仅提供普通建议不同，本章的研究涉及人们的偏好，解决个性化的住房租赁推荐问题。此外，上述工作是基于区域的，而本章的研究是基于房地产的，粒度更细，因此可以让人们更容易找到特定的房子。

2. 用于神经网络权重生成的元学习

生成神经网络的参数是元学习的重要任务之一。文献［121］首先使用超网络来生成大型网络的权重。此后，文献［122］提出了一种用于 NLP 任务的学习模型，该模型通过元网络学习任务特定的语义函数。文献［123］提出了一种嵌入神经架构并采用超网络来生成其权重，以摊销神经架构搜索的成本。最近，Pan 等人[124]将元学习应用于城市计算领域，通过利用地理信息来生成时空网络的权重。在本章中，采用元学习方法作为深度网络的融合组件。传统的深度网络使用简单的映射作为融合模块，例如全连接网络[125]，当数据理想且充足时可以提取复杂关系。但是，在本次研究的问题中，标注数据的数量不足。为此，建议使用元学习方法，即利用用户特征作为元知识对住房特征进行加权，可以直接对用户与住房之间的决策关系进行建模，更好地融合复杂关系，提升用户体验。

8.3　预备知识和问题定义

给定一个用户及其工作地址和一个居住小区，如何评估该用户对小区的满意程度为本章的主要研究目标。详细来说，居住小区是具有一个或多个建筑物的社区，并且同一社区中的这些房屋在环境、户型和价格等方面通常相似。因此，与传统的基于区域的研究[21,126-127]相比，本方法粒度更细，从而更精准地帮助用户找到满意的房屋。

本节首先介绍重要概念和符号。用户是一个由两要素组成的元组 $u=(\tau, \kappa)$，表示用户居住在 τ 并在 κ 工作。在数据中，每个用户至少有一个地址，可以是住所地址（小区）或工作地址或二者皆有。对于一个用户 u_i，如果已知其小区和工作地址，即 $\tau_i \neq \varnothing$ 和 $\kappa_i \neq \varnothing$，那么该用户对 τ_i 的满意度为 y_i，即将这些用户视为标签用户，标记为 $\mathcal{C} = \{(u_1, y_1), \cdots, (u_n, y_n)\}$；剩下的用户是非标签信息，标记为 $\mathcal{B}$。本章所研究问题可定义为：城市租房评估问题。

城市租房评估问题：给定标签用户 $\mathcal{C}$ 和未标签用户 $\mathcal{B}$ 及他们的特征（包含用户和居住小区），该问题旨在训练一个模型，该模型可以推断给定用户对给定小区的满意程度。

作为回归问题，本章通过如下方式获取标签用户分配满意度。凭直觉来说，用户在某个地址居住的时长越长，对房屋的满意度就越高。基于此，我们在图 8-2a 绘制了标签用户的居住时长，该分布反映了三种现实情况。第一，如果人们对房子非常不满意，他们就会在半年内更换。第二，由于房屋租赁合同期限通常为一年，有些人在履行完合同后由于租金上涨会选择更换房屋。尽管如此，我们基本上可以认为他们对房子感到满意。第三，由于不容易找到新房子，人们可以续签合同并一直居住到找到新房子，通常会花费几个月时间。根据这些情况，如果一套房子用户租住一年半以上，那么可以认为其对这套房子非常满意。因此，本机制设计了一个分段函数来描述上述观察结果，从而衡量满意度。用户 u_i 对小区 τ_i 的满意度 y_i 可以根据如下公式计算：

$$y_i = \begin{cases} 1, & t_i > 450 \\ e^{(t_i - 450)/\alpha}, & \text{其他} \end{cases} \tag{8.1}$$

式中，t_i 是小区 τ_i 的居住时长；α 用于控制函数的斜率，根据经验将其设置为 130。450 代表天数，是从图 8-2a 得到的经验值，表示用户居住满一年后续租，对房子非常满意，图 8-2b 刻画了该方程，符合上述观察。另外，图 8-2c 通过本章实验数据展示了经过该方程得到的标签的分布。

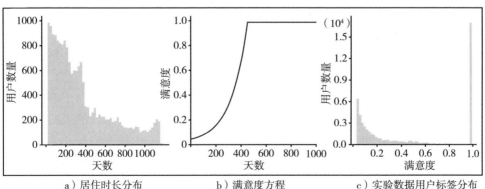

a）居住时长分布　　　b）满意度方程　　　c）实验数据用户标签分布

图 8-2　标签用户的可视化

8.4 基于元学习的城市租房推荐方法

8.4.1 模型框架

在这项租房推荐工作中,给定一个城市,我们根据以下三类该城市数据集设计租房推荐方法。

(1) **地理数据** 包含三个数据集。①房地产,包括住房和工作场所。数据集包含每个房地产的位置、租金、布局和建成时间等。②兴趣点,包含兴趣点的名称、类别和位置。③路网,包含城市中五个级别的道路。

(2) **交通数据** 包含三个数据集。①出租车轨迹,该数据从出租车公司收集。每条轨迹包含行程 ID、距离、行程时间、平均速度、上车时间、下车时间、上车点和下车点。②地铁刷卡记录,该数据从地铁运营公司收集。每笔交易都有卡号、时间、费用、进站站点和出站站点。③公交线路,含有城市公交车站的位置以及每个车站经过的线路。

(3) **电商数据** 该数据从在线零售商处获得,包含两个数据集。该数据集中的数据均为匿名,以保护用户隐私。①电商用户数据,数据集包含居住在城市中的大量移民用户,这些用户数据具有其人口统计属性,例如年龄、性别和包裹接收地址等。我们可以使用常用的送货地址来确定他们的居住和/或工作地址。②电商订单数据,包含以上用户的订单。每个订单都包含商品 ID、数量、类型、价格和折扣等。

结合以上三类数据,为了解决所提出的城市租房推荐问题,本章提出了一种数据驱动的方法。该方法的逻辑架构如图 8-3 所示,包括两个主要部分:特征提取模块和满意程度评估模型(即图中的 HouseCritic)。

1. 特征抽取

图 8-3 中的特征抽取组件由两个模块组成:用户特征提取器和小区特征提取器。

用户特征提取器:给定一个用户,该模块从多源数据中提取以下四类要素的特征以识别其对选择房屋的偏好。①个人资料特征:反映用户的人口统计特征;②购物特征:可显示用户的消费习惯和态度;③工作场所特征:表示用户的工作环境,该信息可以表明用户的价值,例如其支付能力;④同事特征:俗话说"人以群分",可以通过学习同事的特征建模该用户。由于这些同事可能是未标记的数据,因此本方法遵循了半监督学习范例[128]。这些用户特征提取的详细信息将在8.4.2节中介绍。

小区特征提取器：本模块提取以下四种特征，表示吸引用户租用该小区的特质。①属性特征：用于对该小区的属性进行建模；②邻近区域特征：可识别小区周边功能和设施；③可达性特征：用于表示居住区到其他地方（如工作场所、医院和购物中心等）的出行便利性；④居民特征：可以使用在同一个小区内租房人来代表该小区，从而衡量用户与小区之间的适合度。本提取器的详细信息请参见8.4.2节。

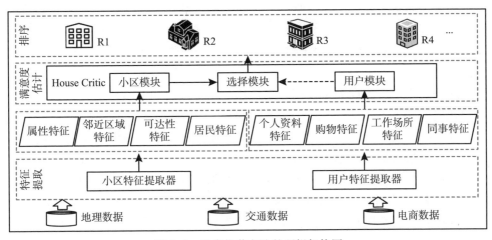

图8-3 租房推荐方法的逻辑架构图

2. 满意程度评估模型

给定一个用户及其特征和一个小区及其特征，本章提出了一种基于元学习的深度神经网络以估计用户对该小区的满意程度，即HouseCritic模型。该模型的动机是让用户的偏好作为元知识来权衡小区的特征。详细来说，HouseCritic模型由用户模块、小区模块和选择模块组成。其中，用户模块和小区模块分别从提取的特征中捕获用户的偏好和小区特征的嵌入。这两个模块分别采用注意力机制[130]和图注意力网络（Graph Attention Network，GAT）[130]，以利用用户之间的辅助信息即同事和邻居关系，旨在更好地学习对应的嵌入。随后，在选择模块中，本模型使用基于元学习的网络组件，利用用户偏好来推导小区嵌入的参数权重，进而提供预测的满意程度。该模型将在8.4.3节中进行详细介绍。

在实践中，当采用本方法为用户推荐小区时，可以根据其工作场所生成一组候选小区（例如通勤时间少于1h的小区）。通过HouseCritic模型评估这些候选小区的满意程度并对它们进行排名，最后为用户提供满意度最高的前n个小区。

8.4.2 特征抽取模块

1. 用户特征抽取器

用户 u_i 用四类特征来描述，表示为 $\mathcal{F}^U(i) = \{a_i, s_i, o_i, (A^{C(i)}, S^{C(i)})\}$。

1）个人资料特征 a_i：该特征向量包含用户 u_i 的年龄区间和性别等，用来刻画用户的人口统计属性。

2）购物特征 s_i：首先，图 8-4a 描述了用户的平均单位面积租金与在线购物折扣率之间的相关性。如图所示，在网上购物和房屋租赁情况下，人们对购物的态度都是一致的，即对价格越敏感的用户（即倾向于购买折扣率更高的产品），越有可能租住便宜的房子。因此，用户 u_i 的购物特征向量 s_i 中会包含购物折扣率。

此外，用户所购商品可以用来揭示用户的一些特质。具体而言，我们计算用户在电商中每个购物类别的消费比例与其通勤距离之间的皮尔逊相关性（Pearson Correlation）。图 8-4b 分别显示了前五个正相关和负相关的类别。如图所示，如果人们喜欢享受休闲生活，例如吃零食、运动、做家庭装饰品和养宠物，那么会期望通勤距离更短。相反，习惯于简单、快速生活的人们，例如吃快餐（例如乳制品、饮料和营养品）和简化烹饪过程（例如厨房电器）可以忍受更长的通勤距离。因此，这些有关类别的消费比例也存储到该特征向量 s_i 中。

另外，s_i 中还添加了该用户的消费额、购买频率和活动时间等特征。

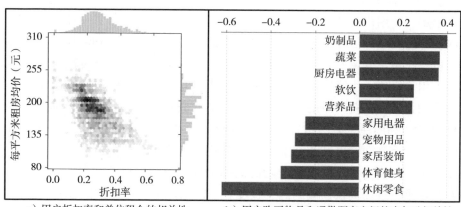

a）用户折扣率和单位租金的相关性　　b）用户购买物品和通勤距离之间的皮尔逊相关性

图 8-4　用户消费特征可视化

3) 工作场所特征 o_i：由于工作环境也可以反映用户的价值，因此本特征向量与用户工作场所的属性有关，例如工作场所中的公司数量、财产成本、平均租金价格以及在职员工的数量、公司周围的 POI（例如银行和酒店）、工作场所的通勤方式以及该地点的交通流等。

4) 同事特征（$A^{C(i)}$，$S^{C(i)}$）：由于标记用户的数量有限，未标记用户（即只有工作场所的用户）也可以帮助用户建模。具体而言，由于已知用户 u_i 的工作场所，因此可以找到其同事。这些同事可以从电子商务数据中提取其个人资料特征和购物特征，分别由矩阵 $A^{C(i)}$ 和 $S^{C(i)}$ 表示。实际应用中会存在没有任何信息或仅有非常少信息的新用户，即会遇到冷启动问题，因此，通过利用非监督信息可以在某种程度上解决该问题[131]。

2. 小区特征抽取器

给定小区 τ_i，抽取四类特征表示它，标记为 $\mathcal{F}^\tau(i) = \{p_i, v_i, r_i, (A^{N(i)}, S^{N(i)}, G^i)\}$。

1) 属性特征 p_i：本向量具有小区本身的属性的特征，包括竣工时间、房屋数量、住户数量、财产成本和平均租金价格等。

2) 邻近区域特征 v_i：与学习区域功能性嵌入的已有研究相同，为了表示区域功能，本特征向量包含了诸如学校、医院和公园等 POI 的数量[21,126-127]。另外，周围的道路类型也用以识别周边区域的功能。

3) 可达性特征 r_i：可达性是影响租房决策的关键因素[25,117]，本特征向量由两部分组成。首先，向量包括了表示小区出行便利性的特征。根据交通数据，提取了包括公交车站的数量、公交线路的数量、地铁站的数量、地铁站的流量和出租车的上车数量等。其次，通勤便利是另一个重要因素。对于用户 u_i 的工作场所，诸如通勤距离、公交线路的数量以及地铁的覆盖范围等特征被用来识别这一因素。

4) 居民特征（$A^{N(i)}$，$S^{N(i)}$，G^i）：未标记用户的信息（即仅具有住房地址的用户）可以用来表征小区。给定一组居住在同一小区中的用户，我们使用两个矩阵：$A^{N(i)}$ 和 $S^{N(i)}$，分别存储个人资料特征和购物特征。遵循文献[132]，可以根据购物订单建立一个用户-物品图，其中每个边都代表用户和某项商品之间的购买关系。为了简单起见，通过物品的桥接，将该二部图简化为单部图即用户图。通过物品做桥接将二部图简化为用户单部图，例如假设两个用户购买了相同的商品，则两个用户之间将拥有一条边。该用户图即可表示居民之间的消费关系，由邻接矩阵 G^i 表示。

表 8-1 列出了用户和小区的特征种类和内容。

表 8-1 用户和小区的特征种类和内容

特征种类		特征内容
用户特征	个人资料特征	年龄范围、性别等
	购物特征	折扣率、消费比例等
	工作场所特征	雇员数量、写字楼属性、周边特性等
	同事特征	同事的个人资料和购物特征
小区特征	属性特征	房屋数量、住户数量、财产成本、平均租金价格等
	邻近区域特征	POI 数量(学校、公园、医院等)和道路类型等
	可达性特征	交通方式、交通流、通勤方式等
	居民特征	居民的个人资料和购物特征以及他们的关系图

8.4.3 满意程度评估模型

图 8-5 显示了满意程度评估模型——HouseCritic 的结构,该结构由三个组件组成,即选择模块、用户模块和小区模块。本节将详细介绍该模型的三个组成部分和相应优化算法。

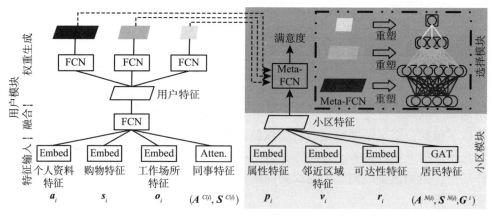

图 8-5 基于元学习的城市租房推荐的 HouseCritic 模型框架

1. 选择模块

通过这个包含元全连接网络(Meta Fully-connected Network,Meta-FCN)的组件可以得出输入用户对输入小区的满意度,该组件如图 8-5 所示。与传统 FCN 相比,Meta-FCN 的权重是根据元学习范式[121,132]从元知识生成的。通过该机制,可以将用户偏好视为元知识来对小区表达进行加权,以便对选择因果关系进行建模,进而得出对小区的满意程度。

详细来说,Meta-FCN 的输入是小区 τ_i 的嵌入,表示为 d_i。d_i 由小区模块生成,

即 $d_i = \text{House}(\mathcal{F}^\tau(i))$，其中 House(·) 表示小区模块，通过挖掘小区的特征 $\mathcal{F}^\tau(i)$ 得到小区的嵌入。用户 u_i 对小区 τ_i 的满意程度，表示为 $\hat{y}_i$，可以由下式得出：

$$\hat{y}_i = W_q^{\text{Meta}}(\sigma(\cdots W_1^{\text{Meta}}(\sigma(d_i))\cdots)) \tag{8.2}$$

式中，$\{W_1^{\text{Meta}}, \cdots, W_q^{\text{Meta}}\}$ 表示 q 个全连接层的权重矩阵；$\sigma(\cdot)$ 为 Sigmoid 函数。

作为 Meta-FCN，它的权重是由用户模块生成的。用户模块的输出是 q 个向量，可以表示为 $(w_1, \cdots, w_q) = U_{\text{ser}}(\mathcal{F}^\mathcal{U}(i))$，其中 $U_{\text{ser}}(\cdot)$ 表示用户模块。每一个向量与模块中的权重矩阵一一对应。举例来说，假设 $W_1^{\text{Meta}} \in \mathbb{R}^{n^{\text{in}_1} \times n^{\text{out}_1}}$，那么 $w_1 \in \mathbb{R}^{n^{\text{in}_1} \times n^{\text{out}_1}}$，即可以被重塑为 W_1^{Meta}。由于这些权重是根据用户的偏好得出的，因此可以相应地评估小区嵌入各个维度的重要性，从而获得小区的个性化满意程度。

2. 用户模块

图 8-5 展示了用户模块的结构，该模块通过用户特征（$\mathcal{F}^\mathcal{U}(i) = \{a_i, s_i, o_i, (A^i, S^i)\}$）生成小区嵌入的权重，即 $(w_1, \cdots, w_q) = U_{\text{ser}}(\mathcal{F}^\mathcal{U}(i))$。本模块首先分别嵌入了四种用户特征。其次，将这四类嵌入拼接起来并馈入全连接网络，以融合并获得用户偏好的嵌入。然后，通过不同的全连接网络将用户偏好的嵌入转换为各个权重向量。本节会详细介绍该流程。

(1) 嵌入过程 首先，对于特征向量，即 $a_i \in \mathbb{R}^{n^a}$、$s_i \in \mathbb{R}^{n^s}$ 和 $o_i \in \mathbb{R}^{n^o}$，为了获得足够的表达力，我们将通过矩阵 W^a、W^s 和 W^o 分别进行线性变换，该转换被表示为 $e_i^a = a_i W^a$、$e_i^s = s_i W^s$ 和 $e_i^o = o_i W^o$。

其次，对于该用户同事的特征矩阵，即 $A^{C(i)} \in \mathbb{R}^{n^{C(i)} \times n^a}$ 和 $S^{C(i)} \in \mathbb{R}^{n^{C(i)} \times n^s}$（$n^{C(i)}$ 是同事的数量），本模块采用注意力机制[79]来嵌入这些信息。选取该网络的原因是注意机制致力于推断训练数据不同部分的重要性，并使学习算法专注于信息量最大的部分。即本模块可以通过注意力机制衡量最有影响力的同事，并根据这些同事建模本用户。详细来说，首先复用线性变换，即矩阵 W^a 和 W^s 来处理这两个特征矩阵。接下来，第 k 个同事对用户 u_i 的影响力 a_k 可以由如下过程得到：

$$\begin{cases} g_k = \tanh(v^T(e_i^a \parallel s^{a_i}, A_k^{C(i)} W^a \parallel S_k^{C(i)} W^s)) \\ a_k = \dfrac{\exp(g_k)}{\sum_{z \in n_m^{\text{rear}}} \exp(g_z)} \end{cases} \tag{8.3}$$

式中，$\parallel$ 是向量拼接运算符；v 是一个单层前馈神经网络。然后，用所有同事表征该用户的输出通过下式得出，表示为

$$e^{C(i)} = \sum_{z \in C(i)} a_z (A_z^{C(i)} W^a \parallel S_z^{C(i)} W^s) \tag{8.4}$$

最后将上述所有的嵌入拼接起来得到 e'_i，即 $e'_i = e_i^a \parallel e_i^s \parallel e_i^o \parallel e^{C(i)}$。

（2）融合过程 通过一个全连接网络，e'_i 转换为融合后的用户嵌入 e_i：

$$e_i = W_{n^{Fus}}^{Fus}(\sigma(\cdots W_1^{Fus}(\sigma(e'_i))\cdots)) \tag{8.5}$$

式中，$\{W_1^{Fus},\cdots,W_{n^{Fus}}^{Fus}\}$ 是 n^{Fus} 层全连接层。通过这个过程将这四类知识融合，并得到了反映用户偏好的用户嵌入。

（3）权重生成过程 将用户嵌入 e_i 分别通过 q 个不同的全连接网络（$W_1^{Wei},\cdots,W_q^{Wei}$），即得到 Meta-FCN 的权重向量 $(w_1,\cdots,w_q)$。以 w_1 为例，$w_1 = W_1^{Wei}(\sigma(e_i))$。最终，将这 q 个向量重塑为权重矩阵并馈入选择模块的 Meta-FCN 中。

3. 小区模块

小区模块的结构如图 8-5b 所示，旨在初步地对给定小区 τ_i 的四类特征做嵌入学习。即 $d_i = \mathrm{House}(\mathcal{F}^\tau(i))$，其中 $\mathcal{F}^\tau(i) = \{p_i, v_i, r_i, (A^{N(i)}, S^{N(i)}, G^i)\}$。

与用户模块相似，本模块也用线性转换来处理这些特征向量，即 $d_i^p = p_i W^p$、$d_i^v = v_i W^v$ 和 $d_i^r = r_i W^r$，其中 W^p、W^v 和 W^r 是三个全连接网络。

本模块采用图注意力网络[130] 来捕捉居民特征（$A^{N(i)} \in \mathbb{R}^{n^{N(i)} \times n^a}$，$S^{N(i)} \in \mathbb{R}^{n^{N(i)} \times n^s}$，$G^i \in \mathbb{R}^{n^{N(i)} \times n^{N(i)}}$，其中 $n^{N(i)}$ 是用户 i 邻居的数量）。图注意力网络的目标是学习图数据的嵌入。结合本问题，主要思想是使用神经网络迭代地汇总来自图邻域的特征信息，从而可以利用这些信息更好地捕获该小区居民的嵌入。详细来说，用户的特征依然用矩阵 W^a 和 W^s 来转换。接下来，居民之间的注意力分数，以及对于与用户 i 同小区的居民 k，其他居民 z 对其的影响 $a_{k,z}$ 可以由下式计算：

$$\begin{cases} g_{k,z} = \phi(t^T(A_k^{N(i)} W^a \parallel S_k^{N(i)} W^s, A_z^{N(i)} W^a \parallel S_z^{N(i)} W^s)) \\ a_{k,z} = \dfrac{\exp(g_{k,z})}{\sum_{l \in \mathcal{N}_k} \exp(g_{k,l})} \end{cases} \tag{8.6}$$

式中，$\mathcal{N}_k$ 是居民 u_k 在图 G^i 中的邻居；t 是一个单层前馈神经网络。

接下来，所有居民的嵌入被组合并输出，表示为

$$d^{N(i)} = \sum_{n^{N(i)}}^{k} \sum_{\mathcal{N}_k}^{z} a_{k,c}(A_z^{N(i)} W^a \parallel S_z^{N(i)} W^s) \tag{8.7}$$

总而言之，上述学习到的嵌入被拼接起来形成小区嵌入，即 $d_i = d_i^p \parallel d_i^v \parallel d_i^r \parallel d^{N(i)}$。该嵌入将作为选择模块中 Meta-FCN 的输入，并被用户偏好所衡量，从

而形成最终的满意度。

4. 优化算法

本工作的主要任务是估计满意程度，因此 HouseCritic 模型的目标函数为

$$\mathcal{L}^{\text{train}} = \frac{1}{|\mathcal{H}|} \sum_{i \in \mathcal{T}} (\hat{y}_i - y_i)^2 \tag{8.8}$$

式中，$|\mathcal{H}|$ 是标签数据的数量。

HouseCritic 模型可以通过反向传播机制来端到端地训练。详细来说，本模型有三类可训练的参数。将 ω_1 表示为小区模块的参数，ω_2 表示为用户模块和选择模块的参数。对于 ω_1，其梯度为 $\nabla_{\omega_1} \mathcal{L}^{\text{train}}$。对于 ω_2，假设其参数为 θ，ω_2 的梯度可以通过链式法则来计算，因为用户模块和选择模块都是可微神经网络，即 $\nabla_{\omega_2} \mathcal{L}^{\text{train}} = \nabla_\theta \mathcal{L}^{\text{train}} \nabla_{\omega_2} \theta$。算法 7 说明了 HouseCritic 模型的训练过程。首先是准备训练数据并初始化模型。然后通过梯度下降（第 3~6 行）迭代优化模型，直到满足误差或其他停止条件为止。

Algorithm 7：HouseCritic 模型训练算法

Input：用户特征 $\mathcal{F}^U = \{\mathcal{F}^U(1), \mathcal{F}^U(2), \cdots, \mathcal{F}^U(n)\}$，
小区特征 $\mathcal{F}^r = \{\mathcal{F}^r(1), \mathcal{F}^r(2), \cdots, \mathcal{F}^r(n)\}$，
标签 $\mathcal{Y} = \{y_1, y_2, \cdots, y_n\}$

Output：HouseCritic 模型

1　初始化：所有可训练的参数；学习率 α.
2　**do**
3　　从 $\mathcal{F}^U$、$\mathcal{F}^r$ 和 $\mathcal{Y}$ 选择一个批次的数据 $\mathcal{D}_{\text{batch}}$
4　　通过 $\mathcal{D}_{\text{batch}}$ 网络前馈得到 $\mathcal{L}^{\text{train}}$
5　　$\omega_1 = \omega_1 - \alpha \nabla_{\omega_1} \mathcal{L}^{\text{train}}$
6　　$\omega_2 = \omega_2 - \alpha \nabla_{\omega_2} \mathcal{L}^{\text{train}}$
7　**until** 满足停止条件；

8.5　实验方案与结果分析

8.5.1　实验方案

1. 数据集

本节使用从 2019 年 12 月北京市收集的数据评估提出的模型。以下简要介

绍了该数据集。

①地理数据：从链家收集了北京市六环路内的 3622 个小区和 8823 个工作场所。图 8-6 分别展示了这些小区的空间分布和租金热力图。此外，POI 数据集从 OpenStreet Map 收集。②交通数据：出租车的轨迹从北京市的一家出租车公司获取，包括大约 13000 辆出租车的 800 万次出行轨迹。地铁刷卡记录从北京市地铁获得，一周约有 4 亿乘车人次。③电子商务数据：数据收集自 JD.com。该数据包含 51.4 万活跃的居住在北京市的研究用户的资料和订单。其中，标记用户和未标记用户分别为 5 万和 46.4 万。更具体地说，无标签的用户中有 24.7 万用户只有居住地址而剩余 21.7 万用户只有工作地址。对于标记的数据，使用 10 倍交叉验证来训练和验证模型。

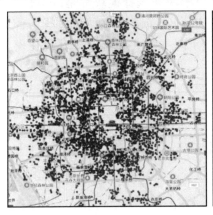

a）小区空间分布可视化　　　　b）小区单位租金热力图

图 8-6　北京市居住小区可视化

2. 模型设定

本工作中，用户个人资料特征 a_i、购物特征 s_i、工作场所特征 o_i、小区属性特征 p_i、邻近区域特征 v_i 和可达性特征 r_i 的维度分别设定为 10、25、8、11、21 和 15。相应地，矩阵 W^a、W^s、W^o、W^p、W^v 和 W^r 的嵌入维度分别是 5、10、5、5、10 和 7。因此，两个单层前馈网络 v 和 t 的维度都为 15。对于用户模块的融合过程，该全连接网络含有两个隐藏层，即 $n^{Fus} = 2$ 且隐藏的单位数分别是 [64, 32]。对于选择模块的 Meta-FCN，其为三层网络，即 $n^{Meta} = 3$ 且每层单元数为 [32, 8, 1]。用户模块中生成参数的全连接网络（$\{W_1^{Wei}, \cdots, W_3^{Wei}\}$）的对应维度为 $37 \times 32 = 1184$、$32 \times 8 = 256$ 和 $8 \times 1 = 8$。

3. 实验指标

均方根误差（RMSE）被用来评估模型在满意程度估计上的有效性：

$$\text{RMSE} = \sqrt{\frac{\sum_{i=1}^{n}(\hat{y}_i - y_i)^2}{n}} \tag{8.9}$$

式中，$\hat{y}_i$、y_i 和 n 分别表示模型预测的满意度、真实满意度和测试数据的数量。该指标值越小，模型估计的准确性越高。

此外，为了验证模型的实用性，本实验提出了一个名为 Rank@k 的度量指标。使用该指标来验证给出的前 k 个建议的小区是否包含用户真正满意的小区。为此，该指标只衡量对当前小区非常满意的用户（将满意度高于 0.8 的用户视为非常满意的用户），并检查前 k 个推荐中是否包含该当前小区。Rank@k 可以被形式化为

$$\text{Rank@}k = \frac{\sum_i I_k(r_i)}{t} \tag{8.10}$$

式中，t 是测试集中满意度高的用户数量；r_i 表示当前小区在推荐中的排序；$I(\cdot)$ 是 0-1 指示函数，仅当 r_i 小于或等于 k 时等于 1（即 r_i 的排名高于 $k+1$）。该指标值越大，模型的实用性越高。

8.5.2 结果分析

1. 总体性能比较

本模型比较了如下三类模型。

（1）传统回归模型　由于这些基准模型无法处理同事特征和居民特征，因此从这些基准模型的输入中删除了两种特征，即将其余特征拼接为一个向量以馈入这些基准模型。

- LR：线性回归模型；
- LASSO：应用稀疏正则的线性回归模型；
- SVR-RBF：有理基核函数的支持向量回归模型；
- RF：随机森林模型；
- FNN：前馈网络，该网络包含三个隐藏层，其维度分别为 [128, 32, 8]。

（2）HouseCritic 变种　为了进行公平的比较，我们还训练了本模型的一个变体，即未使用同事特征和居民特征，称为 HouseCritic_。

（3）适用于解决本问题的改进的深度推荐模型。

- NeuMF[134]，基于神经网络的矩阵分解模型。该模型使用 One-hot 向量表示用户和小区。另外，本实验将该论文方法中的排序损失函数更换为

- GraphRec[132]，改进的成对的深度推荐模型，提供了一种联合捕获用户-项图中的交互和意见的方法。为了适配该模型解决本问题，本实验用 HouseCritic 的小区模型和用户模型分别代替该模型原来的项目和用户建模组件。即保留该模型的评分预测组件来建模小区和用户的关系，该组件是一些由 ReLu 函数激活的堆叠构建的全连接网络。

表 8-2 给出了各算法 RMSE、Rank@10、Rank@20 和 Rank@50 的实验结果。如表所示，HouseCritic 和 HouseCritic_ 在 RMSE 和 Rank@k 指标的表现都是最好的。具体而言，①为了进行公平的比较，HouseCritic_ 与最佳基准模型（即 FNN）的 RMSE 结果相比可以从 0.212 降低到 0.139，而排名结果也至少可以提高 106%，这表明了本工作提出模型强大的表征和融合能力；②NeuMF 模型的表现非常有限，这是由于该模型并没有利用本章抽取的特征，说明了特征提取的有效性；③由于 GraphRec 模型和 HouseCritic 模型的最主要差别是因果关系的融合机制不同，实验结果证明了本章提出因果关系的模块的有效性；④通过比较 HouseCritic 和 HouseCritic_，HouseCritic 模型可以进一步提高推荐准确性和排名表现，说明采用的无监督信息有利于捕获用户偏好和小区嵌入，从而提高模型的有效性和实用性。

表 8-2　整体表现结果表

Methods	RMSE	Rank@10	Rank@20	Rank@50
LASSO	0.298	0.055	0.058	0.061
LR	0.296	0.053	0.055	0.061
SVM	0.287	0.061	0.072	0.086
RF	0.228	0.147	0.152	0.175
FNN	0.212	0.254	0.283	0.302
HouseCritic_	0.139	0.532	0.587	0.632
NeuMF	0.256	0.109	0.116	0.127
GraphRec	0.199	0.368	0.396	0.460
HouseCritic	**0.135**	**0.731**	**0.773**	**0.861**

特别是，HouseCritic 在 Rank@10 和 Rank@20 方面的表现已分别达到 0.731 和 0.773，即采用本模型，有至少 73.1% 和 77.3% 的概率在前 10 名和前 20 名即可包含令用户满意的房屋。对于前 10 名和前 20 名中的其他建议，无法定量验证，因为就像这所当前房子一样，它们是根据用户的喜好选择的，所以它们也应该会受到用户的喜欢。总而言之，通过真实应用本章所提出的方法，用户可

以准确地获得个性化推荐。

2. 特征验证

本实验验证了特征的有效性，为此将 HouseCritic 模型与以下模型变体进行了比较。

- w/o-u-p：不包含个人资料特征的 HouseCritic；
- w/o-u-s：不包含购物特征的 HouseCritic；
- w/o-u-w：不包含工作场所特征的 HouseCritic；
- w/o-u-c：不包含同事特征的 HouseCritic；
- w/o-h-p：不包含小区属性特征的 HouseCritic；
- w/o-h-v：不包含邻近区域特征的 HouseCritic；
- w/o-h-r：不包含可达性特征的 HouseCritic；
- w/o-h-n：不包含居民特征的 HouseCritic。

RMSE 和 Rank@20 的比较结果如图 8-7 所示，结果显示了每种类型的特征都是有效的。特别地，最有影响力的特征是购物特征，这表明从购物特征中提取的用户行为可以有效地指导小区的选择。另外，小区属性特征、邻近区域特征和可达性特征也至关重要，因为它们使小区有很强的区分度。举例来说，如果没有可达性功能，工作与居住地址之间的关系将无法得出，从而导致性能受限。此外，通过将所有特征组合在一起，模型可以获得最佳结果，这表明 HouseCritic 模型可以有效地捕获这些特征之间的相关性。

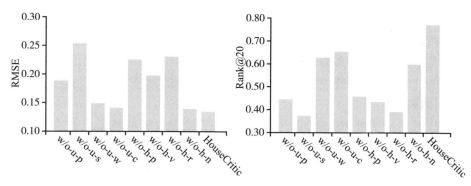

图 8-7 特征有效性验证结果图

3. 参数灵敏度

Meta-FCN 作为最重要的网络组件，本节将讨论其设置。HouseCritic 模型根据 Meta-FCN 的以下三组参数分别训练模型（其他模块的参数固定为默认值）。①$n^{\text{Meta}}=2$ 且隐藏单元数为 $[\{8,16,32,64\},1]$；②$n^{\text{Meta}}=3$ 且隐藏单元数为

[{16, 32, 64}, {4, 8, 16}, 1]，其默认参数为 [32, 8, 1]；③$n^{\text{Meta}}=4$ 且隐藏单元数为 [{16, 32, 64}, {4, 8, 16}, {4, 8, 16}, 1]，其默认参数为 [32, 16, 4, 1]。对于每项设置，在调整某层参数时固定其他层的参数为默认值。RMSE 结果绘制在图 8-8 中。

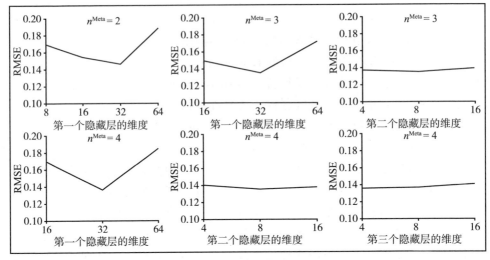

图 8-8 参数灵敏度结果图

对比这三种设置，可以发现 Meta-FCN 的性能会受隐藏层数的影响。当 $n^{\text{Meta}}<2$ 时，模型很难捕获复杂的关系；而 $n^{\text{Meta}}\geqslant 3$ 时，模型才对层数不敏感。此外，实验表明该模型对第一个隐藏层维度非常敏感，并且对后面的隐藏层维度具有鲁棒性。这是因为第一层中参数的数量最大，从而影响训练的难度。通过了解该元学习组件的性质即可以轻松设置 HouseCritic 的参数以获得更好的结果。

4. 案例分析

为了进一步了解 HouseCritic，本节使用实验中生成的数据进行案例研究。实验采用 t-SNE[136] 将用户和小区嵌入降维为二维，并绘制在图 8-9 中。

如图 8-9a 所示，小区被明显分为几个群体。通过总结每个群体的特性可以表明，当人们租房时学习的嵌入可以捕获其最关心的元素，例如学校和交通设施等。此外，图 8-9b 的顶部显示了用户嵌入的可视化效果，该视图也具有明显的聚类效果。为了展示同一群落中用户的偏好，我们找到了两个群落中的特定用户（他们对当前住房非常满意，即每个人的满意程度等于1）并标出了相应的小区在小区嵌入空间中的位置（见图 8-9b 的底部）。可以发现，相似的用户具有相似的住房偏好，这表明学习到的用户嵌入可以有效地捕获用户偏好，从而指导租房的选择。

第8章 城市租房推荐 159

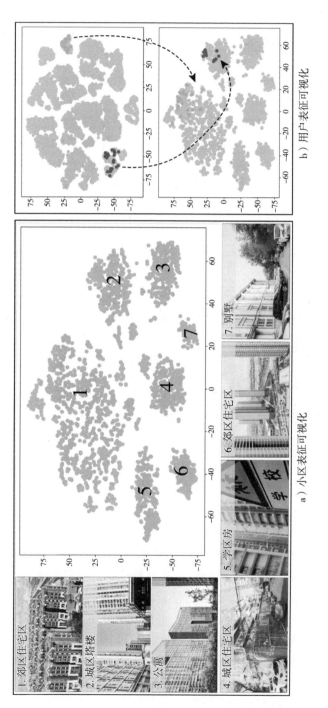

图 8-9 用户嵌入和小区嵌入的可视化

8.6 城市租房推荐系统

基于本章提出的方法，我们设计了城市租房推荐系统，并已经部署到了数据所属的电商公司，使其为该公司中的用户提供服务。图 8-10 介绍了该租房推荐系统的架构，其由三部分组成：数据源、云和客户端。数据源包括提供房产数据和交通数据的公共网站和公共/私人 Web 服务的列表。云托管了本系统的五个主要组件。数据收集器实时地从外部数据源收集数据，然后将收集的数据存储在数据库中。电子商务数据已存储在云中，为了保护用户的隐私，在使用该数据之前会使用匿名化组件来降低敏感度。接下来，将三类数据输入特征提取组件中提取上文所述的特征。然后将提取的特征通过管道传输到 HouseCritic 模块。最后，将得到的租房建议存储以支持 Web 服务，该组件为各类型的客户端访问提供接口。

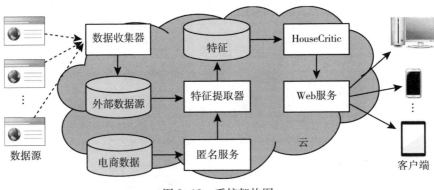

图 8-10　系统架构图

图 8-11 展示了系统的用户界面。由于该系统是基于某电商的用户系统开发的，因此使用本系统的用户需使用该电商账户登录，即本系统遵守该电商公司的用户策略以保护用户的隐私。如图 8-11a 所示，登录后用户可以选择目标城市并输入其工作地址。提交后，系统会计算并显示建议，结果如图 8-11b 所示。具体而言，地图上会概述这些推荐小区的位置，并用椭圆形代表相应区域内这些小区的简要介绍。另外，所有推荐的小区也被展示在底部的列表中。为了方便用户筛选，界面的底部还提供了一个过滤器。通过该过滤器，用户可以选择要显示的小区数量或者按通勤时间过滤这些小区。如果选择任意某个小区可以查看其详细信息，包括户型、平均价格和出租房屋等（见图 8-11c）。最后，用户可以选择其中某套房子进行租用。

a）工作场所选择　　　　b）小区推荐　　　　c）推荐详情

图 8-11　系统界面图

8.7　本章小结

本章提出了一种基于元学习的深度学习模型以解决城市租房推荐问题并深入研究了该模型的应用。为了评估特定用户对给定住房的满意度，我们首先从多源数据（包括地理、交通和电子商务等数据）中提取了针对用户和小区的特征。随后，使用提出的深度学习模型来建模用户和小区数据的因果关系并给出对应满意度。实验表明，本章提出的模型在本章所选取的数据集下将基准模型的 RMSE 和 Rank 指标提高了至少 30%，表明了该模型的有效性和实用性。

第 9 章

城市救护车部署

城市 120 急救系统能够有效地保障城市居民的生命安全，应对交通事故或急性病等突发事件。当有城市居民出现危及生命的情况时，救护车就会赶到现场对其进行紧急救治并将其送到医院。从病人打电话到救护车到达病人所在现场的时间间隔称为响应时间，响应时间越小意味着病人能够得到及时救治的概率越大。在一个城市中，由于救护车的数量是有限的，如何对其进行合理的重新部署使得平均响应时间最小是一个重要的动态城市资源智能优化问题。具体地，动态救护车重新部署旨在当一辆救护车把病人送到医院之后将该救护车重新部署回到城市中的某一个救护车站点，使得其能够更好地服务潜在的病人，从而降低整体响应时间。本章提出了一个基于数据驱动的动态救护车重新部署方法，能够大幅提升有限的救护车资源的响应效率。

本章安排如下：9.1 节阐述本章的研究背景和研究意义；9.2 节介绍本章的相关工作；9.3 节介绍相关预备知识；9.4 节介绍动态救护车重新部署方法；9.5 节通过实验对本章所提出的模型进行评估；9.6 节是本章小结。

9.1 引言

每年因突发的交通事故和疾病夺走很多人的生命。在天津，每年有超过十万人拨打 120 急救电话，需要救护车将其送到医院进行紧急医疗救治。因此，城市 120 急救系统对于拯救城市居民的生命健康有重大意义。如图 9-1a 所示，当病人拨打 120 急救电话后，急救中心就会从一个救护车站点派遣救护车到达病人所在位置，将其送到医院进行救治。对于病人来说，每一秒都至关重要，越早被送到医院，生命就越有保障。因此，降低病人从拨打 120 急救电话到被救护车救上车的时间间隔（响应时间或病人上救护车时间）至关重要。

动态救护车重新部署问题旨在当一辆救护车把病人送到医院后，将该救护车重新部署在城市中的某一个救护车站点。如图 9-1a 所示,动态救护车重新部署问题旨在当一辆救护车把病人送到医院后,将该救护车重新部署在城市中的某一个救护车站点。如图 9-1b 所示,1 号救护车已经将病人送到医院,其状态变为空驶了,需要将其重新部署到城市中的某一个救护车站点。未来病人的上车时间在很大程度上取决于当前救护车的重新部署结果。例如,1 号站点未来会有三个病人出现,如果现在将救护车重新部署到 1 号站点,未来这些病人的上车时间就能够得到降低。虽然救护车的调度(见图 9-1a 的第二步)也影响着病人的上车时间,但是在现实生活中,考虑到病人症状的严重性,急救中心往往将最近的救护车派去接送病人。根据现有的研究发现,很难找到更优的救护车调度算法能够大幅提升效率。因此,本章研究救护车的动态重新部署问题具有很好的现实意义。

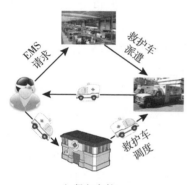

a)紧急事件　　　　　　　　　　　　　　　b)实时救护车调度

图 9-1　120 急救事件以及动态救护车重新部署

动态救护车重新部署具有很大的挑战,它需要综合考虑多种动态变化的数据。具体来说,如图 9-1b 所示,当考虑是否将 1 号救护车重新部署到某个救护车站点时,需要考虑以下五个数据:

- D1:救护车站点的空闲救护车数量。对于一个站点,如果其空闲救护车数量越少,就越需要将救护车重新部署到该站点。
- D2:救护车站点附近未来病人的数量。如果未来病人数量越多,就越需要将救护车重新部署到该站点,例如图 9-1b 中的站点 s_1 和 s_3。
- D3:救护车站点的位置。通常一个离其他站点偏远的救护车站点需要重新部署更多的救护车,例如图 9-1b 中的救护车站点 s_1。其原因在于,如果站点 s_1 没有救护车,急救中心就需要从站点 s_2、s_3、s_4、s_5 中调度车辆去接站点 s_1 附近的病人,这会大幅增加站点 s_1 附近病人的上车时间。相反，对于站点 s_3，即使其没有空闲的救护车，120 急救中心也可以从站点 s_2，s_4，s_5 调度车去接送站点 s_3 附近的病人，并不会增加多少病人的上车时间。

- D4：1 号救护车到各个站点的行驶时间。空驶时间越长，救护车的使用效率越低。因此，最好将救护车重新部署到近一些的救护车站点，例如站点 s_2 或 s_3。
- D5：其他忙碌中的救护车状态。如图 9-1b 所示，由于 2 号救护车马上就能将病人送到离站点 s_1 很近的医院，其很快也可以部署到站点 s_1。因此，将 1 号救护车重新部署到站点 s_1 就变得不太必要。

合理地动态重新部署救护车需要仔细综合考虑所有的数据 D1~D5。在之前的工作中，站点的位置（D3）和其他忙碌中的救护车状态（D5）并没有得到考虑。虽然考虑更多的数据对救护车的重新部署很有帮助，但也大大增加了重新部署的难度。为了解决这个问题，本章提出了一个基于数据驱动的动态救护车重新部署方法，其能够很好地综合考虑这五种数据，并做出高效的动态重新部署决策。具体来说，本章的贡献主要有以下几方面：

- 所提出的动态救护车重新部署方法能够很好地将五种数据 D1~D5 融入救护车的重新部署中。该方法包括两个部分：基于安全时间的紧急度指标和最优匹配算法。
- 设计了一个基于安全时间的紧急程度指标，能够很好地将站点的空闲救护车数量（D1）、附近未来病人的数量（D2）以及位置（D3）综合为站点的紧急度指标（D^*）。
- 提出了一个最优匹配算法，其将各个站点的紧急度指标（D^*）、救护车行驶到各个站点的行驶时间（D4）以及其他忙碌中的救护车状态（D5）融入救护车的重新部署中。
- 基于天津市的数据，验证了所提出的方法能够大幅提升有限救护车资源的救人效率。与现有方法相比，该方法能够平均为每个病人节省大约 4min（大约 35%）的上车时间，将 10min 之内能够上车的病人比例从 0.684 提升到 0.803。

9.2 相关工作

救护车的位置覆盖问题是指管理者对某一地区的救护车车辆网络进行部署，这个网络可以保证在一定的时间限制内救护车能够到达这一地区的任何潜在的紧急需求点。Toregas 等人[136] 研究在所有需求点都被覆盖的情况下，如何求得所需设备和位置点的最小值；Church 和 ReVelle[137] 的研究则是在设备和位置点的数目一定的条件下，如何将覆盖的范围最大化。在早期的各种解决方案中，最具有代表性的解决方案是 Fitzsimmons 和 Srikar 的方案[138]。但这些方案都是静态的，没有考虑到救护车的移动速度和救护车覆盖率之间的关系，各种解决方案并不关心救护车在需要使用的时间点该救护车是否可用，如果有一辆或更多的救护车被使用时，某些需求点就不能被覆盖。为了解决这些问题，两种解决方案被提出。一种是 Gendreau 等人[139] 提出叫作双重标准的方案，在该方案中最少需要两辆救护车，且每个需求点默认被多辆救护车所覆盖，同时还使用禁忌搜索算法来进行实验。另一种方法是 Daskin[140] 的解决方案，该方案中救护车以一定的概率处于繁忙状态，若是繁忙状态，则该救护车变得不可被调用。在紧急医疗服务中，由于呼叫请求服务的高度不确定和动态的特性，即使最初的解决方案再优秀，也有可能产生一种情况：人们进行呼叫请求时，应该对该呼叫产生回应的救护车车辆可能已经离开并且不再覆盖该呼叫区域。针对上述问题，Gendreaua 等人[141] 提出解决方案：如果接到救护请求，救护车应立即派往事发现场，但是闲置的救护车必须重新填补到空白的区域。

还有一些解决方案集中在研究如何捕捉现实的情景的变化，例如：依赖交通状况的旅行时间的变化。Malandraki 等人[142] 讨论了在不同的模型中如何结合通行时间来进行建模；Schmid 等人[143] 研究了在同一天的不同时间段中通行时间对救护车的位置覆盖问题的影响，并针对该问题建立救护车的动态分布模型，同时使用邻域搜索算法对该问题进行优化。但是 Kolesar 等人[144] 针对消防车的通行时间是否依赖于时间变化进行验证，证实消防车的平均通行时间取决于城市的距离，在一天内时间变化对通行时间的影响是十分轻微的。该结论也被 Budge 等人[145] 提出并进行反复分析与验证。这是因为救护车的通行时间有两个特点：第一，在确保安全的前提下，救护车不受行驶路线、行驶方向、行驶速度和信号灯的限制，救护车的速度比其他车辆更少受交通状况的影响；第二，救护车出行相对较少，这意味着救护车数据在时间和道路网的覆盖上是稀疏的，在非主干道上可能每年只有几趟救护车。又因为病人的分布是不均匀的，救护车的位置数据在时间和空间覆盖中都可以是稀疏的，Westgate 等人[146] 提出一种评估道路网络任意两个位置的救护车的通行时间的方案，该方案中，通行时间取决于所走的路径和其运行的时间。

救护车的调度问题研究的是在紧急情况下如何对救护车呼叫请求进行分配的问题，在某些情况下会与救护车的位置覆盖结合起来解决该问题。例如 Toro-

Díaz[147] 提供了一个完整的位置覆盖和调度问题结合的模型，用来研究在拥挤的服务系统中排队对病人的影响，并使用遗传算法来解决该问题。Andersson 等人[148] 为了更好地覆盖到整个服务地区，救护车调度方案也结合了位置覆盖问题，该方案根据呼叫请求的紧迫性和车辆在网络中的位置就近回应呼叫请求。Schmid[149] 同样如此，解决方案的设计近似动态，该方案的目标是求规划周期内呼叫请求发生的反应时间的最小值。与救护车的调度问题相似，救护车的路径规划在相关文献中被认为是在考虑灾难造成的交通状况破坏和基础建筑设施的毁坏的情况下，如何寻找从一个地点到另一个地点最短（最快）路径。如果在路径规划问题中需要服务的突发地点事先给定，则该问题其实是一个调度问题。Wex 等人[150] 针对路径规划问题建立模型，目标是使总的加权完成时间最小，并使用元启发式算法寻找最优的路径。如何将所有需要援助的病人都运往医院也是路径规划问题的一部分，Parragh 等人[151] 对上述问题进行了研究，其目标是将其从个人的起点运往目的地医院的最短时间。Schilde[152] 提供了该问题的动态的、随机的解决方案，他假设病人在被带到医院的同一天以一定的概率出院，则将其加入车辆的返回路线中，该方案的目标是最小化旅行车辆的做功或者最迟到达的时间。但在该方案中，每个病人的目的地是已知的，然而，在救灾中往往不能确定会将病人送往哪个医院。

紧急医疗救助的主要目标是在受到突发灾害影响的区域内的任何可能的地点服务受灾病人。这里的服务通常是提供"原位"协助，必要时，将病人送往医疗中心。紧急医疗救助降低死亡率的关键在于救护车响应时间，如何有效地协调救护车车队对于减少平均等待时间是至关重要的。在救护车的应用中，Ingolfsson 等人[153] 和 Zhen 等人[154] 通过预测整个网络中的旅行时间的分布来捕获不确定的旅行时间。如果将旅行时间的不确定性考虑在内可以大大减少救护车管理者决策的响应时间，在紧急情况下可以大大提高病人的存活概率。Mason 等人[155] 在确认救护车的旅行时间分布的情况下，将紧急呼叫请求后救护车的响应时间是否超过一定值作为衡量指标。旅行时间的分配也可以使用到其他应用中，包括车辆行驶方向推荐[156]、铁路车辆配置[157] 以及快递车辆的路由和调度[158] 等。

9.3 预备知识和问题定义

定义 9-1（急救请求） 病人的急救请求定义为一个元组 $r_q = (l_q, t_q^a, t_q^p)$，其中 l_q 和 t_q^a 分别是病人发送请求的地点（经纬度）和时间，t_q^p 是该请求中病人上救护车的时间。

本章的目标就是通过高效的动态救护车重新部署方法来最小化病人的平均上车时间 t_q^p。称 r_q 为 s_j 附近的急救请求，这里，如果站点 s_j 是距离请求 r_q 最近的一个救护车站点，我们称 r_q 为 s_j 附近的急救请求。

定义 9-2（救护车站点） 救护车站点定义为一个元组 $s_j = (n_j, \lambda_j, \mu_j, T_j^*, l_j, t_j)$。其中，$n_j$ 是该救护车站点当前拥有的空闲救护车数量。对于 120 急救中心，n_j 是可知的。λ_j 是该站点附近未来病人的数量，其可以根据历史的病人数据进行预测得到。μ_j 是该站点的一个阈值，用来反映该站点的位置 (D3)，本章将在 9.4.2 节提出对每个站点的阈值 μ_j 进行学习的方法。需要注意的是，n_j 和 λ_j 是随时间变化的，而 μ_j 学好后就固定不变。T_j^* 是该站点的紧急程度，其由 (n_j, λ_j, μ_j) 共同决定，推导过程见式（9.2）。l_j 是该站点的位置，t_j 是当前需要重新部署的救护车行驶到该站点所需要的行驶时间。行驶时间 t_j 可以用现成的一些方法进行估计。本章用 J 来标记救护车站点的总数。

定义 9-3（忙碌中的救护车） 忙碌中的救护车是指在病人所在现场或正在将病人送往医院的救护车，定义为一个元组 $a_i = (l_i^c, l_i^h, t_{i1}, t_{i2}, \cdots, t_{iJ})$，其中 l_i^c 为救护车当前所在位置，l_i^h 是救护车将病人送去的医院位置。对于 120 急救中心来说，l_i^c 和 l_i^h 是可知的。t_{ij} 是救护车 a_i 从当前所在位置 l_i^c 到达医院位置 l_i^h 后再回到救护车站点 s_j 所需要的行驶时间。

注意，当救护车不需要将病人送到医院时，l_i^h 为空。同样地，行驶时间 t_{ij} = time($l_i^c \to l_i^h \to l_j$) 能够用现有的行驶时间估计算法进行估计。l_j 是站点 s_j 的位置。当一辆忙碌的救护车把病人送到医院后或者完成现场的救治后，就可以被重新部署。

在后面的内容中，角标 q 表示急救请求的序号，j 表示救护车站点的序号，i 表示救护车的序号。

正如图 9-1 中展示的，当一辆救护车变得空闲时，急救中心需要将其重新部署到城市中的某一个救护车站点。因此，动态救护车重新部署问题就是综合考虑前面叙述的五种数据 D1~D5，寻找最优的救护车站点来重新部署救护车，使得有限的救护车资源的救人效率最大。

救护车的救人效率有多种定义方式，例如：病人的平均上车时间、一定时间 t_q^p（例如：10min）内能够上救护车的病人比例等。本章用病人的平均上车时间作为衡量救护车救人效率的指标，其他的指标则作为实验中的评估指标对所提出的方法进行评估（见 9.5 节）。救护车的救人效率 g 定义为

$$g = \frac{1}{Q}\sum_{q=1}^{Q} t_q^p \qquad (9.1)$$

式中，Q 是一段时间内（例如：一个月）急救请求的总数量。

9.4 基于数据驱动的动态救护车重新部署方法

9.4.1 模型框架

图 9-2 展示了所提出的基于数据驱动的动态救护车重新部署模型框架。当一辆救护车变得空闲时，首先需要获取所有的相关数据，即 D1~D5。接着，为了更好地综合考虑 D1~D5，从而做出最好的重新部署决策，所提出的方法包括两步：基于安全时间的紧急度指标和最优匹配算法。具体来说，基于安全时间的紧急度指标将每个站点 s_j 的 D1~D3 数据（n_j，λ_j，μ_j）合并成该站点的紧急度指标 T_j^*，即 D^*。然后，最优匹配算法综合考虑了每个站点的 D^*、D4 以及 D5，并得到当前救护车的重新部署决策 s_{j*}。以下内容将详细介绍基于安全时间的紧急度指标和最优匹配算法。

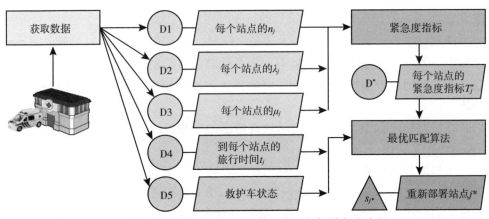

图 9-2 基于数据驱动的动态救护车重新部署方法流程

1. 基于安全时间的紧急度指标

在获得每个站点 s_j 的 D1~D3 数据（n_j，λ_j，μ_j）后，基于安全时间的紧急度指标将每个站点的 D1~D3 合并成该站点的紧急度指标（D^*）。具体来说，给定 n_j 和 λ_j，该指标首先定义一个站点 s_j 的安全时间为站点 s_j 附近第（n_j+1）

病人出现的时间。每个站点的安全时间是一个概率分布,受到 n_j 和 λ_j 的影响。接着,运用站点 s_j 的阈值 μ_j,定义一个上限值 T_j^* 使得站点 s_j 有 μ_j 的概率在 T_j^* 之前不会缺少救护车。因此,安全时间上限值 $T_j^*=h(n_j,\lambda_j,\mu_j)$ 就是所提出的紧急度指标,其值越小,站点 s_j 越紧急。

对于站点 s_j,本章提出了一个梯度下降算法来学习其阈值 μ_j,使得该站点的位置能够很好地被考虑到该站点的紧急度中。基于设计好的紧急度指标 h 以及最优匹配算法 $\mathcal{O}$(见后文),救护车的救人效率 g 可以被视为每个站点阈值 μ_j 的函数,即 $g(\mu_1,\cdots,\mu_J)$。这样,就可以运用梯度下降算法学习每个站点不同的阈值,从而提升所有救护车整体的救人效率。对于 120 急救中心来说,n_j 是已知的,λ_j 可以通过历史数据进行估计得到。

2. 最优匹配算法

如图 9-2 所示,在获得每个站点的紧急度指标 D^*(运用基于安全时间的紧急度指标)、D4 和 D5 后,最优匹配算法 $\mathcal{O}$ 旨在为当前的救护车寻找一个最优的救护车站点。定义 A^r 为一个包含忙碌中的救护车和当前救护车的集合。最优匹配算法包含两个阶段:站点选取和行驶时间最小化。第一个阶段,基于每个站点 s_j 的紧急度 T_j^*,选取最紧急的 $|A^r|$ 个站点。第二阶段,将 $|A^r|$ 辆救护车 A^r 与第一阶段选取的 $|A^r|$ 个站点进行最优匹配,使得所有救护车到达其匹配到的站点的行驶时间总和最小。从最优匹配的结果中,可以得到当前救护车的重新部署结果 s_{j*}。最优匹配算法能够将当前救护车重新部署到紧急且距离近的救护车站点,并不一定是最紧急的站点,因为可能存在其他即将进行重新部署的救护车离最紧急的站点更近。

9.4.2 紧急度指标

如图 9-2 所示,本节介绍考虑数据 D1~D5 的第一阶段,将每个站点的 D1~D3 合并成每个站点的紧急度指标 D^*。

1. 紧急度指标的设计

一个站点的安全时间是从现在起到该站点缺少救护车救治其附近病人的时间长度。给定一个站点 s_j 拥有的空闲救护车 n_j(D1),站点 s_j 的安全时间是第 (n_j+1) 个急救请求到来的时间。这意味着,在安全时间内,该站点拥有足够的救护车救治其附近的病人,因此其是安全的。一个站点的安全时间能够很好地量化该站点的紧急度,安全时间越小,紧急度越高。

除了 n_j,站点 s_j 的安全时间也受该站点附近未来病人的出现频率 λ_j(D2)的影响。出现频率越高,该站点的安全时间就越小,紧急度就越高。然而,急救请求的到来在一定程度上是随机的,根据真实数据的分析,其是一个泊松过程。因此,一个站点的安全时间本质上是一个概率分布,本章用 $f(t; n_j+1, \lambda_j)$ 来标记该概率分布,并将在下面给出推导过程。

对于一个站点 s_j,给定其安全时间分布 $f(t; n_j+1, \lambda_j)$(从 D1 和 D2 获得)以及其阈值 $\mu_j \in (0, 1)$(D3),定义其安全时间上限值 T_j^* 使得站点 s_j 的安全时间大于 T_j^* 的概率至少为 μ_j(图 9-3 给出了一个例子),即

$$T_j^* = \sup_T \left\{ \int_T^\infty f(t; n_j + 1, \lambda_j) \mathrm{d}t \geq \mu_j \right\} \tag{9.2}$$

一个站点的基于安全时间的紧急度指标就是该站点的安全时间上限值。对于一个站点 s_j,基于安全时间的紧急度指标就是式(9.2)中的 T_j^*。紧急度指标 T_j^* 越小,站点 s_j 越紧急。给定 n_j、λ_j 以及 μ_j,基于式(9.2),可以运用数值计算获得站点 s_j 的紧急度 T_j^*。为了方便起见,将式(9.2)简化为

$$T_j^* = h(n_j, \lambda_j, \mu_j) \tag{9.3}$$

每个站点 s_j 的阈值 μ_j 可以是不同的,本节将介绍如何学习每个站点的阈值。一个站点的阈值非常重要。如图 9-3 所示,如果该站点 s_j 的阈值 μ_j 越大,该站点紧急度指标 T_j^* 就会下降,紧急度就会上升,救护车就更可能被重新部署到该站点。

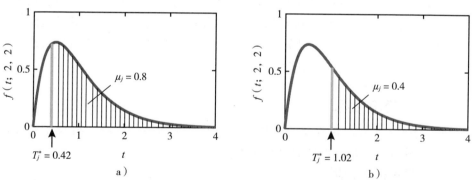

图 9-3 当安全时间 $f(t; 2, 2)$ 是一个伽马分布时,其概率分布以及上限值 T_j^*

除了上述式(9.2)中的安全时间上限值 T_j^*,基于安全时间分布,可以推导出另外两个相似的基于安全时间的紧急度指标。首先,可以用平均安全时间 $\overline{T}_j$ 作为站点的紧急度指标

$$\overline{T}_j = \int_0^\infty f(t; n_j + 1, \lambda_j) t \mathrm{d}t \tag{9.4}$$

其次，与式（9.2）相反，给定一个固定的时间长度 T_j（例如 1h），可以计算站点 s_j 的安全时间大于 T_j 的概率 μ_j^*，即 μ_j^* 为站点在时间 T_j 内不缺救护车的概率

$$\mu_j^* = \int_{T_j}^{\infty} f(t; n_j + 1, \lambda_j) \mathrm{d}t \tag{9.5}$$

很显然，对于站点 s_j，其 $\overline{T_j}$ 和 μ_j^* 越小，其越紧急。

基于实验结果可以发现，这三个紧急度指标的效果很接近。本章主要考虑第一个紧急度指标，即式（9.2）。

2. 安全时间的概率分布

为了计算每个站点 s_j 的安全时间上限值 T_j^*［式（9.2）］，需要估计安全时间的概率分布 $f(t; n_j+1, \lambda_j)$。因此，这里首先需要研究每个站点 s_j 附近急救请求的出现模式，其影响着 $f(t; n_j+1, \lambda_j)$ 的数学形式。

如图 9-4 所示，根据真实数据的分析结果，每个站点 s_j 附近的急救请求的到来是一个泊松过程。泊松过程是现实世界中非常常见的，其核心特征是任意两个连续到来的急救请求的时间间隔都服从一个如图 9-4a 所示的指数分布。这意味着站点 s_j 附近的急救请求的到来取决于 λ_j。指数分布 $\exp(t; \lambda)$ 的数学表示是

$$\exp(t; \lambda) = \lambda \mathrm{e}^{-\lambda t}, t \geq 0 \tag{9.6}$$

对于出现频率为 λ 的泊松过程，有另外两个重要的统计结果：①一个时间段内出现的急救请求个数是一个如图 9-4b 所示的泊松分布；②如图 9-4c 所示，理论上，泊松分布和指数分布的参数是相等的。

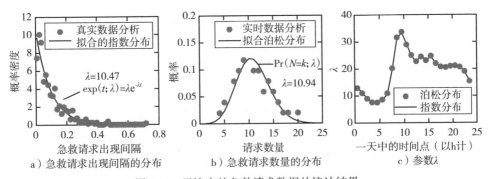

图 9-4 天津市的急救请求数据的统计结果

基于泊松过程，对于每个站点 s_j，可以推导其安全时间的概率分布 $f(t; n_j+1, \lambda_j)$。站点 s_j 的安全时间是其附近第 (n_j+1) 个急救请求出现的时间。因此，

①当站点 s_j 没有空闲的救护车时，即 $n_j=0$ 时，其安全时间的分布就是该站点附近下一个急救请求出现的时间，即指数分布 $\exp(t;\lambda_j)$；②当站点 s_j 有 $n_j>0$ 辆空闲的救护车时，由于该站点附近的每个急救请求的出现都是独立同分布的泊松过程，因此第 (n_j+1) 个急救请求出现的时间就是 $T_j+T_j+\cdots+T_j$，标记为 $(n_j+1)T_j$。基于统计学理论，当 T_j 为独立同分布的指数分布 $\exp(t;\lambda_j)$ 时，$(n_j+1)T_j$ 就是一个伽马分布 $\Gamma(t;\alpha,\beta)$，其中 $\alpha=n_j+1$，$\beta=\lambda_j$。因此，站点 s_j 的安全时间分布 $f(t;n_j+1)$ 是伽马分布 $\Gamma(t;n_j+1,\lambda_j)$：

$$f(t;n_j+1,\lambda_j)=\frac{\lambda_j^{n_j+1}t^{n_j}e^{-\lambda_j t}}{n_j!},t\geqslant 0 \tag{9.7}$$

由于指数分布 $\exp(t;\lambda_j)$ 也是一个伽马分布 $\Gamma(t;\alpha=1,\beta=\lambda_j)$，因此无论 $n_j=0$ 还是 $n_j>0$，站点 s_j 的安全时间分布 $f(t;n_j+1,\lambda_j)$ 即为伽马分布 $\Gamma(t;\alpha=n_j+1,\beta=\lambda_j)$。图9-3展示了一个站点的安全时间的概率分布以及其对应安全时间上限值。

基于式（9.7），为了获取一个站点的安全时间分布 $f(t;n_j+1,\lambda_j)$，现在只需要预测一个站点 s_j 附近急救请求到来的频率 λ_j，例如预测下一小时的 λ_j。当一辆救护车变得空闲时，就需要预测每个站点的 λ_j 从而获得其紧急度 T_j^*。对于该预测问题，有很多现成的方法可以直接使用。这些预测算法考虑很多相关因素，例如急救请求之间的时间和空间相关性、天气、人口分布等。由于本章的主要工作是设计动态救护车重新部署方法，因此不失一般性，本章使用历史数据的均值作为预测值。

3. 站点阈值的学习

为了考虑不同站点的不同位置，需要为不同的站点设置不同的阈值。如图9-5中的天津市救护车站点位置分布，站点 s_{31}，s_{20}，s_6，s_4 远离市区内的其他救护车站点。因此，为了降低这些救护车站点的安全时间上限（提升紧急度），应该为它们设置较大的阈值。其原因在于，如果站点 s_{31}，s_{20}，s_6，s_4 没有空闲的救护车，急救中心就得从市区内的救护车站点派救护车去救这些站点附近的病人，这会大幅增加这些病人的上车时间，导致部分病人不能得到及时的救治。

为了解决这个问题，本章提出了一个方法来自动地学习每个站点 s_j 最优的阈值 μ_j。该方法包含两步。首先，将该问题定义成一个优化问题（9.8）。由于紧急度指标 h 和最优匹配算法 $\mathcal{O}$ 是固定的，救护车的救人效率 g 可以视为每个站点阈值 μ_j 的函数，即 $g(\mu_1,\cdots,\mu_J)$，优化目标就是学习阈值 $(\mu_1,\cdots,\mu_J)$ 使得 g 最优：

图9-5 天津市的数据集：急救请求记录数据、路网数据、救护车站点数据

$$\min_{\mu_j \in (0,1)} g(\mu_1, \cdots, \mu_J) \tag{9.8}$$

其次，提出了一个梯度下降算法来自动求解优化问题（9.8），从而得到每个站点的近似最优阈值。该梯度下降算法是

$$\mu_j = \mu_j - \alpha \frac{\partial g(\mu_1, \cdots, \mu_J)}{\partial \mu_j}, j = 1, \cdots, J \tag{9.9}$$

其中，α 是学习率。通过不断迭代，μ_j 可以不断得到优化。然而，在这个问题中，并没有 $\partial g/\partial \mu_j$ 的数学公式。因此，本章利用 $\partial g/\partial \mu_j$ 的定义及式（9.10）来计算 g 对 μ_j 的偏导：

$$\frac{\partial g}{\partial \mu_j} \approx \frac{1}{\Delta \mu}(g(\mu_1, \cdots, \mu_j + \Delta \mu, \cdots, \mu_J) - g(\mu_1, \cdots, \mu_j, \cdots, \mu_J)) \tag{9.10}$$

对每个站点阈值的学习并不需要在真实世界的120急救系统中进行。一个可行的方案是利用仿真来学习每个站点的阈值。仿真已经广泛应用于120急救系统，一个好的仿真能够很好地模拟真实的急救系统。具体来说，为了计算式（9.10）中救护车的救人效率 $g(\mu_1, \cdots, \mu_J)$，在当前的阈值 $(\mu_j, \cdots, \mu_J)$ 下，运用紧急度指标 h 和最优匹配算法，仿真一周或一个月的急救系统，就能得到救护车的救人效率。接着可以利用式（9.10）进行梯度的计算，以及基于式（9.9），就能够对每个站点的阈值进行更新了。由于每个站点的阈值反映的是该站点的位置信息，是非常鲁棒的（见9.5.2节），因此仿真系统中学习的阈值也可以很好地应用到真实的急救系统中。

9.4.3 最优匹配算法

如图 9-6 所示，本节介绍最优匹配算法，其将 D^*、D4 和 D5 融入动态救护车重新部署决策中。该算法分为两个阶段：站点选取和行驶时间最小化。

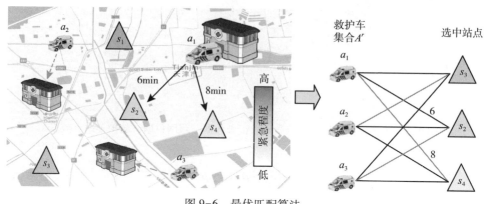

图 9-6 最优匹配算法

1. 站点选取

正如 9.4.1 节中所阐述的，阶段一站点选取是为了选取最紧急的 $|A^r|$ 个救护车站点。定义 A^r 为包含忙碌中的救护车和当前救护车的集合，例如，在图 9-6 中，$A^r = \{a_1, a_2, a_3\}$。正式地，站点选取问题旨在最大化所有站点的安全时间上限的最低值：

$$\max_{n_j^r} \quad \min\{T_j^* = h(n_j + n_j^r, \lambda_j, \mu_j), j \in \{1, 2, \cdots, J\}\}$$

$$\text{s.t.} \begin{cases} \sum_{j=1}^{J} n_j^r = |A^r| \\ n_j^r \in \{0\} \cup \mathbb{Z}_+, \forall j \in \{1, 2, \cdots, J\} \end{cases} \quad (9.11)$$

式中，$n_j^r, j \in \{1, 2, \cdots, J\}$ 是决策变量，表示重新部署到站点 s_j 的救护车数量。基于式 (9.3)，$h(n_j + n_j^r, \lambda_j, \mu_j)$ 计算每个站点的安全时间上限值。第一个约束要求选取的救护车站点数量必须和 A^r 中的救护车数量相等。注意到，如果一个站点非常紧急，其可以被选取多次，即 n_j^r 可以大于 1。

为了求解这个优化问题，本章提出了一个贪心算法，其包括三步：①选取安全时间上限最小的站点 s_{j^o}，并更新 $n_{j^o}^r = n_{j^o}^r + 1$；②更新每个站点的紧急度，即 $h(n_{j^o} + n_{j^o}^r, \lambda_{j^o}, \mu_{j^o})$；③重复步骤 1~2，直到选取了 $|A^r|$ 个站点。该贪心算法

的时间复杂度是 $O(|A^r|)$。在图 9-6 所示的例子中，选取的最紧急的站点是 s_3、s_2 和 s_4。

对于该优化问题，可以证明上述的贪心算法能得到最优解。假设贪心算法的解是 n_j^r，$j \in \{1, 2, \cdots, J\}$，而最优解是 n_j^{ro}，$j \in \{1, 2, \cdots, J\}$，可以证明贪心算法的解就是最优解，即 $n_j^r = n_j^{ro}$，$\forall j \in \{1, 2, \cdots, J\}$。下面进行这个证明。如果存在一个站点 $s_{j'}$，其 $n_{j'}^{ro} < n_{j'}^r$，即 $n_{j'}^{ro} \leq n_{j'}^r - 1$，那么 $h(n_{j'} + n_{j'}^{ro}, \lambda_{j'}, \mu_{j'}) \leq h(n_{j'} + n_{j'}^r - 1, \lambda_{j'}, \mu_{j'})$。因此，有 $h(n_{j'} + n_{j'}^r - 1, \lambda_{j'}, \mu_{j'}) < \min\{h(n_j + n_j^{ro}, \lambda_j, \mu_j), \forall j\}$，否则贪心算法不会在选取站点 $s_{j'}$ $n_{j'}^r - 1$ 次后再次选取站点 $s_{j'}$。这就导致 $\min\{h(n_j + n_j^{ro}, \lambda_j, \mu_j), \forall j\} \leq h(n_{j'} + n_{j'}^{ro}, \lambda_{j'}, \mu_{j'}) \leq h(n_{j'} + n_{j'}^r - 1, \lambda_{j'}, \mu_{j'}) < \min\{h(n_j + n_j^r, \lambda_j, \mu_j), \forall j\}$，意味着贪心算法的解比最优解更好。因此，对于所有的站点 s_j，$n_j^{ro} \geq n_j^r$ 必须成立。由于 $|A^r| = \sum_{j=1}^{J} n_j^{ro} \geq \sum_{j=1}^{J} n_j^r = |A^r|$，唯一的可能性就是对于所有的站点 s_j，$n_j^{ro} = n_j^r$ 都成立，即贪心算法的解就是最优解。

2. 行驶时间最小化

阶段二行驶时间最小化的目的是将 A^r 中的救护车与选取的 $|A^r|$ 个站点进行匹配，其目标是最小化 $|A^r|$ 中的所有救护车到达其各自匹配到的站点的行驶时间总和。行驶时间最小化问题是一个组合优化问题

$$\begin{cases} \min\limits_{x_{ij}} \sum\limits_{a_i \in A^r} \sum\limits_{j=1}^{J} t_{ij} x_{ij} \\ \text{s.t.} \begin{cases} \sum\limits_{j=1}^{J} x_{ij} = 1, \forall a_i \in A^r \\ \sum\limits_{a_i \in A^r} x_{ij} = n_j^r, \forall j \\ x_{ij} \in \{0, 1\}, \forall a_i, \forall j \end{cases} \end{cases} \quad (9.12)$$

式中，$x_{ij} = 1$ 意味着救护车 a_i 被重新部署到站点 s_j，否则 $x_{ij} = 0$；t_{ij} 是估计的救护车 $a_i \in A^r$ 到达站点 s_j，$j \in \{1, 2, \cdots, J\}$ 所需要的行驶时间。行驶时间 t_{ij} 的估计可以用现有的行驶时间估计方法。第一个约束要求每辆救护车 a_i 都必须被重新部署到某一个选取的站点。第二个约束要求重新部署到每个站点 s_j 的救护车数量必须等于该站点在阶段一被选取的次数。

该组合优化问题是一个典型的分配问题，可以用匈牙利算法对其进行求解并得到最优解。匈牙利算法时间复杂度仅为 $O(|A^r|^3)$，而暴力解法的时间复杂度是 $O(|A^r|!)$。对于图 9-5 中的例子，最优的匹配结果是 $a_1 \rightarrow s_4$，$a_2 \rightarrow s_3$，$a_3 \rightarrow$

s_2。从这个结果中,可以知道当前的救护车 a_1 应该重新部署到站点 s_4。在救护车重新部署问题中,$|A^r|$ 通常是很小的,这是因为每小时的急救请求是比较少的(大约20个)。因此,所提出的时间复杂度为 $O(|A^r|+|A^r|^3)$ 的最优匹配算法 O 是非常高效的,能够满足真实系统的要求。

9.5 实验方案与结果分析

9.5.1 实验方案

1. 数据集

为了评估所提出的动态救护车重新部署方法,本章运用天津市数据进行实验验证,其包括:①急救请求记录数据;②路网数据;③救护车站点和医院位置数据;④救护车的 GPS 轨迹数据。

1)**急救请求记录数据**。急救请求记录数据包含了天津市 2014 年 10 月 1 日至 2014 年 11 月 21 日总共 51 天的数据。每一条急救请求记录包括时间、经度和纬度。51 天里,总共收集了 23549 个急救请求记录,平均每天的请求记录有 462 条,平均每个小时大概 20 条。急救请求记录数据的时间和空间分布分别如图 9-4c 和图 9-5 所示。

2)**路网数据**。路网数据包含了天津市的路网信息,包括节点的经纬度,路段的起点、终点、长度和限速等,总共收集了 99007 个节点数据和 133726 个路段数据。图 9-5 展示了天津市的路网分布。

3)**救护车站点和医院位置数据**。天津市总共有 34 个救护车站点⊖以及 41 家中大型医院。救护车站点位置分布如图 9-5 所示。

4)**救护车的 GPS 轨迹数据**。本章收集了 51 天的救护车的 GPS 轨迹数据。根据救护车的 GPS 轨迹数据以及急救请求数据,可以得到救护车花在病人所在现场和医院的时间。如图 9-7 所示,救护车在现场和医院的时间都可以视为指数分布,分别是 exp(0.0934) 和 exp(0.2260)。

本章将前 31 天的数据作为训练数据来学习每个站点 s_j 附近未来一小时急救请求的出现频率 λ_j 以及每个站点 s_j 的阈值 μ_j。余下的 20 天用作测试数据来评估所提出的动态救护车重新部署算法的效果。

⊖ 天津市的救护车站点位置是基于救护车的 GPS 轨迹数据分析得到的。

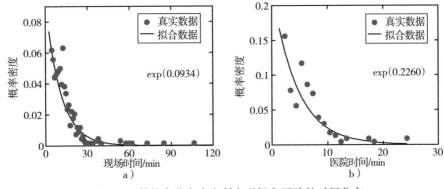

图 9-7 救护车花在病人所在现场和医院的时间分布

2. 实验设置

基于上述数据,可以构建一个仿真系统来模拟真实的 120 急救系统。本章的仿真系统的设置如下:①在仿真开始之前,每个站点的空闲救护车数量与该站点附近的急救请求数量成正比。②每个急救请求按照真实数据中的时间和地点出现。③对于每个出现的病人(急救请求),急救中心都从最近的有空闲救护车的站点中派遣救护车去接送该病人,这样该病人能够最快地被救治。如果所有的救护车站点都没有空闲的救护车,那该请求就进入等待队列,当有空闲的救护车后,按照队列"先进先出"的规则进行救护车派遣。④当一辆救护车到达病人所在的现场时,该救护车在现场花费的时间服从指数分布 exp (0.0934)(见图 9-7a)。⑤在现场救治之后,病人有 0.8 的概率需要被送到医院。概率 0.8 是参考已有工作进行设置的,其通过分析荷兰的数据得到。也就是说,并不是所有的病人都需要送到医院救治,病人有 0.2 的概率只需要现场救治。⑥如果一个病人需要被送到医院,那么一个医院被选中的概率与从现场到医院的行驶时间呈负相关,即病人通常都被送到较近的医院。⑦当一辆救护车把病人送到医院后,其在医院花费的时间也是一个指数分布,如图 9-7b 所示。⑧对于任意两个地点 l_1 和 l_2,救护车从 l_1 到 l_2 的行驶时间为连接 l_1 和 l_2 的所有可能路径中的最短时间。每个路段的行驶时间是基于该路段的长度和限速设置的。

3. 评估指标

为了评估动态救护车重新部署方法的效果,本章用以下几个评估指标:

$$\begin{cases} \text{AvgPT} = \dfrac{1}{Q} \sum_{q=1}^{Q} t_q^p \\ \text{Ratio10} = \dfrac{1}{Q} \sum_{q=1}^{Q} \| t_q^p \leq 10 \| \end{cases} \quad (9.13)$$

式中，AvgPT 表示病人的平均上车时间；Ratio10 表示在 10min 之内上车的病人比例。如果病人 q 在 10min 之内上车，那么 $\|t_q^p \leq 10\| = 1$；否则 $\|t_q^p \leq 10\| = 0$。

最近，学者们提出了一些不同的生存函数作为评估指标。因此，本章也用生存函数作为评估指标。急救请求可以分为三类：A 类——生命受到威胁的；B 类——严重但是无生命威胁；C 类——不严重也无生命威胁。对于 A 类，其可以分为两个子类：A1 类——心脏病患者和 A2 类——其他患者。A1 和 A2 类病人的生存函数为

$$\begin{cases} \text{A1. Sur} = \dfrac{1}{|R_{A1}|} \sum_{r_q \in R_{A1}} \dfrac{1}{1 + \exp(-0.26 + 0.139 t_q^p)} \\ \text{A2. Sur} = \dfrac{1}{|R_{A2}|} \sum_{r_q \in R_{A2}} \|t_q^p \leq 8\| \end{cases} \quad (9.14)$$

式中，R_{A1} 和 R_{A2} 分别是 A1 和 A2 类急救请求。对于 A2 类病人，其生存函数是一个阶梯函数。对于 B 类和 C 类急救请求，其没有生命威胁，因此，评估指标为

$$\begin{cases} \text{B. Ratio14} = \dfrac{1}{|R_B|} \sum_{r_q \in R_B} \|t_q^p \leq 14\| \\ \text{C. Ratio21} = \dfrac{1}{|R_C|} \sum_{r_q \in R_C} \|t_q^p \leq 21\| \end{cases} \quad (9.15)$$

相似地，R_B 和 R_C 为 B 类和 C 类病人的集合。由于本章的数据集中并没有每个病人的所属种类，因此对于每个病人，本章设置其为 A1、A2、B 和 C 类的概率分别 0.132、0.296、0.400 和 0.172。

4. 对比方法

为了更好地评估所提出的动态救护车重新部署算法，本章的方法同以下方法进行对比。

- B1：RS 方法随机地选取一个救护车站点来部署空闲的救护车。
- B2：NS 方法将空闲的救护车部署到最近的救护车站点。
- B3：LS 方法将空闲的救护车部署到空闲救护车数量最少的救护车站点。如果有不止一个站点拥有最少的空闲救护车数量，LS 方法将从中随机选取一个救护车站点。
- B4：ERTM 方法是一个静态的救护车重新部署方法。该类方法首先为每辆救护车确定一个基站点，当一辆救护车变得空闲时，就直接将该救护

车部署到其基站点，即救护车从哪个站点出发就回到哪个站点。当确定每辆救护车的基站点时，ERTM 算法尝试最小化急救请求到救护车站点的平均行驶时间。

- B5：MEXCLP 方法也是一个静态的救护车重新部署方法。当为每辆救护车选取基站点时，MEXCLP 方法尝试最大化站点的期望覆盖率。基于已有研究的对比结果，ERTM 方法和 MEXCLP 方法是最好的两个静态方法。
- B6：DMEXCLP 方法是 MEXCLP 方法的动态版本。具体来说，当一辆救护车变得空闲时，DMEXCLP 方法将其重新部署到一个能使急救系统边际覆盖率最大的一个站点。

本章的重新部署方法考虑了三个因素，即紧急度指标、忙碌中的救护车状态以及站点的位置。为了评估这三个因素的重要性，本章也与以下几个方法进行对比，这些方法只考虑了部分因素：

- M1：ST（1）方法将空闲的救护车部署到紧急度最高的站点。该方法中，紧急度的定义是基于式（9.3）。在 ST（1）方法中，每个站点的阈值 μ_j 是一样的，设定每个站点的 $\mu_j = 0.3$。另一方面，ST（1）方法也不考虑忙碌中的救护车状态。与 ST（1）方法类似，也可以定义 ST（2）方法和 ST（3）方法。
- M2：ST(2) 方法的紧急度指标是基于式（9.4）。
- M3：ST(3) 方法的紧急度指标是基于式（9.5）。
- M4：ST(1)+SDT 方法也是直接将空闲的救护车部署到紧急度最高的站点，也没有考虑忙碌中的救护车状态。但是，ST（1）+SDT 方法会为每个站点学习不同的阈值。具体来说，在学习每个站点的阈值时，用 ST（1）+SDT 方法替换 $\mathcal{O}$，其他过程保持不变。
- M5：ST(1)+ARS 方法中，每个站点 s_j 的阈值是一样的，都是 $\mu_j = 0.3$。然而在 ST（1）+ARS 方法中，会考虑忙碌中的救护车状态，运用最优匹配算法 $\mathcal{O}$。
- M6：ST(1)+SDT+ARS 方法就是本章完整的方法，考虑了所有的三个因素。

9.5.2 结果分析

1. 效果对比

本章进行了大量的实验来对比上述的救护车重新部署方法。在实验中，设置急救系统中的救护车数量为 50~90。实验结果见表 9-1 和表 9-2，从中可以得到以下结论。

表 9-1 本章的救护车重新部署方法 M6 与对比方法 B1~B6 的对比结果

#ambu	Metrics	B1	B2	B3	B4	B5	B6	M6	Improve(%)
50	AvgPT	21.10	12.78	14.66	13.39	16.34	**11.58**	7.546	4.038(34.8%)
	Ratio10	0.427	0.561	0.620	0.642	0.566	**0.684**	0.803	0.119(17.3%)
	A1.Sur	0.254	0.276	0.320	**0.328**	0.304	0.325	0.368	0.040(12.1%)
	A2.Sur	0.419	0.464	0.614	0.614	0.548	**0.625**	0.732	0.107(17.1%)
	B.Ratio14	0.664	0.716	0.775	0.802	0.776	**0.822**	0.885	0.063(7.66%)
	C.Ratio21	0.819	0.861	0.872	0.889	0.899	**0.913**	0.946	0.033(3.61%)
60	AvgPT	13.70	12.55	9.689	**8.417**	9.267	8.497	6.540	1.877(22.3%)
	Ratio10	0.551	0.569	0.756	**0.785**	0.737	0.775	0.847	0.062(7.89%)
	A1.Sur	0.271	0.280	0.354	**0.365**	0.332	0.349	0.390	0.025(6.84%)
	A2.Sur	0.465	0.470	0.695	**0.718**	0.637	0.688	0.793	0.075(10.4%)
	B.Ratio14	0.708	0.722	0.829	0.858	0.843	**0.864**	0.907	0.043(4.97%)
	C.Ratio21	0.850	0.868	0.899	0.931	0.928	**0.941**	0.961	0.020(2.12%)
70	AvgPT	12.80	12.27	8.528	7.384	7.725	**7.359**	6.126	1.232(16.7%)
	Ratio10	0.581	0.584	0.793	0.821	0.803	**0.826**	0.863	0.037(4.47%)
	A1.Sur	0.277	0.286	0.372	**0.383**	0.358	0.370	0.404	0.021(5.48%)
	A2.Sur	0.481	0.483	0.744	**0.770**	0.719	0.750	0.811	0.041(5.32%)
	B.Ratio14	0.726	0.735	0.853	0.883	0.887	**0.894**	0.915	0.021(2.34%)
	C.Ratio21	0.859	0.876	0.915	0.938	**0.955**	0.955	0.962	0.007(0.73%)
80	AvgPT	12.40	12.07	7.785	7.075	7.118	**6.767**	5.919	0.848(12.5%)
	Ratio10	0.595	0.594	0.813	0.832	0.840	**0.853**	0.869	0.016(1.87%)
	A1.Sur	0.288	0.290	0.388	**0.394**	0.376	0.383	0.408	0.014(3.55%)
	A2.Sur	0.497	0.492	0.767	0.783	0.774	**0.788**	0.830	0.042(5.32%)
	B.Ratio14	0.736	0.742	0.867	0.883	0.898	**0.908**	0.918	0.010(1.10%)
	C.Ratio21	0.868	0.875	0.927	0.943	0.958	**0.960**	0.963	0.003(0.31%)
90	AvgPT	12.36	12.06	7.302	6.888	6.696	**6.421**	5.778	0.643(10.0%)
	Ratio10	0.599	0.592	0.825	0.837	0.855	**0.866**	0.874	0.008(0.92%)
	A1.Sur	0.285	0.286	0.394	**0.398**	0.384	0.393	0.412	0.014(3.51%)
	A2.Sur	0.503	0.493	0.784	0.796	0.791	**0.816**	0.832	0.016(1.96%)
	B.Ratio14	0.739	0.744	0.876	0.887	0.910	**0.913**	0.920	0.007(0.76%)
	C.Ratio21	0.866	0.880	0.936	0.943	0.960	**0.962**	0.963	0.001(0.10%)

表 9-2 本章的救护车重新部署方法 M6 与对比方法 M1~M5 的对比结果

#ambu	Metrics	M1	M2	M3	M4	M5	M6
50	AvgPT	11.95	11.82	12.70	11.72	7.897	**7.546**
	Ratio10	0.673	0.677	0.664	0.671	0.790	**0.803**
	A1. Sur	0.338	0.338	0.341	0.335	0.367	**0.368**
	A2. Sur	0.650	0.651	0.652	0.638	0.729	**0.732**
	B. Ratio14	0.818	0.816	0.811	0.818	0.866	**0.885**
	C. Ratio21	0.898	0.904	0.899	0.904	0.938	**0.946**
60	AvgPT	7.848	7.905	7.966	7.424	6.931	**6.540**
	Ratio10	0.796	0.795	0.796	0.810	0.829	**0.847**
	A1. Sur	0.374	0.371	0.374	0.373	0.387	**0.390**
	A2. Sur	0.741	0.738	0.742	0.742	0.778	**0.793**
	B. Ratio14	0.868	0.867	0.864	0.887	0.892	**0.907**
	C. Ratio21	0.929	0.933	0.933	0.945	0.949	**0.961**
70	AvgPT	6.853	6.883	6.979	6.425	6.398	**6.126**
	Ratio10	0.833	0.832	0.832	0.851	0.848	**0.863**
	A1. Sur	0.390	0.390	0.391	0.395	0.400	**0.404**
	A2. Sur	0.787	0.786	0.786	0.798	0.803	**0.811**
	B. Ratio14	0.893	0.892	0.889	0.909	0.903	**0.915**
	C. Ratio21	0.947	0.948	0.941	0.962	0.954	**0.962**
80	AvgPT	6.347	6.366	6.414	6.027	6.096	**5.919**
	Ratio10	0.851	0.850	0.850	0.866	0.860	**0.869**
	A1. Sur	0.402	0.399	0.402	0.407	0.404	**0.408**
	A2. Sur	0.809	0.810	0.810	0.820	0.817	**0.830**
	B. Ratio14	0.903	0.905	0.900	0.917	0.911	**0.918**
	C. Ratio21	0.953	0.955	0.952	0.960	0.959	**0.963**
90	AvgPT	6.057	6.072	6.065	5.834	5.918	**5.778**
	Ratio10	0.861	0.861	0.862	0.872	0.867	**0.874**
	A1. Sur	0.405	0.407	0.406	0.411	0.409	**0.412**
	A2. Sur	0.821	0.818	0.821	0.831	0.824	**0.832**
	B. Ratio14	0.910	0.910	0.909	0.919	0.917	**0.920**
	C. Ratio21	0.957	0.958	0.959	0.962	0.960	**0.963**

第一，所提出的方法（ST(1)+SDT+ARS）取得了最好的评估结果，在每个评估指标中都优于所有的对比方法。例如，当救护车的数量#ambu=50时，相

比于已有的重新部署方法，所提出的方法 ST(1)+SDT+ARS(M6) 能够为每个病人节省 4.038min 的平均上车时间（约35%），将 10min 之内上车的病人比例从 0.684 提升到 0.803（约17%）。这个提升是非常显著的。因此，本章的救护车重新部署方法能够大大提升有限的救护车资源的救人效率，从而拯救更多人的生命健康。

第二，所设计的基于安全时间的紧急度指标是非常高效的。正如两个表中所展示的，即使没有学习站点的阈值，本章的 ST(1) 方法、ST(2) 方法和 ST(3) 方法（M1、M2 和 M3）都取得了与现有方法接近的结果。这就说明，基于安全时间的紧急度指标能够很好地刻画每个站点真实的紧急程度。

第三，通过学习每个站点的阈值，ST(1)+SDT 方法（M4）已经能够优于所有的已有方法，也显著地比 ST(1)方法(M1)好。这就验证了考虑不同的站点位置（D3）并为其学习不同的阈值是至关重要的。

第四，所提出的最优匹配算法能够很好地综合 D^*、D4 和 D5，从而更为显著地提升救护车的救人效率。从结果中也可以看出，ST(1)+ARS 方法已经大幅度地优于已有的方法。因此，考虑忙碌中的救护车的状态（D5）也是非常必要的。

2. 深度分析

本节深度地分析了所提出的动态救护车重新部署方法是如何提升救护车的救人效率的。首先，考虑不同站点附近不同时间段的病人的上车时间，如果一个病人是被最近的救护车站点的救护车救到，就称该病人是最快被救上车的。如果一个病人不是由最近的站点派救护车，那么其上车时间将会延长。对于每个救护车站点和每个时间段，计算以下两个指标：①该站点附近没有最快被救上的病人数量 NWPU；②该站点附近病人的平均被延长救治的时间 AAPT。很显然，对于这两个指标，越小越好。基于这两个指标，就可以解释为什么本章的救护车重新部署方法能够提升救护车的救人效率。具体地，设置 #ambu = 60 并进行大量的实验，得到如图 9-8 所示的结果。其中，图 9-8a、d、g 描述的是不同方法的 NWPU 与一个周期内请求数量之间的关系，图 9-8b、e、h 描述的是不同方法的 NWPU 与各站点请求数量之间的关系，图 9-8c、f、i 描述的是不同方法的 AAPT 与一个周期内请求数量之间的关系。

第一，如图 9-8c 所示，不同的站点有不同的 AAPT。通过给那些 AAPT 高的站点设置高的阈值，ST（1）+SDT 能够大幅降低这些站点的没有最快被救上的病人数量 NWPU。例如，在图 9-8c 中，站点 s_6，s_4，s_{20} 和 s_{31} 拥有最高的 AAPT（这些站点都远离市中心的救护车站点，见图 9-5）。通过为这些站点设置更高的阈值[○]，这些站点的 NWPU 被大大降低，如图 9-8b 所示。究其原因是，拥有更大的阈值，更多的救护车就会被重新部署到这些站点，从而这些站点附近更多的病人就能得到最快的救治。最终，所有病人的平均上车时间得到大幅降低。该结果与为不同站点设置不同的阈值的初衷是一致的。

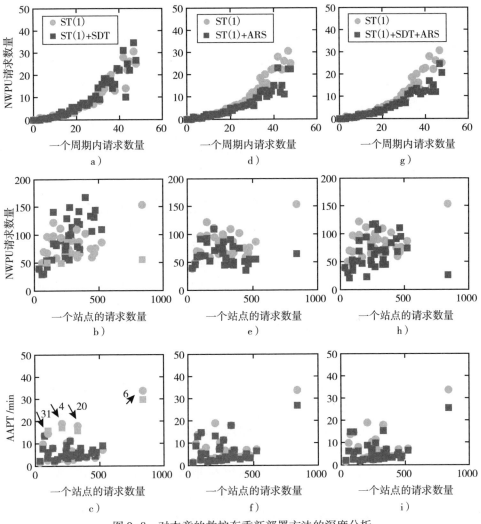

图 9-8 对本章的救护车重新部署方法的深度分析

[○] 对于 ST(1)+SDT 方法，站点 s_6、s_4、s_{20} 和 s_{31} 的阈值分别是 0.75、0.59、0.53 和 0.53，而所有站点的平均阈值仅为 0.40。对于 ST(1)+SDT+ARS 方法，μ_6=0.76，μ_4=0.72，μ_{20}=0.63，μ_{31}=0.56，所有站点的平均阈值为 0.47。

第二，如图9-8d所示，对于ST（1）方法，在急救请求数量多的一些时间段（上午9点到11点，见图9-4c），站点的NWPU非常大。也就是说，在这些时间段，每个站点都是非常紧急的，都需要救护车。因此，快速地将救护车重新部署到紧急的站点，而不必是最紧急的站点，是非常重要的。通过考虑忙碌中的救护车的状态，所提出的方法可以将救护车部署到紧急且距离近的站点，因为其他忙碌中的救护车很快也可以被重新部署，其可能离最紧急的站点更近。这就是为什么考虑忙碌中的救护车状态能够提升救护车救人效率的原因。

第三，如图9-8g、h、i所示，ST（1）+SDT+ARS综合了ST(1)+SDT方法和ST(1)+ARS方法的优点，从而不论是NWPU还是AAPT都获得了最优的效果。

3. 站点阈值的鲁棒性

本节讨论站点阈值的鲁棒性，研究在某个设置下的急救系统中学习到的各个站点阈值能否适用于其他设置下的急救系统。具体地，将在设置#ambu = 50下学习到的阈值应用到其他的设置中，得到实验结果见表9-3。

表9-3 在一个设置下学习到的站点阈值在其他设置中的效果

#ambu	50	60	70	80	90
AvgPT	7.546	6.557	6.157	5.900	5.755
Ratio10	0.803	0.847	0.863	0.872	0.877
A1. Sur	0.368	0.390	0.400	0.408	0.412
A2. Sur	0.732	0.791	0.813	0.826	0.835
B. Ratio14	0.885	0.907	0.916	0.920	0.921
C. Ratio21	0.946	0.957	0.959	0.964	0.964

由表9-3，在一个设置下学习到的站点阈值应用到其他设置的效果几乎与表9-1中的ST(1)+ARS+SDT方法（M6）完全一样。这说明，站点的阈值是非常鲁棒的，其能够应用于各个不同配置的急救系统中。

4. 不同的急救系统

在现实世界中，不同的城市或国家采取不同的急救系统。基于文献[159]，现在世界上主要存在两种急救系统模型：一种是Franco-German模型，另一种是Anglo-American模型，具体见文献[159]的表1。在Franco-German模型中，大部分病人只在现场进行治疗，只有少部分病人会被送到医院。相反，在Anglo-American模型中，大部分病人被送到医院治疗，少部分病人在现场治疗。本节研究所提出的救护车重新部署方案是否能够应用于不同的急救系统。为此，这里考虑不同的送病人去医院的概率，从0.2、0.4到0.6。实验结果见

表9-4，从中可见，所提出的部署方法（M6）在所有的设置都是最好的。这意味着，该方法可以适用于所有的急救系统。除此之外，可以发现，随着送病人去医院的概率的增大，病人的平均上车时间提升了，这是因为越多的病人需要被送到医院，救护车的占用率和占用时间都会提升，下一个病人的救治响应时间被延长。

表 9-4　不同急救系统下本章的部署方法 M6 与对比方法 B1~B6 的比较结果

	Metrics	B1	B2	B3	B4	B5	B6	M6
0.2	AvgPT	12.8	8.39	8.60	6.05	6.72	7.24	**5.99**
	Ratio10	0.57	0.76	0.79	0.87	0.86	0.83	**0.87**
	A1. Sur	0.28	0.35	0.37	0.41	0.38	0.37	**0.41**
	A2. Sur	0.48	0.68	0.74	0.82	0.79	0.76	**0.82**
	B. Ratio14	0.72	0.86	0.85	0.92	0.92	0.90	**0.92**
	C. Ratio21	0.86	0.94	0.92	0.96	0.96	0.96	**0.96**
0.4	AvgPT	12.9	9.92	8.92	6.68	7.31	7.56	**6.13**
	Ratio10	0.58	0.68	0.78	0.85	0.83	0.82	**0.86**
	A1. Sur	0.28	0.32	0.37	0.39	0.37	0.36	**0.40**
	A2. Sur	0.48	0.59	0.73	0.80	0.75	0.74	**0.81**
	B. Ratio14	0.73	0.81	0.84	0.90	0.90	0.89	**0.92**
	C. Ratio21	0.86	0.92	0.91	0.95	0.96	0.96	**0.96**
0.6	AvgPT	13.1	11.2	9.24	7.44	8.12	7.93	**6.30**
	Ratio10	0.56	0.62	0.77	0.82	0.79	0.80	**0.86**
	A1. Sur	0.28	0.30	0.36	0.38	0.35	0.36	**0.40**
	A2. Sur	0.47	0.52	0.72	0.76	0.70	0.72	**0.80**
	B. Ratio14	0.71	0.77	0.84	0.88	0.88	0.88	**0.92**
	C. Ratio21	0.85	0.89	0.91	0.94	0.95	0.95	**0.96**

5. 重新部署过程中救护车所需要的行驶时间

本节研究重新部署过程中救护车到达其所部署的站点所需要的行驶时间。设置 #ambu = 50，进行实验得到图 9-9 中的实验结果。从中可以发现，NS 方法的重新部署过程中救护车的行驶时间最短，这是因为其每次都将救护车重新部署到最近的救护车站点。所提出的 ST(1)+SDT+ARS 方法的行驶时间第二短。正如前面分析的那样，快速地将救护车重新部署到紧急的站点正是 ST(1)+SDT+ARS 方法的目标。事实上，所提出的方法在站点的紧急度 D^* 以及部署过程中的行驶时间（D4 和 D5）之间找到了一个很好的平衡。

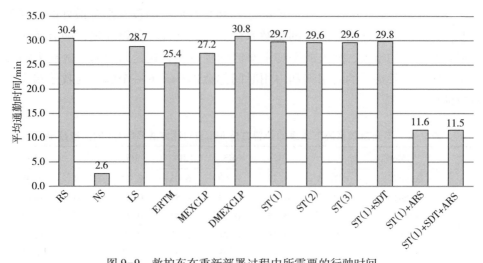

图 9-9 救护车在重新部署过程中所需要的行驶时间

6. 算法运行时间分析

本章的动态救护车重新部署方法用 C#编程语言实现,并在运算频率为 3.41GHz 的单机电脑上运行。根据实验结果,每一次的重新部署只需要不到 1s 的时间。因此,所提出的算法是高效的,能够满足实时响应的要求。

7. 行驶时间估计准确性对部署算法的影响

在所提出的动态救护车重新部署方法中,需要估计每辆救护车 a_i 到达每个站点 s_j 所需要的行驶时间 t_{ij},见优化问题(9.12)。一个不准确的估计方法可能会影响部署方法的效果,因此,本节研究行驶时间估计的准确性对部署算法的影响。通过实验验证了现有的行驶时间估计方法[37,160-161]已经足够准确,不会对所提出的方法产生太大影响。

假设救护车 a_i 到达每个站点 s_j 所需要的真实行驶时间是 $\tilde{t}_{ij}$,其是未知的,而基于现有的估计方法的估计值是 t_{ij}。定义行驶时间估计误差率为 $\varepsilon \geq 0$,并且对于每辆救护车 a_i 和每个站点 s_j,假设估计时间 t_{ij} 是随机从以下两个分布中获取的:①均匀分布 $U((1-\varepsilon)\tilde{t}_{ij}, (1+\varepsilon)\tilde{t}_{ij})$;②高斯分布 $\mathcal{N}(\tilde{t}_{ij}, (\varepsilon\tilde{t}_{ij})^2)$。很显然,误差率 ε 越小,估计值 t_{ij} 越准确。

在该实验中,设置 #ambu=50,并使用 ST(1)+SD+ARS 部署方法,尝试不同的误差率 ε,可以得到如图 9-10a、b 所示的实验结果。根据文献[162]的分析结果,行驶时间估计的平均绝对百分比误差(MAPE)已经下降到小于 0.12。基于 MAPE 和误差率 ε 的关系(见下一段),可以得到:①在均匀分布中,$\varepsilon = 2\times$

MAPE≤0.24；②在高斯分布中，$\varepsilon = \sqrt{\pi}/\sqrt{2} \times$MAPE≤0.15。因此，如图9-10a中的红色圆圈所示，在均匀分布的误差率下，病人的平均上车时间为7.53min；在高斯分布的误差率下，病人的平均上车时间为7.55min。相似地，在图9-10b，10min之内上车的病人比例分别为0.803和0.802。这些结果表明，现有的行驶时间估计方法对所提出的救护车重新部署方法影响很小，所提出的方法仍旧非常高效。

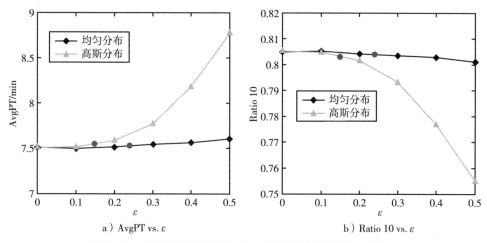

a) AvgPT vs. ε b) Ratio 10 vs. ε

图9-10 行驶时间估计误差率 ε 对所提出的部署方法的影响

行驶时间的平均绝对百分比误差的定义如下：

$$\text{MAPE} = E\left\{\frac{|t_{ij} - \tilde{t}_{ij}|}{|\tilde{t}_{ij}|}\right\} \tag{9.16}$$

当 t_{ij} 服从区间为 $((1-\varepsilon)\tilde{t}_{ij}, (1+\varepsilon)\tilde{t}_{ij})$ 的均匀分布时，$\frac{|t_{ij}-\tilde{t}_{ij}|}{|\tilde{t}_{ij}|}$ 仍旧服从一个均匀分布，区间为 $[0, \varepsilon]$。因此，可以得到 $E\left\{\frac{|t_{ij}-\tilde{t}_{ij}|}{|\tilde{t}_{ij}|}\right\} = \varepsilon/2$。再基于式（9.16），就得到 $\varepsilon = 2 \times$MAPE。当 t_{ij} 是一个高斯分布 $\mathcal{N}(\tilde{t}_{ij}, (\varepsilon\tilde{t}_{ij})^2)$ 时，$\frac{|t_{ij}-\tilde{t}_{ij}|}{|\tilde{t}_{ij}|}$ 为一个半正交分布，其均值为0，方差为 ε^2。然后，就有 $E\left\{\frac{|t_{ij}-\tilde{t}_{ij}|}{|\tilde{t}_{ij}|}\right\} = \varepsilon\sqrt{2}/\sqrt{\pi}$。相似地，基于式（9.16），可得 $\varepsilon = \sqrt{\pi}/\sqrt{2} \times$MAPE。

9.6 本章小结

本章提出了一个基于数据驱动的动态救护车重新部署方法来提升有限的救护车资源的救人效率。为了考虑与重新部署相关的五种数据 D1~D5,本章提出了一个基于安全时间的站点紧急度指标和一个最优匹配算法,将数据 D1~D5 更好地融入救护车的动态重新部署中。实验结果显示,运用所提出的方法,有限的救护车资源的救人效率得到大幅提升。具体来说,相比于已有的方法,所提出的方法能够降低 4min(约 35%)的病人平均上车时间,将 10min 之内能够上车的病人比例从 68.4% 提升至 80.3%,病人存活率提升了 12%~17%。未来的研究工作是对救护车进行综合的动态调度和动态重新部署。当前的研究大多是将动态救护车调度和动态救护车重新部署分开研究,本章通过对救护车的调度和重新部署的协同优化,可以进一步提升有限救护车的救人效率。

第 10 章

城市外卖配送优化

近些年来，得益于外卖行业的快速发展，网上订外卖成为城市居民的一种新的生活方式。用户只需通过网上订购食物，外卖平台就会派遣配送人员将外卖送货上门。据公开数据显示，仅 2019 年，单个外卖平台一天的订单量就已经超过三千万单。面对如此巨大的外卖订单数量，提升有限外卖配送人员资源的配送效率对于外卖平台至关重要。外卖配送任务分组是提升配送效率的重要手段，其旨在对一个城市中的外卖配送任务进行分组，并将每个配送人员分配到某一个组中，使得每个配送人员能够非常熟悉其负责的组，例如，该组内的商家和用户的具体位置以及他们之间的最优路径，从而提升整体的配送效率。外卖配送任务分组问题属于静态城市资源智能优化问题。为此，本章提出了一个基于图分割的外卖任务分组方法，以提升有限外卖配送人员资源的整体配送效率。

本章安排如下：10.1 节阐述本章的研究背景和研究意义；10.2 节介绍本章的相关工作；10.3 节介绍相关预备知识；10.4 节介绍外卖配送任务分组方法；10.5 节通过实验对本章所提出的模型进行评估；10.6 节是本章小结。

10.1 引言

随着现代网页和移动设备技术的快速发展，网上订餐已经成为一种新的生活方式。如图 10-1a 所示，用户可以通过网页或者移动设备在网上订外卖。接着，外卖平台就会将该订单发送到对应的商家，并派遣配送人员将外卖送到用户手上。由于其巨大的便利性，每天都有大量的用户订外卖。在我国，某外卖平台一天的订单数量可以达到 3000 万量级。面对巨量的外卖订单，如何提升有限配送人员资源的送外卖效率从而降低用户的等待时间已经成为外卖平台需要解决的关键问题。

一个可行的方案是将城市中的外卖配送任务进行分组。一个外卖配送任务并不是一个具体的订单，而是一个区域到另一个区域的所有订单。如图 10-1a 所示，外卖配送任务 e 是从区域 a 到区域 b 的所有订单。一个区域可以包含很多用户和商家。如果将区域看成节点，将配送任务看成有向边，就可以构建一个外卖配送任务图。图 10-1b 给出了一个示例，其将该任务图的边分成了四个组 E_1、E_2、E_3 和 E_4。当配送任务分组完成后，每个外卖配送员就会被分配到一个任务组中。这样，该配送人员就可以对该组内的商家和用户的位置以及路径逐渐熟悉，从而提升配送效率。

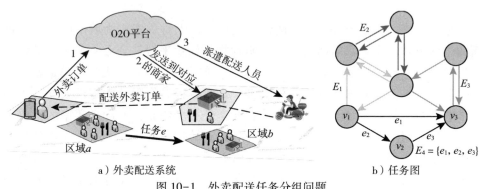

a）外卖配送系统 b）任务图

图 10-1 外卖配送任务分组问题

外卖配送任务分组问题并不是一个实时性的问题。对于一个外卖平台来说，配送任务的分组只需要每隔一个月甚至更长时间进行一次调整就行。当配送任务分组后，就可以将外卖配送人员分配到各个组内，然后各个组内的外卖订单就由该组内的配送人员进行配送。很显然，配送人员分配问题（每个组分配多少配送人员？）和配送人员实时调度问题（每个外卖订单由组内具体哪个配送人员配送？）也在很大程度上影响着整体的配送效率。由于外卖配送任务分组问题是配送人员分配问题和配送人员实时调度问题的基础，因此本章研究外卖配送任务分组问题。

事实上，外卖配送任务分组问题是一个图的边分组问题，即图的点分割问题。然而，现有的分割方法主要用于分布式图计算平台，其主要目标是最小化分组后各个组内的重复节点的数量。由于不同的应用场景和不同的目标，现有的图分割算法并不能直接应用到外卖配送任务分组问题中，因此需要一个新的高效的外卖配送任务分组算法。

然而，外卖配送任务分组问题具有以下两个难点。第一，外卖配送任务分组问题受到多种因素的影响，如何综合定义和考虑这些因素从而得到外卖配送任务分组的目标至关重要。具体来说，这里不但需要考虑各个任务组内的订单是否可以快速地一起完成配送，也就是订单间的可共享性；还需要考虑配送人员的空驶时间。如图 10-1b 所示，任务组 E_4 内的订单具有较高的共享性，因为配送员可以同时派送任务 e_2 和 e_3 里的订单，从而降低整体的配送时间。然而，任务组 E_4 却可能有比较高的空驶时间。例如，如果一个外卖配送人员送了一个外卖到区域 v_3，而下一个外卖是在任务组 e_1 或者 e_2，那么该配送人员就得空驶返回到区域 v_1。很显然，配送任务分组的目标是各个任务组能够有高的订单可共享性以及低的空驶时间。第二，外卖配送任务分组问题是一个典型的 NP 难问题，很难找到一个高效且快速的算法。

为了解决上述两个难点，本章给出了外卖配送任务分组问题的合理定义，并提出了一个高效快速的方法来解决外卖任务配送问题。具体来说，本章的贡献有以下四点：

❑ 提出并定义了外卖配送任务分组问题。
❑ 定义了外卖配送任务组的订单可共享性以及空驶时间，以及将可共享性和空驶时间合并成一个目标函数来更好地指导外卖配送任务的分组。
❑ 提出了一个基于外卖配送任务时空属性的启发式算法来解决外卖配送任务分组问题。该算法包括一个贪心算法和替换算法，先运用贪心算法快速地得到一个初始较优的解；再运用替换算法，不断优化贪心算法的解，得到更优的解。
❑ 运用真实世界的外卖平台的数据，验证了该方法的有效性。相比于已有图的点分割算法，所提出的算法能够节省 16%（87s）的平均送餐时间，极大地提升了有限外卖配送人员的配送效率，大幅度降低了用户的等待时间。

10.2 相关工作

1. 外卖

当前关于外卖的研究主要是从社会经济学的角度进行，或是从身体健康的角度进行，即主要是研究外卖对身体健康的影响。Miura 等人研究了外卖的消费与水果蔬菜输入之间的关系[163]。基于数据分析结果，他们发现教育程度越低的人越喜欢吃不太健康的外卖食物，这些食物包含较少的水果和蔬菜。Smith 等人研究了外卖食物的消费与饮食及腹部肥胖之间的关系[164]。该工作发现一周两次及以上的外卖消费会导致年轻人养成较差的饮食习惯以及导致更多的腹部肥胖。

与上述工作不同，本章从计算机科学的角度，基于数据挖掘算法，提出了一个外卖配送任务分组方法，从而提升外卖平台有限的外卖配送人员资源的配送效率。消费过多的外卖或许会带来一些健康问题，但是现在外卖餐食的种类变得越来越多，搭配越加合理，因此也变得越加健康。由于其便利性及不断提升的餐食健康品质，越来越多的人订外卖，这对外卖平台的配送效率带来了挑战。因此，本章首次提出了利用外卖配送任务分组来提升有限的配送人员的配送效率。

2. 图的边分组问题

从问题定义的角度来看，外卖配送任务分组问题是一个图的边分组问题，即图的点分割问题。先前的图的边分组问题主要应用于大规模分布式图计算平台，例如：PowerGraph、GraphLab、Pregel。具体来说，他们将大规模计算图分配到不同的机器，每一台机器只需进行部分的运算，不同机器的运算可以并行，从而加快整体的计算速度。该问题中，图的边分组问题的目标是最小化不同机器之间交叉的节点的数量，使得不同机器之间的交互代价最小。近些年来，研究者们提出了很多的启发式算法。例如，Zhang 等人提出了一个基于邻居拓展的启发式算法来进行图的边分组[165]。Gonzalez 等人提出了一个随机算法和一些贪心算法[166]。Petroni 等人提出了基于高度节点重复的算法[167]。除了图的边分组问题，图的点分组问题也得到了广泛的研究，即图的边分割问题，其旨在将图的点进行分组。

正如前面介绍的那样，虽然外卖配送任务问题是一个图的边分组问题，然而由于不同的问题场景和不同的目标，现有的图的边分组方法并不能很好地应用到外卖配送任务分组问题中。事实上，本章的实验结果也验证了所提出的外卖配送任务分组算法比所有现有的图的边分组算法效果都更好。

10.3 预备知识和问题定义

定义 10-1（区域） 将城市分成很多不重叠的部分，称之为区域。

每个区域 v 可以包含多个餐馆和用户，城市中的所有区域记为集合 V，其可以通过对城市路网进行划分获得，具体过程见 10.4.2 节。

定义 10-2（外卖配送任务） 外卖配送任务定义为一个元组 $e=(o,d,n^1,\cdots,n^P)$，其是一个从区域 o 到区域 d 的有向边，包含从区域 o 到区域 d 的所有外卖订单。n^p，$p=1, 2, \cdots, P$ 表示的是区域 o 到区域 d 在各个时间段 p 的外卖订单数量。P 是时间段的总数。

图 10-2 展示了一个外卖配送任务在不同时间段的订单数量。一个时间段是 15min。城市中的所有外卖配送任务记为集合 E。E 的获取是基于城市中历史上所有的外卖订单，具体的抽取过程见 10.4.2 节。

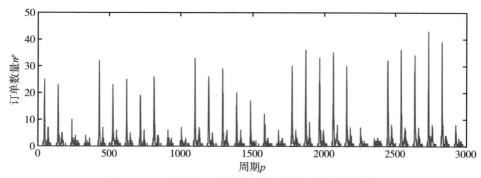

图 10-2 一个外卖配送任务在各个时间段的订单数量

与分布式图计算中的边不同[166,168-169]，这里的边/任务包含了明显的时间和空间属性。具体来说，o 和 d 是配送任务的空间属性，而 n^1，n^2，$\cdots$，n^P 代表着配送任务的时间属性。因此，外卖配送任务分组问题的求解难度更大。

定义 10-3（外卖配送任务图） 外卖配送任务图定义为一个有向图，记为 $G=\langle V,E\rangle$，其中 V 是所有的区域，E 是所有的外卖配送任务。

一旦获得 V 和 E，就自然得到了 G。

给定一个构造好的外卖配送任务图 $G=\langle V,E\rangle$ 以及所要的分组数量 M，外卖配送任务分组问题旨在将任务集合 E 分成 M 组 E_m，$m=1, 2, \cdots, M$，从而使得分组结果达到下面几个目标和约束：

❑ 每个任务组 E_m 是 E 的一个子集，即 $E_m \subset E$，$\forall m$；
❑ 所有的任务都被分进 M 个任务组中，即 $\bigcup_{m=1}^{M} E_m = E$；
❑ 任务组之间没有重合，即 $E_{m_1} \cap E_{m_2} = \emptyset$，$\forall m_1 \neq m_2$；
❑ 每个任务组 E_m 的可共享性比较大；
❑ 每个任务组 E_m 的空驶时间比较小。

正如引言中所介绍的，外卖配送任务分组并不需要实时进行。如图 10-3 中的例子所示，由于外卖订单的分布并不会变化太快，外卖配送任务分组只需要每个月进行一次。在图 10-3a 中，10 月份的任务分组结果是基于 7 月份到 9 月份的外卖订单的分组结果得到的。类似地，在图 10-3b 中，基于 8 月份、9 月份和 10 月份的外卖订单进行外卖任务分组，得到 11 月份的外卖分组结果。

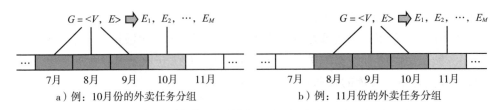

a）例：10月份的外卖任务分组　　　　b）例：11月份的外卖任务分组

图 10-3　外卖配送任务分组模式

10.4　基于贪心与替换策略的外卖配送任务分组方法

10.4.1　模型框架

图 10-4 展示了所提出的外卖配送任务分组模型的框架，其主要包含了三个部分：预处理、可共享性和空驶时间、外卖配送任务分组算法。

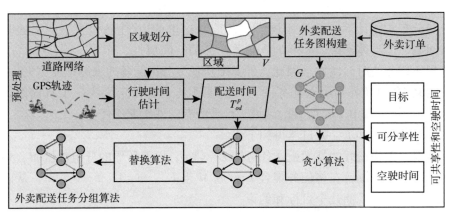

图 10-4　基于贪心与替换策略的外卖配送任务分组模型框架

第一部分预处理如图 10-4 所示，包括三个步骤：区域划分、外卖配送任务图构建以及行驶时间估计。首先，区域划分是将城市划分为没有重叠的区域。给定划分得到的区域集合 V，进行外卖配送任务图的构建。从历史外卖订单数据中，可以统计得到一个区域到另一个区域在各个时间段的订单数量。因此，就可以获得所有的外卖配送任务 E。基于区域 V 和外卖配送任务 E，得到任务图 $G=\langle V,E\rangle$。最后，需要估计配送人员在每个时间段 p 在各个区域之间的行驶时间。基于外卖配送人员的历史真实 GPS 轨迹数据，可以对行驶时间进行估计。估计得到的行驶时间将运用到目标函数以及外卖配送任务分组算法中。

第二部分定义和推导了可共享性和空驶时间,并将它们合并成一个目标函数,用于指导外卖配送任务分组的进行。整体来说,给定一个任务分组结果,总配送时间可以视为可共享性,总配送时间越少,可共享性越高。因此,目标函数就定义为配送时间和空驶时间之和。

第三部分介绍的是所提出的外卖配送任务分组算法,包括贪心算法和替换算法:①贪心算法每次以贪心的方式将任务 E 分配给每一个任务组 E_1,$\cdots$,E_m;②替换算法尝试将贪心算法的结果进行优化,其每次尝试将一个任务从一个组换到另外一个组,如果替换后结果变好,那就保留该结果。经过不断的迭代,替换算法不断优化任务分组结果,直到结果不能够继续优化为止。

10.4.2 预处理

1. 区域划分

本节介绍如何将一个城市划分成不相交的区域,该过程包括两步。第一步,基于城市路网结构,运用文献 [170] 中的区域划分算法,将城市划分为不相交的区域。基于该区域划分算法,得到的区域具有明显的语义信息,例如一个区域可能是一个小区或者商业区等,因此该区域划分算法比基于网格的划分算法好[171-172]。然而,由于城市路网非常密集,导致划分得到的一些区域非常小,因此第二步,需要将那些小的区域进行合并,使其大小达到一定的阈值,例如 400m×400m。

2. 外卖配送任务图构建

由已知区域 V,结合历史的用户外卖订单数据,就能够构建外卖配送任务图。具体来说,对于一个外卖订单(数据格式见 10.5 节),可以得到商家和用户的位置。如果商家的位置在区域 o、用户的位置在区域 d,那么就有一个配送任务 $e=(o,d,n^1,\cdots,n^P)$。遍历所有的历史外卖订单,就可以得到所有的外卖配送任务 E。除了位置信息,数据中还有订单的时间信息,每个订单都可以映射到对应配送任务的对应时间段。因此,对于每个任务 $e \in E$,都可以得到每个时间段的外卖订单数据量,即 $e.n^p$。最后,基于 V 和 E,就构建了外卖配送任务图 $G=\langle V,E \rangle$。

3. 行驶时间估计

基于配送人员真实的 GPS 轨迹数据,本节估计配送人员在各个时间段 p 从任一区域 o 到另一区域 d 的行驶时间 $T_{o,d}^p$。由于一个时间段很短,通常只有 15min,因此本章估计每个小时从区域 o 到区域 d 的行驶时间,基于该估计结果可以得到每个时间段的行驶时间。首先，基于配送人员的 GPS 轨迹，运用静止点检测技术[173]，可以找出配送人员静止的 GPS 点，并将这些 GPS 点去除。在现实中，配送人员静止的时候大多是等待用户取外卖或者等待商家备外卖的时候，其不能代表配送人员真实的行驶速度，因此必须予以去除。其次，运用地图匹配算法[174]，将 GPS 轨迹映射到路网中，并统计出配送人员在各个路段的行驶时间。对于一些路段的缺失数据，可以基于行驶时间的时间和空间相关性对其进行填补[37,146,160-161]。最后，任意两个区域的行驶时间就是一个区域到另一个区域的最短行驶时间[37]。配送人员行驶时间的估计对于后续的模型求解至关重要。

10.4.3 可共享性

一个配送任务组的可共享性可以由该任务组内订单的总配送时间来反映，总配送时间越小，可共享性越高。例如，图 10-5 中有 4 个配送任务。任务 e_1 和 e_2 更容易共享，因为它们的起点和终点相距很近（见图 10-5a、b），并且它们在不同时间段的外卖订单数量也相近（见图 10-5c）。因此，任务 e_1 和 e_2 中的相近时间内的外卖订单可以被同时配送，这样可以降低总的配送时间。这也意味着，如果将 e_1 和 e_2 分为一组、e_3 和 e_4 为另一组（见图 10-5a），该分组结果的可共享性就较高，同时总配送时间就比较低。相反，如图 10-5b 所示，如果将 e_1 和 e_3 分为一组、e_2 和 e_4 分为一组，可共享性就比较低，总的配送时间就很长，这是由于 e_1 和 e_3 中的订单不能同时配送。

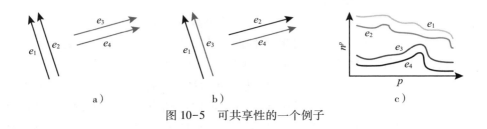

图 10-5 可共享性的一个例子

本章用 $DT(E_1,\cdots,E_M)$ 标记任务分组结果 $E_1,\cdots,E_M$ 的所有外卖订单的总配送时间，其是各个任务组 E_m 的外卖订单的配送时间总和：

$$DT(E_1,\cdots,E_M)=\sum_{m=1}^{M} DT(E_m) \qquad (10.1)$$

式中，$DT(E_m)$ 是任务组 E_m 内所有外卖订单的总配送时间。

同理，可以用 $ET(E_1,\cdots,E_M)$ 标记任务分组结果 $E_1,\cdots,E_M$ 的总空驶时间，其也是各个任务组 E_m 的空驶时间之和，即

$$ET(E_1,\cdots,E_M) = \sum_{m=1}^{M} ET(E_m) \quad (10.2)$$

式中，$ET(E_m)$ 是任务组 E_m 的空驶时间。

对于外卖配送任务分组问题，优化的目标是分组结果有小的配送时间（高可共享性）和小的空驶时间。因此，可以将总配送时间和总空驶时间合并为一个目标函数，即总行驶时间

$$TT(E_1,\cdots,E_M) = \sum_{m=1}^{M} TT(E_m) \quad (10.3)$$

式中，$TT(E_m)$ 为 $DT(E_m)$ 和 $ET(E_m)$ 之和，即

$$TT(E_m) = DT(E_m) + ET(E_m) \quad (10.4)$$

为了获得目标函数（10.4），接下来需要对每个任务组 E_m 的 $DT(E_m)$ 和 $ET(E_m)$ 进行推导。

当计算一个任务组 E_m 内订单的总配送时间 $DT(E_m)$ 时，需要考虑同时配送多个订单的情况，这样的总配送时间才能够反映可共享性。然而，在现实世界中，只有在相近时间内的外卖订单才能被同时配送，否则有些用户需要等待很长的时间。为此，本章考虑同时配送一个时间段内的外卖订单，因此 $DT(E_m)$ 是不同时间段的配送时间之和：

$$DT(E_m) = \sum_{p=1}^{P} DT(E_m, p) \quad (10.5)$$

式中，P 是时间段的个数；$DT(E_m, p)$ 是任务组 E_m 在时间段 p 中的外卖订单的配送时间。不失一般性，可以设置 15min 为一个时间段。

对于一个任务组 E_m 在时间段 p 的外卖订单，其可能存在不同的配送策略。例如，在图 10-6 中，任务组 E_m 有三个配送任务 e_1、e_2 和 e_3。在时间段 p，e_1 和 e_3 各有一个订单（红色数字标注），e_2 有两个订单。其潜在的配送策略包括：①同时配送 e_1 的订单和 e_2 的一个订单、同时配送 e_3 的订单和 e_2 的另一个订单；②同时配送 e_1 的订单和 e_3 的订单、同时配送 e_2 的两个订单。因此需要寻找一个最优的配送策略使得所有订单的总配送时间最小。

综上，为了获得任务组 E_m 在时间段 p 的所有订单的最小配送时间 $DT(E_m, p)$，需要寻找最优的配送策略，即求解以下优化方程：

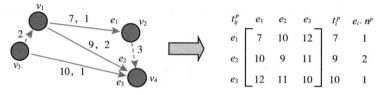

7, 1: travel time = 7, #orders = 1; $t_{12}^p = t_{21}^p = 10$

图 10-6 计算配送时间 $DT(E_m, p)$ 的一个例子

$$\begin{cases} DT(E_m,p) = \min_{y_i, x_{ij}} \sum_{i=1}^{|E_m|} \left(y_i \cdot t_i^p + \sum_{j=i}^{|E_m|} x_{ij} \cdot t_{ij}^p \right) \\ \text{s.t.} \begin{cases} 1 \cdot y_i + \left(2 \cdot x_{ii} + 1 \cdot \sum_{j=1, j \neq i}^{|E_m|} x_{ij} \right) = e_i \cdot n^p, \forall i \\ x_{ij} = x_{ji}, \forall i,j \\ y_i, x_{ij} \in \mathbb{Z}_+ \cup \{0\}, \forall i,j \end{cases} \end{cases} \quad (10.6)$$

式中，y_i 和 x_{ij} 是决策变量；y_i 是任务 e_i 中被独立配送的订单数量；x_{ij} 是任务 e_i 和 e_j 中被同时配送的订单数量；t_i^p 是配送 e_i 中的一个订单所需花费的时间，即 $t_i^p = T_{e_i,o,e_i,d}^p$。例如，在图 10-6 中，$t_1^p = T_{v_1,v_2}^p = 7$。$t_{ij}^p$ 是同时配送 e_i 和 e_j 中的一个订单所需要的最小时间，并且有 $t_{ij}^p = t_{ji}^p$。在图 10-6 中，$t_{12}^p = t_{21}^p = 10$，即同时配送 e_1 和 e_2 中的一个订单的最小行驶时间是 10min，其在 v_1 收到两个订单，然后先去 v_2 再去 v_4，因此其路径是 $v_1 \rightarrow v_2 \rightarrow v_4$。$e_i \cdot n^p$ 是任务 e_i 在时间段 p 的订单数量。$|E_m|$ 表示任务组 E_m 中的任务个数。

在这个优化问题中，目标是寻找到最优的配送策略，即 y_i 和 x_{ij}，使得总配送时间最短。第一个约束是要求每个任务 e_i 中所有的订单都需要配送。注意，$x_{ii} = 1$ 代表任务 e_i 中的两个订单被一起配送，因此 x_{ii} 需要乘以 2。第二个约束要求订单之间的同时配送是对称的。最后一个约束要求 y_i 和 x_{ij} 是非负整数。

从优化问题（10.6）中可以发现，一个任务组的可共享性受到各个任务的起点、终点以及各个时间段订单数量的影响。整体上，一个任务组内，越多的订单拥有相近的起点和终点，越多的订单出现在相同的时间段，可共享性越高。

优化问题（10.6）可以通过公开的优化求解器进行求解，例如，Gurobi 优化求解器[175]、Microsoft Solver Foundation[176] 等。在图 10-6 的例子中，最优解是 $x_{21} = x_{12} = 1$，$x_{23} = x_{32} = 1$、最优配送时间为 $DT(E_m, p) = (T_{v_1,v_2}^p + T_{v_2,v_4}^p) + (T_{v_3,v_1}^p + T_{v_1,v_4}^p) = 21$。也就是说，最优的配送策略是同时配送 e_1 的订单和 e_2 的一个订单（路径为 $v_1 \rightarrow v_2 \rightarrow v_4$）以及同时配送 e_3 的订单和 e_2 的另一个订单（路径为 $v_3 \rightarrow v_1 \rightarrow v_4$）。

10.4.4 空驶时间

与 $DT(E_m)$ 类似，一个任务组 E_m 的空驶时间 $ET(E_m)$ 也是不同时间段 p 的空驶时间 $ET(E_m,p)$ 之和：

$$ET(E_m) = \sum_{p=1}^{P} ET(E_m, p) \qquad (10.7)$$

式中，$ET(E_m,p)$ 是任务组 E_m 在时间段 p 的空驶时间。

首先引入配送单元的概念，一个配送单元是一个元组 $du = (e_1^s, e_2^s, o, d)$，包含任务 e_1^s 的一个订单和 e_2^s 的一个订单。o 和 d 分别代表该配送单元的起点和终点。例如，在图 10-6 中，最优的配送策略包含两个配送单元，$du_1 = (e_1, e_2, v_1, v_4)$ 和 $du_2 = (e_2, e_3, v_3, v_4)$。当一个配送单元只包括一个订单时，$e_2^s$ 为空，即 $e_2^s = *$。

当一个送餐员完成一个配送单元 du_i 时，为了完成下一个配送单元 du_j，其需要从 du_i 的终点 $du_i.d$ 空驶到 du_j 的起点 $du_j.o$。因此，从 $du_i.d$ 到 $du_j.o$ 的行驶时间就是空驶时间。例如，如图 10-7 的上半部分所示，从配送单元 du_1 到 du_2 就需要空驶时间 T_{v_4,v_3}^p。

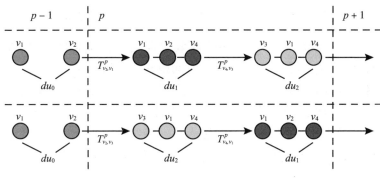

图 10-7 计算空驶时间 $ET(E_m,p)$ 的一个例子

因此，给定第 $p-1$ 时间段的最后一个配送单元 du_0 以及当前第 p 时间段的 n 个配送单元 $du_1,\cdots,du_n$[从优化问题（10.6）求解得到]，空驶时间 $ET(E_m,p)$ 就是从 du_0 开始遍历所有 $du_1,\cdots,du_n$ 所需要的最小行驶时间。$ET(E_m,p)$ 可以通过对以下数学优化模型进行求解得到：

$$ET(E_m, p) = \min_{(i_1, i_2, \cdots, i_n) \in \text{Perm}(1,2,\cdots,n)} \sum_{j=0}^{n-1} T_{du_{i_j}.d, du_{i_{j+1}}.o}^p \qquad (10.8)$$

式中，Perm（1，2，⋯，n）表示集合 {1，2，⋯，n} 的所有排列；$i_0 = 0$；$T^p_{du_{i_j}}.d, du_{i_{j+1}}.o$ 是从 du_{i_j} 的终点 $du_{i_j}.d$ 到 $du_{i_{j+1}}$ 的起点 $du_{i_{j+1}}.o$ 的行驶时间，即从第 i_j 个配送单元到第 i_{j+1} 个配送单元的空驶时间。

综上，配送时间 $DT(E_m, p)$ 为时间段 p 的所有配送单元内的行驶时间，而空驶时间 $ET(E_m,p)$ 为遍历配送单元之间所需要的最小行驶时间。对于从图 10-6 得到的配送单元 $du_1 = (e_1, e_2, v_1, v_4)$ 和 $du_2 = (e_2, e_3, v_3, v_4)$，如图 10-7 所示，其配送时间是 $DT(E_m,p) = (T^p_{v_1,v_2} + T^p_{v_2,v_4}) + (T^p_{v_3,v_1} + T^p_{v_1,v_4})$。假设 $p-1$ 时间段的最后一个配送单元是 $du_0 = (e_1, *, v_1, v_2)$，那么 Perm$(1,2) = \{(1,2),(2,1)\}$。如果最优的答案是 $(i_1,i_2) = (2,1)$，空驶时间就为 $ET(E_m,p) = T^p_{v_2,v_3} + T^p_{v_4,v_1}$。

优化问题（10.8）是一个 NP 难问题。事实上，该问题是一个传统的旅行商问题[177]，其目的是寻找到一条最短的路线来走遍所有的城市。具体来说，在本问题中，一个配送单元可以视为一个城市，两个城市之间的距离就是一个配送单元的终点到另一个配送单元的起点的行驶时间。为了求解这个 NP 难问题，本章采用了一个高效快速的最近邻算法[177-179]，该算法已经广泛应用于旅行商问题中。具体来说，假设当前的配送单元是 du_i，该算法选取最近的还未走过的一个配送单元 du_j 作为下一个配送单元，即

$$T^p_{du_i.d,du_j.o} \leq T^p_{du_i.d,du_k.o}, 对于每一个没有路过的 du_k \quad (10.9)$$

通过这种方式，从 du_0 开始，就能够高效快速地获得优化问题（10.8）的解 $ET(E_m,p)$，时间复杂度是 $O(n)$，n 是时间段 p 的配送单元个数。

在配送时间推导的过程中，本章假设任务组 E_m 中只有一个配送人员。这是因为配送人员的分配是在任务分组之后，因此在进行外卖配送任务分组时，并不知道每个任务组 E_m 会有多少个配送人员。事实上，如果给定每个任务组 E_m 的配送人员个数，该问题可以被定义为一个多旅行商问题[181]，不难得到类似的解。

10.4.5 分组算法

1. 贪心算法

算法 8 展示了所提出的贪心算法的整体过程。该算法包括 M 轮，并在每一轮 m 中将任务分配给任务组 E_m。接下来的内容将具体介绍这个过程（第 3 ~ 12 行）。

Algorithm 8：贪心算法

Input：E, M
Output：$E_1, \cdots, E_M$

```
1   E^u = E              （初始的未分配的任务）;
2   for m = 1, ···, M do
3   |   E_m = ∅
4   |   e_* ← a random task from E^u;
5   |   E_m = E_m ∪ {e_*}, E^u = E^u \ {e_*}
6   |   while |E_m| < α|E|/M or E^u ∩ Nei(E_m) ≠ ∅ do
7   |   |   for e ∈ E^u ∩ Nei(E_m) do
8   |   |   |   Compute MTR(e|E_m)         (式(10.11));
9   |   |   end
10  |   |   e_** = arg min_{e ∈ E^u ∩ Nei(E_m)} MTR(e|E_m);
11  |   |   E_m = E_m ∪ {e_**}, E^u = E^u \ {e_**};
12  |   end
13  end
14  return：E_1, ···, E_M;
```

第一，E_m 初始是一个空集，然后从还未分配的任务集合 E^u 中随机选取一个分配给 E_m（第3~5行）。E^u 初始是 E（第2行），已经分配的任务会从 E^u 中去除（第5行）。第二，对于 E_m 的相邻任务 $Nei(E_m)$ 中任意一个未分配的任务 e，基于式（10.11），计算将其分配给 E_m 的边际行驶时间率 $MTR(e|E_m)$（第7~9行）。第三，将边际行驶时间率最小的任务 e_{**} 分配给 E_m（第10、11行），因为将 e_{**} 分配给 E_m 意味着 E_m 可以有更高的可共享性或更低的空驶时间。

重复第二步和第三步直到 E_m 中的任务个数超过 $\alpha|E|/M$ 或者 E_m 周围没有还未分配的任务。第一个终止条件是为了平衡每个任务组之间的任务个数（例如 $\alpha = 1.1$）。之所以只考虑 E_m 相邻的未分配任务 $Nei(E_m)$，是因为不在 $Nei(E_m)$ 中的未分配任务往往具有较高的边际行驶时间率，不对其进行考虑能够提升算法的运行效率。以下介绍边际行驶时间率和临近任务的定义。

定义 10-4（边际行驶时间） 将任务 e 分配给任务组 E_m 的边际行驶时间是

$$MT(e|E_m) = TT(\{e\} \cup E_m) - TT(E_m) \tag{10.10}$$

式中，$TT(E_m)$ 是任务组 E_m 的行驶时间。

定义 10-5（边际行驶时间率） 对于一个任务组 E_m 和任务 e，将 e 分配给 E_m 的边际行驶时间率是

$$MTR(e|E_m) = \frac{TT(\{e\} \cup E_m) - TT(E_m)}{TT(\{e\})} \qquad (10.11)$$

式中，$TT(E_m)$是任务组E_m的总行驶时间（配送时间和空驶时间之和，见式(10.4)）。相似地，$TT(\{e\} \cup E_m)$是$\{e\} \cup E_m$的总行驶时间。因此，$MTR(e|E_m)$是将e分配给E_m之后的边际行驶时间除以e的总行驶时间。很显然，为了降低总行驶时间，应该将边际行驶时间率最小的任务分配给E_m（算法8的第10~11行）。

任务e是任务组E_m的临近任务，如果e的起点$e.o$和终点$e.d$距离任务组的行驶时间小于阈值t_{nei}（例如5min），即

$$T^p_{e.o,E_m} \leqslant t_{nei}, T^p_{e.d,E_m} \leqslant t_{nei} \qquad (10.12)$$

式中，$T^p_{e.o,E_m}$表示e的起点$e.o$到E_m中的区域的最小行驶时间。

2. 替换算法

算法9展示了替换算法的整体流程。替换算法的目的是提升贪心算法得到的结果，其核心思想是将一个任务从一个任务组替换到另外一个任务组，看是否能够降低总行驶时间，如果可以，就保留该替换；否则不保留。运用该方式，替换算法能够不断降低总行驶时间，直到连续n_{th}次的替换都失败（例如$n_{th}=100$）。每一次的替换过程主要有以下几个步骤（第3~11行）。

Algorithm 9：替换算法

Input：$E_1, \cdots, E_M$
Output：$E_1, \cdots, E_M$

1　$n_{cur} = 0$　　　　　　　（初始的替换失败错误次数）；
2　**while** $n_{cur} < n_{th}$ **do**
3　　$e \leftarrow$ a random task from a random E_{m_1}；
4　　$E_{m_1} = E_{m_1} \setminus \{e\}$；
5　　**for** $m=1,\cdots,M$ **do**
6　　　Compute $MT(e|E_m)$；
7　　**end**
8　　$m^* = \arg\min_{m=1,\cdots,M} MT(e|E_m)$；
9　　$E_{m^*} = E_{m^*} \cup \{e\}$；
10　**if** $m^* = m_1 : n_{cur} = n_{cur} + 1$；
11　**else**：$n_{cur} = 0$；
12 **end**
13 **Return** $E_1, \cdots, E_M$；

第一，随机选取一个任务组 E_{m_1}，并从中随机选取一个任务 e（第 3、4 行）。第二，对于每个任务组 E_m，计算将 e 分配给 E_m 的边际行驶时间［式（10.10）］。第三，将 e 分配给边际行驶时间最小的任务组 E_{m^*}。第四，如果 E_{m^*} 与 E_{m_1} 是同一个任务组，说明该替换是失败的，因此连续失败次数 $n_{cur} = n_{cur}+1$；如果 E_{m^*} 与 E_{m_1} 不是同一个任务组，说明该替换成功降低了总行驶时间，将 n_{cur} 置为 $n_{cur}=0$。

基于该定义，选取边际行驶时间最小的任务组 E_{m^*} 能够降低总行驶时间。

10.5 实验方案与结果分析

10.5.1 实验方案

1. 数据集和预处理

为了评估所提出的外卖配送任务分组方法，本章基于真实的某外卖平台的数据进行实验。具体来说，数据集包括路网数据、外卖订单数据和配送人员的GPS 轨迹数据（见图 10-8、图 10-9）。

（1）**路网数据** 如图 10-8a 所示，2016 年 12 月上海市的路网数据包含 333766 个节点和 440922 个路段。正如 10.4.2 节所介绍的，区域划分是基于路网将城市分割成不同的区域，在将小的区域进行合并之后，如图 10-8b 所示，总共得到 1000 个区域，即 $|V|=1000$。

（2）**外卖订单数据** 外卖订单数据包含了上海市某片区从 2016 年 12 月 1 日至 12 月 31 日之间的订单记录。每一笔外卖订单，包含有以下信息：①用户的订餐时间；②餐馆的编号、经度和纬度；③用户的编号、经度和纬度；④配送人员的编号。

外卖订单数据中总共有 1852439 个订单，平均每天的订单数量是 59756。由于一个时间段设置为 15min，故一个月的数据共有 2976 个时间段，即 $P=2976$。外卖订单在每个时间段的数量分布如图 10-9a 所示。图 10-9b 展示了一天之内每个时间段的平均外卖订单数量。订单的时间分布有显著的规律，在每天的午餐和晚餐时间段，订单数量都有明显的峰值。其中，午餐的峰值比晚餐的高。同时也可以发现，如图 10-9a 所示，工作日的外卖订单明显多于周末的，即工作日有更多的人订外卖。

基于区域划分得到的区域 V，外卖订单数据可以用于构建外卖配送任务图。

基于 10.4.2 节的方法,本章抽取了 2980 个外卖配送任务,即 |E| = 2980。这样,基于 V 和 E,就构建了外卖配送任务图 G=⟨V,E⟩。

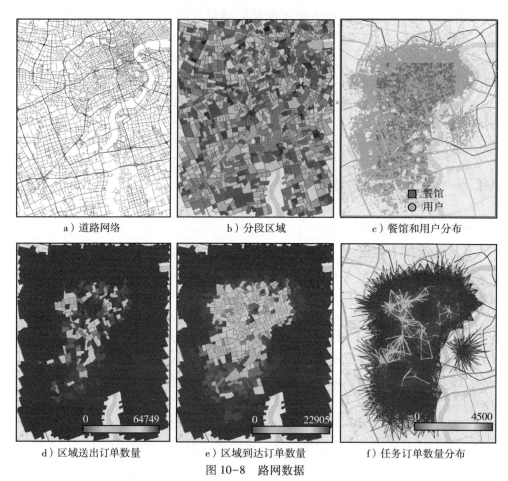

a)道路网络　　　　　b)分段区域　　　　　c)餐馆和用户分布

d)区域送出订单数量　　e)区域到达订单数量　　f)任务订单数量分布

图 10-8　路网数据

图 10-8c 展示了餐馆和用户的空间分布。图 10-9c 展示了每个订单中餐馆和用户之间的距离分布。很显然,对于大部分订单来说,餐馆和用户之间的距离往往在 3km 之内,这是由于外卖平台通常只给用户推荐 3km 范围之内的餐馆。

图 10-8f 展示了外卖配送任务的分布。与图 10-8f 类似,图 10-8d、e 也可以得到每个区域的订单数量。图 10-8d 展示了各个区域餐馆的订单数量,图 10-8e 展示了送到各个区域用户的外卖订单数量。

(3)配送人员的 GPS 轨迹数据　配送人员的 GPS 轨迹也是从 2016 年 12

月 1 日到 12 月 31 日的一个月的数据。每一个 GPS 记录包含配送人员的编号、经度、纬度和时间。该数据集中总共有 4774 个配送人员、115602018 条 GPS 记录。基于该数据，运用 10.4.2 节的方法，可以估计配送人员在不同时间段不同区域之间的行驶时间。

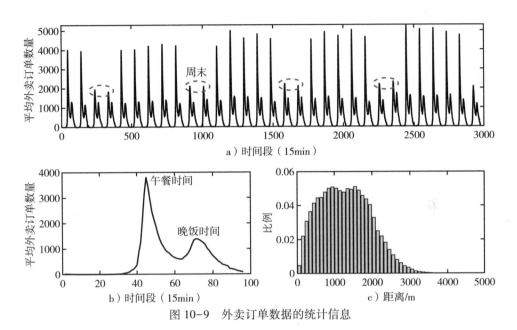

图 10-9　外卖订单数据的统计信息

2. 评价指标

为了评估所提出的分组方法的效果，本章设计了四个指标，即平均配送时间 $\overline{DT}$、平均空驶时间 $\overline{ET}$、平均行驶时间 $\overline{TT}$，以及每个任务组平均包含的区域数量 $\overline{\#R}$，计算表达式分别为

$$\overline{DT} = \frac{DT}{n_{\text{total}}}, \quad \overline{ET} = \frac{ET}{n_{\text{total}}}, \quad \overline{TT} = \frac{TT}{n_{\text{total}}} \qquad (10.13)$$

式中，DT、ET 和 TT 分别对应的是总配送时间［式（10.1）］、总空驶时间［式（10.2）］以及总行驶时间［式（10.3）］；n_{total} 是订单的总数。这四个指标越小，分组结果越好。对于最后一个指标 $\#R$，若一个分组结果的任务组平均覆盖区域数量越小，说明该组的配送人员对该组内的餐馆和用户越了解，因此，$\overline{\#R}$ 越小越好。

3. 对比方法

为了展示所提出的分组方法的高效性，本章同最新的图分割方法进行比较，包括 NE[165]、DBH[181]、HDRF[167]、RAND[166] 以及 Oblivious[166-167]。

10.5.2 结果分析

1. 对比结果

本章进行了大量的实验来对比所提出的分组方法与已有的图分割方法。具体来说，基于构造的任务图 G，将任务分别分为 300、400 以及 500 组，即设置 $M=300, 400, 500$。为了更好地评估所提出的贪心算法和替换算法的效果，这里首先只考虑贪心算法（表 10-1 中的 Greedy），然后再加入替换算法（表 10-1 中的 Greedy+Replace）。实验结果见表 10-1。

表 10-1 不同方法的对比结果

方法	$M=300$				$M=400$				$M=500$			
	$\overline{DT}$	$\overline{ET}$	$\overline{TT}$	$\overline{\#R}$	$\overline{DT}$	$\overline{ET}$	$\overline{TT}$	$\overline{\#R}$	$\overline{DT}$	$\overline{ET}$	$\overline{TT}$	$\overline{\#R}$
NE	275	260	535	9.9	277	264	541	7.9	279	268	547	6.6
DBH	276	294	570	8.8	276	280	556	6.6	276	276	552	5.4
HDRF	283	267	550	**7.3**	285	264	549	6.0	285	258	543	5.1
RAND	292	611	903	18.4	292	603	895	13.9	292	606	898	11.3
Oblivious	284	261	545	7.5	285	252	537	**5.9**	285	250	535	**4.9**
Greedy(ours)	270	191	461	8.8	273	198	471	6.8	276	200	476	6.3
Greedy+Replace(ours)	**268**	**180**	**448**	8.5	**271**	**185**	**456**	7.0	**273**	**186**	**459**	6.0

注：$\overline{DT}, \overline{ET}, \overline{TT}$ 的单位以 s 计。

对于前三种指标，本章的分组算法比所有对比方法好。在对比方法中，NE[165] 方法最好。综合来看，本章的方法效果提升是非常显著的。例如，当 $M=300$ 时，所提出的贪心算法（平均行驶时间为 461s）就已经比其他算法少 74s（相比于 NE 方法的 535s）。加上替换算法，本章的方法能够为每个订单节省 87s 的平均行驶时间，大幅度提升了有限的外卖配送人员资源的配送效率，从而有效降低了用户的等待时间。

对于任务组平均覆盖的区域数量 $\overline{\#R}$，本章的方法得到的 $\overline{\#R}$ 小于 9，这是一个较为合理的值。从表 10-1 中可以发现，M 越小，$\overline{\#R}$ 越大。因此，为了使配送人员能够更加地熟悉任务组内的餐馆和用户，M 越大越好。

同时，也可以发现，随着 M 的变大，平均配送时间、平均空驶时间以及平均行驶时间都会变小。这是因为 M 越大，任务组的任务个数就变小，这将导致很难提升可共享性或减低空驶时间。因此，M 的选取需要平衡平均行驶时间 $\overline{TT}$ 和平均覆盖区域数量 $\overline{\#R}$。

2. 运行时间效率

本节讨论所提出的分组算法的运行时间效率。该算法是用 C# 实现的，并在一台运算频率为 3.31GHz 的单机电脑上运行。算法的运行时间如图 10-10 所示。从图中可以看到，所提出的算法是非常高效的，仅用时 1.5h。对于一个城市来说，外卖配送任务分组只需要一个月进行一次。因此，所提出的外卖配送任务分组算法能够很好地在真实的外卖平台中进行应用。

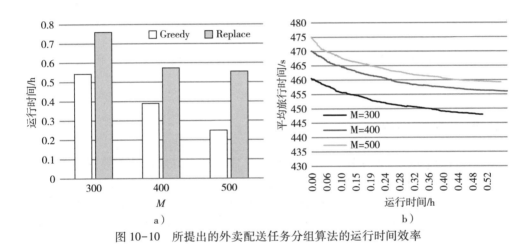

图 10-10 所提出的外卖配送任务分组算法的运行时间效率

3. 分组结果的均匀程度

分组结果的均匀程度也是一个重要的指标。不同任务组之间的任务数量、区域数量以及订单数量都应该尽可能地平均。对于一个任务分组结果，可以用信息熵作为指标来评估其任务数量、区域数量以及订单数量的均匀程度。具体来说，定义任务分布的信息熵 $Ent^t = -\sum_{m=1}^{M} p_m^t \log_2 p_m^t$，其中，$p_m^t$ 代表任务组 m 中的任务数量占任务总数量的比例。类似地，可以定义区域分布的信息熵 $Ent^r = -\sum_{m=1}^{M} p_m^r \log_2 p_m^r$ 以及订单分布的信息熵 $Ent^o = -\sum_{m=1}^{M} p_m^o \log_2 p_m^o$。$p_m^r$ 和 p_m^o 分别表示任务组 m 中区域和订单的比例。实验结果如图 10-11 所示，从中可以看出，本章的分组方法与对比方法 HDRF、RAND 和 Oblivious 都能够得到均匀的分组结果，其信息熵接近最优值 $\log_2 300 \approx 0.829$。

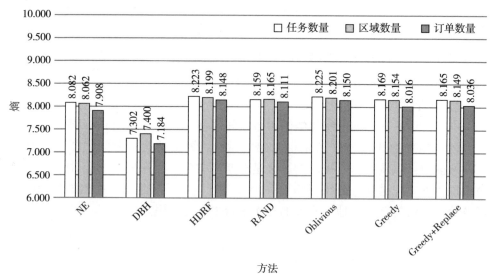

图 10-11 任务组之间的任务数量、区域数量以及订单数量的信息熵（$M=300$）

10.6 本章小结

本章提出了一个基于图分割的外卖配送任务分组方法，其能够提升外卖平台的配送效率。该方法主要包含三个部分：①基于历史真实的外卖订单数据，构建外卖配送任务图；②定义和推导了可共享性和空驶时间，并将其合并成为一个目标函数；③设计了一个基于外卖配送任务时空属性的启发式算法来进行外卖配送任务分组。实验结果显示，所提出的方法能够得到高共享性和低空驶时间的任务组，从而大幅度提升有限配送人员的整体配送效率。相比于已有图的边分组算法，所提出的外卖配送任务分组算法能够显著提升至少16%（87s）的平均配送时间。因此，基于本章的研究，外卖平台能够大幅提升其有限配送人员的配送效率，提升经济利润的同时也降低了用户的等待时间。未来的工作将继续研究外卖配送人员的分配问题和外卖配送人员的实时调度问题。外卖配送人员的分配问题旨在将一定数量的外卖配送人员分配到不同的任务组，而外卖配送人员的实时调度旨在实时地调度外卖配送人员对每个实时到来的外卖订单进行配送。很显然，这两个问题也影响着有限配送人员的配送效率，亦属于城市资源智能优化的问题。

第11章

地铁停站时间调度

地铁是重要的城市交通工具,对列车停站时间的优化可以有效地减少乘客的出行时间,有很重要的经济意义。但是,该问题是非常复杂的。首先,列车停站时间的不同对整个地铁系统有长效的影响,且没有明显的标签数据来刻画这种长效影响。其次,有两点相互影响的因素影响一辆列车停站时间的决策:未来站点乘客的状态和同线路上其他列车的状态,它们之间相互影响且随时间变化。本章提出的基于深度神经网络的策略通过捕捉长效影响实时地融合以上两点因素,从而决定车辆的停站时间,进而使整个地铁系统的运行效率得到提升。首先,本策略通过强化学习优化了停站时间的长期奖励,即对长效影响进行了建模。该奖励包括两个部分,即乘客在站台上的等待时间和列车上的旅途时间。此外,提出的策略网络利用旅客特征提取器来捕获客流的复杂时空相关性,利用列车特征提取器分别对列车之间的相互关系进行建模,并融合了这两类信息从而指导停站动作的选择。最后,在真实的数据集上评估了该策略有效性。目前,该策略正在地铁运营商处部署以指导列车停站。

本章安排如下:11.1 节阐述本章的研究背景和研究意义;11.2 节介绍本章的相关工作;11.3 节介绍相关预备知识;11.4 节介绍动态列车停站时间调度方法;11.5 节通过实验对本章所提出的模型进行评估;11.6 节是本章小结。

11.1 引言

地铁由于其便利性、安全性和高效性已成为城市最重要的公共交通工具。举例来说,在北京这个拥有大约 2200 万人的城市,地铁平均每天提供约 1050 万人次的出行,如图 11-1a 所示。根据文献 [182],通勤时间与人们的生产力密切相关。也就是说,缩短乘客乘坐地铁的时间可以提高城市的工作效率,带来可观的经济效益。为此,地铁运营商已经采取了许多方法,例如增加列车的频率和加快列车运行速度等。然而这些方式同时也带来了巨大的能源消耗和成本花费,更重要的是增加了风险隐患。因此地铁系统迫切需要粒度更细、节能且安全的方式进一步提升运行效率,从而缩短乘客的出行时间。

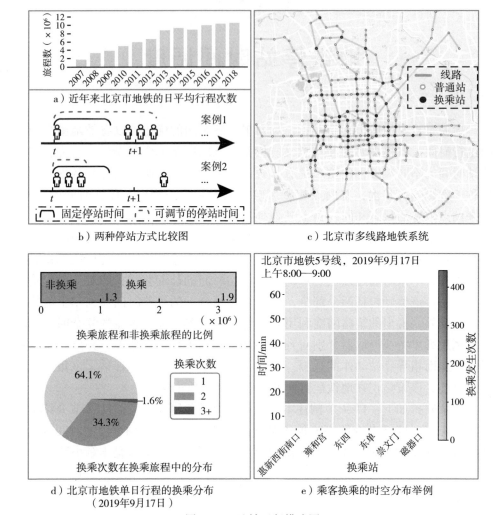

图 11-1 地铁运行模式图

实际上,每个站点的列车停站时间通常是固定的且由专家经验决定,例如,北京市地铁 14 号线在高峰时段和非高峰时段的停站时间分别为 62s 和 74s。显然,这种以固定时间表的方式无法充分地考虑旅客的分布信息。因此,通过优化停站时间可以在很大程度上提升系统效率。举例来说,图 11-1b 展示了两种情况：第一种情况中，假设已知有很多乘客即将入站，可以相应地延长停站时间以使他们不会错过列车；在第二种情况，假设已知未来一段时间内不会有乘客入站，那么相应减少停站时间可以使列车里的乘客节省不必要的等待时间。随着刷卡系统的普及，地铁系统可以收集到大量的乘客入站和出站记录，增加了进一步根据乘客需求研究动态分配列车停站时间的动态策略的可能性。但是，实现这个策略存在一些挑战：

1）优化乘客平均行程时间是复杂且长期的目标。行程时间主要由乘客在站台上的等待时间和在列车上的旅途时间组成，而改变停站时间会对这两种时间产生影响。举例来说，较长的停站时间可能会减少人们在站台的等待时间，而这会增加已经在列车上的乘客的旅途时间。另外，更改列车在某个车站的停站时间将完全修改后续车站到达的时间表，这会对整个行程时间产生长期的影响。因此，通过考虑长期影响以使更多乘客受益，安排合适的停站时间是非常重要的。

2）复杂的时空相关性影响准确预测入站乘客的数量。如图 11-1c、d 所示，大城市的地铁系统由多条地铁线路组成，而很多乘客需要换乘线路才能到达目的地，因此地铁站的入站乘客数量受空间相关性的影响。另外在时域上，短期和长期的入站旅客数量都是高度动态的。如图 11-1e 所示，大量乘客在天通苑地铁站上车并且将在不同的时间段出现在后续的换乘站上。此外，工作日早高峰时段的客流模式大致相似，每 24h 重复一次。因此，同时捕获乘客流量的空间和时间相关性对于做出合适的停站时间决定至关重要。

3）同一地铁线路上列车之间的相互作用。当某辆列车到达站台后，等待的乘客是否上车使得该车站乘客分布状态发生改变，并影响即将到来的列车的停站时间。例如，如果当前列车的前续列车没有足够的空间，则应考虑减少本列车的停站时间，以使无法搭乘前续列车的乘客减少等待。

最近有许多工作研究如何根据乘客的需求确定列车的停站时间[183-186]。但是由于以下两个原因，它们的性能受到限制。第一，现有的研究旨在学到一个方程，可以根据当前车站的乘客流量得到合适的停站时间。然而，仅基于当前站点人流量的这种方法无法捕获单个站的停站时间对总体行程的长期影响。第二，这些工作忽略了当前列车与其他列车的相互作用，即这些方法仅针对单个列车进行优化，因此无法针对整个地铁系统的效率进行改进。为了解决该问题，本章提出了一个基于深度神经网络的策略，称为 AutoDwell，可以为每列列车分配其下一站的停站时间以提高地铁系统的效率，即减少乘客的平均行程时间。总而言之，本章的贡献有三个方面：

- 使用深度强化学习（Deep Reinforcement Learning，DRL）框架来学习提出的深度策略。利用 DRL，提出的深度网络融合了乘客状态和列车状态，从而优化了一个根据停站时间设置的长期奖励，该奖励是通过加权站台上乘客的等待时间和列车上乘客的旅途时间来设计的。据我们所知，这是首个使用强化学习框架解决动态列车停站时间调度问题的工作。
- 对于每辆列车，AutoDwell 采用由门控递归单元（Gate Recurrent Unit，GRU）和图注意力网络（Graph Attention Network，GAT）组成的乘客特征提取器来捕获这些站点之间乘客信息的时空相关性，从而根据学到的乘客状态做出决策。同时，AutoDwell 也利用其线路上的前后列车的状态作为输入，并使用注意力机制作为列车特征提取器来捕获它们之间的相互作用，以辅助决策。
- 使用从两个大城市（即北京和杭州）收集的真实数据集评估模型。实验结果证明了本模型对比多个基准模型都具有优势。特别是，AutoDwell 可以将平均行程时间缩短至少 3%，能够为所有乘客每天节省数百万分钟的时间。从另一个角度来说，如果保持这些基准方法的平均行程时间，采用本方法至少每天减少数十辆的列车资源。目前，AutoDwell 正在地铁运营商处部署以指导列车停站。

11.2　相关工作

本章研究的内容包括地铁系统调度和深度强化学习两类相关工作。

1. 地铁系统调度

通常，很多研究工作都是预先确定每列列车在每个站点的到达时间和发车时间[187]。一些研究工作试图在一些紧急情况发生（例如，事故）后重新安排时间表，以快速恢复地铁系统[188]。然而，这些方法很少考虑到入站乘客的动态性和多样性分布的特性。一些研究人员研究了不同停留时间对乘客出行时间的影响[186]。通过学习一个函数将等待乘客的数量映射到适当的停留时间，以便火车可以运载更多乘客。然而，其缩短乘客平均旅行时间的性能仅限于两个方面：这些方法仅考虑停留时间对当前车站的影响，无法捕捉这些对整体旅行时间的长期影响；另外，这些前期工作忽略了列车之间的相互作用。最近，阴佳腾等人[189]和杨松坡等人[190]的工作开辟了一个新的分支，即考虑真实世界的刷卡数据来优化能耗和乘客等待时间，这是一个重要而现实的问题。本章的工作与这两篇论文的工作有以下几个方面的根本不同。首先,双目标问题不同,本章的工作只优化了乘客的旅行时间,包括站台等待时间和火车上的日志时间,仅在给定的速度曲线(即能耗固定)下优化行程时间。具体来说,列车的能耗主要由速度决定。作为一种常识,可以很容易地通过提高列车速度来缩短乘客的旅行时间,但同时也带来了更多能源消耗。阴佳腾等人[189]和杨松坡等人[190]则将这两个相互冲突的目标建模为一个双目标优化问题。第二,现实世界中的地铁系统通常由多条线路组成,这些线路相互影响。这两篇论文的工作只考虑了单线的优化,本章的工作可以在更加复杂的系统中工作。第三,这两篇论文中的驻留过程模型过于简单。特别是,模型假设每个等待的乘客都可以乘坐新到的列车。事实上,在现实世界中,由于车辆容量的限制,乘客往往无法上车,尤其是在早晚高峰时段。为此,本章的工作考虑了车辆容量,可以更好地学习模型以优化实际问题。与上述工作不同,本章研究采用了基于DRL的模型来优化停留时间设置的长期影响。此外,对进站乘客的时空相关性和同一线路上列车之间的相互作用进行了建模,使模型具有更多的必要信息,以提高地铁系统的效率。

2. 深度强化学习

与普通强化学习相比,深度强化学习利用了深度神经网络的力量,提高了许多具有挑战性的应用程序的性能,例如 Go[191] 和 Atari 游戏。如今,DRL 在解决城市计算领域的复杂问题方面取得了成功,如自行车重新定位、订单调度、供需平衡、救护车重新部署等。同样,本章建议使用 DRL 来解决城市交通问题,即地铁系统中的停留时间调度。

11.3 预备知识和问题定义

本节首先介绍了关于地铁系统的重要概念,然后进行形式化动态列车停站时间调度问题分析。

- **线路**:定义本工作形式化的地铁系统中有 n^{line} 条线路。现实中,由于很少有乘客在同一条路线的两个方向之间换乘,在本系统中,将同线路的两个不同的方向视为不同的路线(即本系统的线路会对应 $\dfrac{n^{\text{line}}}{2}$ 条真实线路)。

- **站点**:真实站点可能会属于多条线路,即换乘站。为简单起见,现实中的换乘站在本系统中被分解为多个站点,其中每个站点仅属于一条线路。数学上，本系统共有 n^{stat} 个站点。每个站点可以由一个二元组表示，包含其所属的线路编号和该对应的现实中的站点编号，u_i = (#line, #realstation)。给定两个不同的站点 u_i 和 u_j，u_i.#line = u_j.#line 表示这两个站点属于同一条线路；u_i.#realstation = u_j.#realstation 表示它们是同一站点的不同线路。

❑ **列车**：本系统根据时间表 $\mathcal{T}$ 为每条线指定从初始车站发车的时间频率。此外，本系统用速度资料 $\mathcal{P}$ 控制所有运行中的列车，该资料由每两个相邻站点之间的速度设置组成。值得注意的是，这两个设置分别决定了地铁系统的列车资源和能耗，可以视为系统的主要成本[192]。此外，系统中列车的容量为 n^{capa}。列车到达站点时，其停站时间在 $[\delta^{min}, \delta^{max}]$ 之间。

基于以上定义，动态列车停站时间调度问题可以被定义为：

动态列车停站时间调度问题：给定多线路地铁系统，本问题的目标是学习一种有效的策略，当一辆列车从当前站点出发时，该策略给出该列车在下一站的停站时间（范围为 $[\delta^{min}, \delta^{max}]$）。该策略旨在缩短乘客在一段较长时间内的平均行程时间，且无须花费额外费用（可以通过固定 $\mathcal{T}$ 和 $\mathcal{P}$ 实现）。

11.4 基于深度 Q 网络的动态列车停站时间调度方法

11.4.1 模型框架

为了获得有效的动态列车停站时间调度策略，本节提出了一个深度神经网络，即 AutoDwell，并使用 DRL 来学习该网络。图 11-2 展示了动态列车停站时间调度系统架构，包括 AutoDwell 的两阶段的系统设计，即离线学习过程和在线部署过程。

1. 离线学习过程

本过程使用 DRL，通过与仿真环境进行交互来训练 AutoDwell。具体来说，该过程包含三个主要组件：数据处理模块、仿真器模块和 AutoDwell 学习模块。

(1) 数据处理 该模块的目标是提取用于学习 AutoDwell 的知识，包含两个主要任务：首先是提取真实地铁系统的设置，例如地铁结构、时间表和速度资料等。其次，基于站点入站和出站记录 [一种带有时间戳的始发-终点 (Origin-Destination, OD) 数据] 来估计乘客的轨迹。具体来说，乘客从入站到出站的整个过程可包括进入时间（从入口进入车站到步行至站台的时间）、等待时间（从到达站台到车辆开始运行的时间）、旅程时间（列车上的时间）和出站时间（从站台到出口的步行时间）。另外，当行程的起点和终点属于不同的线路时，还需要考虑换线时间。由于已有大量有关轨迹估计的研究[193-195]，因此本工作直接采用文献［193］中报告的北京市地铁网络控制中心的方法。

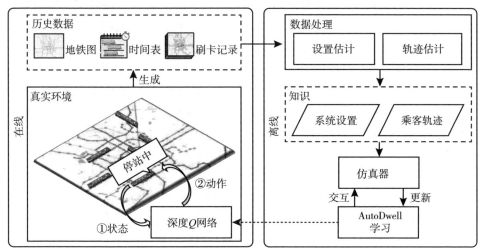

图 11-2　动态列车停站时间调度系统的架构图

（2）仿真器　仿真是一种有效的且广泛用于训练 DRL 模型的方法[196-200]。本工作基于提取的地铁真实设置构造了一个仿真器，以提供离线地铁系统进行模型训练。首先，该仿真器使用乘客轨迹来模拟环境。具体来说，乘客根据实际时间进入模拟的地铁系统，其原始车站、目的地车站和轨迹均与真实记录一致。

另外，列车停站过程是非常复杂的。对于每个停站过程，上车的乘客数量是由多个因素共同决定的，包括平台上等待的乘客数量、下车乘客的数量、仍在列车上的乘客数量、车厢容量和停站时间等。因此选择一个合适的停站时间至关重要，它可以扩大列车的使用率并避免不必要的等待。本仿真器中采用文献［201］中提出的模型来模拟乘客在站台上下车的过程。

（3）AutoDwell 学习　本章采用 Q-learning 的 DRL 框架来优化 AutoDwell。该框架可以由一个代理对象（Agent）和五个主要组件来表示，即 $\{\mathcal{A}, \mathcal{S}, r, \pi, Q\}$。

1）代理对象和行动集（Action Set），表示为 $\mathcal{A}$：在地铁系统中会有许多列车在运行，同时优化所有列车会导致巨大的解空间。因此，AutoDwell 的代理对象为任意一辆列车，且所有列车共享这一策略。当任意列车从当前车站离开时，本策略会选择相应的操作，即该列车在下一站的停站时间。因此，该策略可以将操作空间从 $(n^{\text{action}})^{n^{\text{train}}}$ 减小到 n^{action}，其中 n^{action} 和 n^{train} 分别是行动的数量和正在运行的列车的数量。此外，通过使用该策略，列车之间还可以相互配合以提升系统效率，原因是对于每个列车，使用AutoDwell执行停站决策时都会考虑其他相关列车的状态（详细描述请参见11.4.2节）。

行动集 $\mathcal{A}$ 包含列车的所有停站时间选项。如前所述，停站时间的范围是连续的，即 $[\delta^{min}, \delta^{max}]$。为了进一步减少行动空间，从而降低问题复杂度，我们将该范围均匀离散化为 n^{action} 个离散值，即 $\mathcal{A}$ 中包含 n^{action} 个时间选项。

2) 状态集（State Set），表示为 $\mathcal{S}$：对于一辆即将出发的列车，两种观察到的状态会影响其做出不同停站动作，包括同一地铁线上其他列车的状态以及其后续车站的客流状态。数学上，列车状态和乘客状态分别表示为集合 $\mathcal{C}$ 和 $\mathcal{X}$，即 $\mathcal{S} = \{\mathcal{C}, \mathcal{X}\}$。状态的内容将在11.4.2节中详细介绍。

3) 即时奖励（Immediate Reward），表示为 r：在当前状态下采取行动并转移到下一个状态后，代理对象会获得即时奖励。在这项工作中，为了优化较长时间内的平均行程时间，并通过强化学习建模长期的影响，我们通过站台上乘客的等待时间和列车上乘客的旅途时间来设计即时奖励。

详细来说，当列车 m 在站点 u_j 已经停留了该行动对应的时间 δ_{m, u_j} 后准备出发，AutoDwell根据式（11.1）来计算这个行动对应的即时奖励：

$$r_{m, u_j} = \omega \times \psi_{m, u_j} - (1 - \omega) \times \epsilon_{m, u_j} \tag{11.1}$$

式中，ψ_{m, u_j} 和 ϵ_{m, u_j} 分别是基于乘客的等待时间和旅途时间设计的两个指标；ω 是衡量这两部分重要性的参数。假设在停站阶段，登上该列车、下车和停站完成后列车上的乘客总人数分别为 ρ_{m, u_j}^{boar}、ρ_{m, u_j}^{alig} 和 ρ_{m, u_j}^{total}，上述两个指标被定义如下：

等待时间成本 ψ：对于乘客 p_k，其等待时间即从他到达站台到所乘坐的列车开始行驶的时间，表示为 $\delta_{p_k}^{waiting}$。那么，对于本次停站的等待时间成本 ψ_{m, u_j} 定义为 $\psi_{m, u_j} = \sum_k^{\rho_{m, u_j}^{boar}} \delta_{p_k}^{waiting}$。$\psi_{m, u_j}$ 越大，列车服务的乘客数量越多或等候得越久。

旅途时间成本 ϵ：对于在列车到达站点 u_j 之前已经在车上的乘客，停站时间越短那么旅途时间就越短。因此，该指标表示为 $\epsilon_{m, u_j} = \kappa \times \delta_{m, u_j}$，其中 $\kappa = \rho_{m, u_j}^{total} - \rho_{m, u_j}^{boar}$ 表示在 u_j 过路的乘客。该指标越小，过路乘客的旅途时间就越短。

4) 策略（Policy），表示为 π；以及长期价值函数（Long-term Value Function），表示为 Q：代理对象以离散的时间步长与环境交互。在每个时间步骤 t，处于状态 s_t 的代理对象根据策略 π（即映射：$\mathcal{S} \times \mathcal{A} \to \pi$）做出动作 a_t。然后，对象转换到下一个状态 s_{t+1} 并立即收到奖励 r_t。在一个片段（Episode）即

特定的时间间隔,从 t 步开始动作的累积奖励 R_t 为

$$R_t = r_t + \gamma \times r_{t+1} + \gamma^2 \times r_{t+2} + \cdots + \gamma^{T-t} \times r_T \tag{11.2}$$

式中,γ 为折扣参数;T 是该片段的最后一步。接下来,最优值函数 Q 返回每个动作 a_t 的最大期望长期回报,其表达式为

$$Q(s_t, a_t) = \max_\pi \mathbb{E}[R_t | s_t, a_t; \pi] \tag{11.3}$$

获得此方程后,可以轻松推断强化学习的相应最佳策略,即始终在当前状态下以最大 Q 值执行动作:$a_t^* = \mathrm{argmax}_a Q(s_t, a_t)$。式(11.4)中显示的 Bellman 方程,通常用迭代方法估算最佳长期价值函数:

$$Q(s_t, a_t) = \mathbb{E}_{s_{t+1}}[r_t + \gamma \times \max_{a_{t+1}} Q(s_{t+1}, a_{t+1}) | s_t, a_t] \tag{11.4}$$

但是,由于难以指定复杂的长期价值函数 Q,我们设计了一种新颖的深度网络,即 AutoDwell,作为深度强化学习框架的 Q 网络来存储策略 π(详见 11.4.2 节)。

2. 在线部署过程

基于上述阶段,深度 Q 网络收敛之后,模型可以部署到现实世界中。根据给定的观察到的状态,部署的 Q 网络根据最大 Q 值来指导停站时间的调度。实际上,由于操作的粒度很细,该模型可以直接嵌入地铁控制系统中。或者是,出于安全性考虑,该模型可以独立于控制系统,为地铁运营商提供停站时间建议。

11.4.2 深度 Q 网络设计方法

图 11-3a 显示了所设计的动态列车停站时间调度模型——深度 Q 网络(即 AutoDwell)的逻辑结构,该网络通过即时奖励和观察到的状态来估计动作的长期奖励。具体来说,它由三个部分组成:①列车特征提取器,用于根据列车状态 $\mathcal{C}$,捕获当前列车与同一条线上的其他列车之间的交互关系;②乘客特征提取器,用于根据乘客状态 $\mathcal{X}$,通过考虑后续站点乘客流量的时空相关性,捕捉即将入站乘客的信息;③融合模块,将以上两个部分的知识融合在一起,并相应地为行动估计 Q 值。

1. 列车特征提取器

对于当前正要出发去站点 u_i 的列车 m,该车的状态可以表示为 $\mathcal{C}_{m,u_i} = \{d_m, D_m^{\mathrm{front}}, D_m^{\mathrm{rear}}\}$,其中,$d_m \in \mathbb{R}^{n^{\mathrm{fea}}}$ 表示当前列车的特征,包括其运行状态、位置和载客量等。另外,对于一辆列车,当前环境下有两种类型的车辆对其产生影响,

即该列车前方的车辆和后方的车辆。矩阵 $\boldsymbol{D}_m^{\text{front}} \in \mathbb{R}^{n_m^{\text{front}} \times n^{\text{fea}}}$ 和 $\boldsymbol{D}_m^{\text{rear}} \in \mathbb{R}^{n_m^{\text{rear}} \times n^{\text{fea}}}$ 分别表示这两种类型车辆的特征,其中 n_m^{front} 和 n_m^{rear} 分别表示前车和后车的数量。

本模块使用注意力机制[79],从而捕获当前列车与其他列车之间的交互,如图 11-3b 所示。该机制旨在研究训练数据不同部分的重要性,让学习算法专注于最有用的部分,即希望将注意力集中在影响力最大的车辆上。此外,由于这些相关列车的数量随着当前列车的运行而变化,即一段时间后新的列车会从第一个站点开始加入系统,而旧的列车将到达终点站从而退出系统,注意力机制还可以处理这种训练数据长度可变的情况。

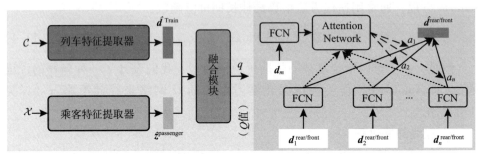

a)深度 Q 网络-AutoDwell 模型结构图　　　b)列车特征提取器结构图

图 11-3　深度 Q 网络-AutoDwell 模型结构图

值得注意的是,我们使用相同的模型分别捕获这两种类型车辆的影响,下面将以后续列车为例来描述该模型。形式上,模型的输入为 d_m 和 $\boldsymbol{D}_m^{\text{rear}} = [\boldsymbol{d}_1^{\text{rear}},\cdots,\boldsymbol{d}_{n_m^{\text{rear}}}^{\text{rear}}]$。首先,权重矩阵 $\boldsymbol{W}^{\text{Tr}}$ 将列车的特征向量进行转化,从而获得更好的表达能力。然后,通过注意力机制建模列车 m 与每个后续列车之间的交互,即通过 Softmax 函数获得归一化的重要性权重 a_i,具体如下:

$$e_i = \tanh(\boldsymbol{v}^{\text{T}}(\boldsymbol{W}^{\text{Tr}}\boldsymbol{d}_m, \boldsymbol{W}^{\text{Tr}}\boldsymbol{d}_i^{\text{rear}}))\ ; a_i = \frac{\exp(e_i)}{\sum_{z \in n_m^{\text{rear}}} \exp(e_z)} \qquad (11.5)$$

其中 v 是一个单层前馈网络。接下来,由以下公式得出包含当前列车与所有后续列车交互关系的输出表征向量:

$$\hat{\boldsymbol{d}}_{m,u_i}^{\text{rear}} = \sum_{z \in n_m^{\text{rear}}} a_z \boldsymbol{W}^{\text{Tr}} \boldsymbol{d}_z^{\text{rear}} \qquad (11.6)$$

相似地,可以通过将 d_m 和 $\boldsymbol{D}_m^{\text{front}}$ 输入本模块,得到前序列车的表征 $\hat{\boldsymbol{d}}_{m,u_i}^{\text{front}}$。最终的输出为 $\hat{\boldsymbol{d}}_{m,u_i}^{\text{train}} = \hat{\boldsymbol{d}}_{m,u_i}^{\text{rear}} \| \hat{\boldsymbol{d}}_{m,u_i}^{\text{front}} \| (\boldsymbol{W}^{\text{Tr}}\boldsymbol{d}_m)$,其中 $\|$ 是向量拼接操作。值得注意的是,

本模块使 AutoDwell 在执行动作时考虑到了其他相关列车的状态。因此，本模型遵循了多智能体学习范式（Multi-agent），即可以使列车间进行相互协作[198]。

2. 乘客特征提取器

与仅考虑下一个车站的乘客数量得出停站时间的先前研究相反，当列车执行一个动作时，本模块的目标是参考所有后续车站的乘客状态从而执行有长期收益的动作。对于每个车站，乘客状态都包含两种信息，即包括最近的乘客流量和外部特征。例如一天中的小时数、是否休假、天气和 POI 等。本模型的目标即是从最近的乘客流量中捕获短期的时空相关性，并从这些外部特征中学习长期的时空相关性，以便可以揭示未来乘客的信息。

详细地说，假设停靠在车站 u_i 的车辆 m 正在准备出发，其后续车站分别是 u_j、u_k、$\cdots u_y$。那么，乘客状态 $\mathcal{X}$ 包含所有这些后续车站的上述两类特征。值得注意的是，第一，随列车的行驶后续车站的数量会变化，即 $\mathcal{X}$ 是长度可变的；第二，地铁系统有两种类型的站点，即普通站和换乘站，估计换乘站的乘客信息更为复杂。原因是，对于普通车站，乘客都是从该站进入的；而换乘站中的乘客不仅有从该站直接进入的，还有从其他线路换乘而来的。因此，对于普通站，其状态仅包括其自身的乘客流数据；但对于换乘站，其状态记录换乘站本身及其所有相关车站的客流量。为了处理这样的复杂数据，如图 11-4b 所示，我们提出了乘客特征提取器，它由换乘站学习器、普通站学习器和总结性循环网络组成。具体而言，换乘站学习器和普通站学习器被用来提取时空相关性并分别捕捉换乘站和普通站的未来流量。然后，总结性循环网络用来整合这些长度可变的后续站的影响。本节将详细介绍这三个组件。

（1）**换乘站学习器** 假设第一个后续车站 u_j 是一个换乘站，那么 u_j 的乘客状态为 $(\mathcal{X}_{m,u_i})_1 = (\boldsymbol{X}_{u_j}, \boldsymbol{G}_{u_j}, \boldsymbol{f}_{u_j})$，其中 $\boldsymbol{X}_{u_j}$、$\boldsymbol{G}_{u_j}$ 和 $\boldsymbol{f}_{u_j}$ 分别表示该车站的乘客流量矩阵、邻接矩阵和外部特征向量。对于换乘站，其他站可能会影响其乘客状态，因此 $\boldsymbol{X}_{u_j}$ 会包括所有这些相关站的客流量，即 $\boldsymbol{X}_{u_j} = [\boldsymbol{x}_{u_j}, \boldsymbol{x}_1^{u_j}, \cdots, \boldsymbol{x}_{n_{u_j}^{\text{neig}}}^{u_j}]$，其中 $\boldsymbol{x}_{u_j}$ 表示 u_j 的历史流量，其余的向量表示该站点的 $n_{u_j}^{\text{neig}}$ 个邻居站点的历史流量。详细来说，对于任意的车站 $\boldsymbol{x}_* = \boldsymbol{x}_*^{\text{in}} + \boldsymbol{x}_*^{\text{transfer}}$，$\boldsymbol{x}_*$、$\boldsymbol{x}_*^{\text{in}}$ 和 $\boldsymbol{x}_*^{\text{transfer}} \in \mathbb{R}^{n^{\text{hist}}}$，其中 n^{hist} 是历史客流量时间戳的数量。$\boldsymbol{x}_*^{\text{in}}$ 和 $\boldsymbol{x}_*^{\text{transfer}}$ 分别表示在每个时间戳中从此车站进入和从其他线路转移到此车站的乘客。值得注意的是，对于普通车站，$\boldsymbol{x}_*^{\text{transfer}}$ 中每个条目都等于 0。此外，这些站点的空间关系由图关系保存，即 $\boldsymbol{G}_{u_j}$。这些相关的站点可以根据乘客的轨迹数据预先计算，即选择在历史上有很多乘客进入该换乘站的初始车站。

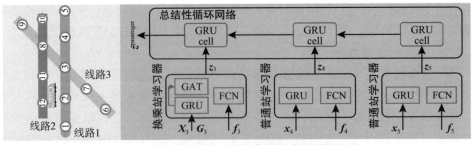

a）一个多线路地铁系统　　　b）乘客特征提取器概述图

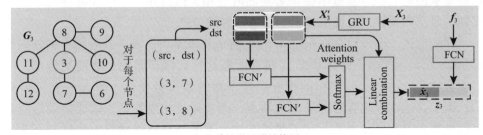

c）换乘站学习器结构图

图11-4　乘客特征提取器模型图

本学习器中采用RNN和GAT[130]来捕获近期流量中非常复杂的短期时空相关性，如图11-4c所示。首先，使用RNN根据给定的历史流量对短期站内时间相关性进行建模。由于GRU[202]是一种简单但有效的RNN结构，因此将GRU作为具体实现进行介绍。形式化地，GRU可以被定义为$h_t = \mathrm{GRU}(c_t, h_{t-1} | W_*, U_*, b_*)$，其中$c_t \in \mathbb{R}^D$和$h_t \in \mathbb{R}^{D'}$分别是时间戳$t$的输入向量和编码状态；$W_* \in \mathbb{R}^{D' \times D}$和$U_* \in \mathbb{R}^{D' \times D}$是权重矩阵；$b_* \in \mathbb{R}^{D'}$是偏置向量（$* \in \{u, r, h\}$）。具体而言，GRU得出隐藏状态的表征为

$$\begin{cases} u = \sigma(W_u c_t + U_u h_{t-1} + b_u); r = \sigma(W_r c_t + U_r h_{t-1} + b_r); \\ h_t = u \circ h_{t-1} + (1-u) \circ \tanh(W_h d_t + U_h(r \circ h_{t-1} + b_h)) \end{cases} \quad (11.7)$$

式中，$\circ$是逐元素乘法操作；$\sigma(\cdot)$表示Sigmoid方程。

本学习器运用GRU来编码各个站点的历史客流，该GRU表示为$\mathrm{GRU}^{\mathrm{Ind}}$。假设给定输入向量$x = [x_1, \cdots, x_{n_{\mathrm{hist}}}]$，GRU最后一个状态的隐藏层将作为历史流量的表征，标记为$h_{n_{\mathrm{hist}}}^{\mathrm{Ind}} = \mathrm{GRU}^{\mathrm{Ind}}(x_{n_{\mathrm{hist}}}, h_{n_{\mathrm{hist}}-1}^{\mathrm{Ind}} | W_*^{\mathrm{Ind}}, U_*^{\mathrm{Ind}}, b_*^{\mathrm{Ind}})$。为简洁起见，对于站点$u_j$，将$(h_{n_{\mathrm{hist}}}^{\mathrm{Ind}})_{u_j}$简化为$x_{u_j}'$。

然后，本学习器采用GAT来捕获u_j及其相关站点之间的短期空间相关性。详细来说，根据GAT，首先采用表示为W^{St}的全连接网络计算出一个方

程，提供车站之间的注意力得分。接下来，Softmax 方程用来定义规范化的影响力：

$$e_{j,z} = \phi(\boldsymbol{g}^T(\boldsymbol{W}^{\text{St}}\boldsymbol{x}'_{u_j}, \boldsymbol{W}^{\text{St}}\boldsymbol{x}'_z))\ ; a_{j,z} = \frac{\exp(e_{j,z})}{\sum_{u_c \in \mathcal{N}_{u_j}} \exp(e_{j,c})} \qquad (11.8)$$

式中，$\mathcal{N}_{u_j}$ 是 u_j 在图 $\boldsymbol{G}_{m,u_j}$ 中的邻居；$\boldsymbol{g}$ 是一个单层前馈神经网络。

接下来，对于本换乘站，通过权重组合相邻车站的隐藏状态，并应用非线性函数 σ，最终输出邻居站点的总体影响力表征：

$$\hat{\boldsymbol{x}}_{u_j} = \sigma\Big(\sum_{u_c \in \mathcal{N}_{u_j}} a_{j,c}\boldsymbol{W}^{\text{St}}\boldsymbol{x}'_{u_c}\Big) \qquad (11.9)$$

除了短期的时空相关性之外，未来的客流量还可能受到长期因素的影响，例如一天中的小时数和区域功能等。为此本学习器采用表示为 $\boldsymbol{W}^{\text{Lo}}$ 的全连接网络，从外部特征 $\boldsymbol{f}_{u_j}$ 中捕获了这种相关性。最终本模块输出捕获了长期和短期时空相关性的乘客信息表征 $\boldsymbol{z}_{u_j} = \hat{\boldsymbol{x}}_{u_j} \| (\boldsymbol{W}^{\text{Lo}}\boldsymbol{f}_{u_j})$。

（2）**普通站学习器**　假设车辆 m 的第二个后续车站 u_k 是一个普通车站，那么该站点的状态为 $(\mathcal{X}_{m,u_i})_2 = (\boldsymbol{x}_{u_k}, \boldsymbol{f}_{u_k})$。由于普通站点只与该站点本身状态有关，因此，该状态中仅包含其自身的历史流量向量 $\boldsymbol{x}_{u_k}$ 和外部特征向量 $\boldsymbol{f}_{u_k}$。

本学习器使用与前面相同的 GRU，即 GRU^{Ind}，捕获普通站的短期时间相关性。输入 $\boldsymbol{x}_{u_k}$ 到 GRU^{Ind}，获得并输出存储在 GRU 单元最后状态中的隐藏表征，表示为 $\hat{\boldsymbol{x}}_{u_k}$。同样，相同的全连接网络（$\boldsymbol{W}^{\text{Lo}}$）被用来嵌入外部特征向量 $\boldsymbol{f}_{u_k}$。最终，普通站 u_k 的输出表征为 $\boldsymbol{z}_{u_k} = \hat{\boldsymbol{x}}_{u_k} \| (\boldsymbol{W}^{\text{Lo}}\boldsymbol{f}_{u_k})$。

（3）**总结性循环网络**　由于后续站点的数量是可变的，因此本模块使用一个新的 RNN 来加权这些站点的嵌入，从而获得这些站点的影响。详细来说，当结束上述两类学习器的处理，本模块的输入为 $[\boldsymbol{z}_{u_y}, \cdots, \boldsymbol{z}_{u_k}, \boldsymbol{z}_{u_j}]$。值得注意的是，考虑到距离的影响，该输入的顺序是基于到站点 u_i 距离的倒序。本模块依然使用 GRU 作为本模块 RNN 的实现，标记为 GRU^{Con}。最后，输出 GRU 最后一个状态的隐藏表征，$\hat{\boldsymbol{z}}_{m,u_i}^{\text{passenger}} = \text{GRU}^{\text{Con}}(\boldsymbol{z}_{u_j}, \boldsymbol{h}_{u_k}^{\text{Con}} | \boldsymbol{W}_*^{\text{Con}}, \boldsymbol{U}_*^{\text{Con}}, \boldsymbol{b}_*^{\text{Con}})$，即嵌入了后续站点的复杂时空相关性，从而得到了揭示未来乘客状态的表征。

3. 融合模块

融合模块的目的是融合上述两个方面的知识并揭示每个动作的 Q 值。具体而言，将上述两个组件的输出馈送到一个全连接网络，以对它们的潜在相关性进行建模并估算每个动作的 Q 值。对于即将前往 u_i 站的列车 m，估计的 Q 值向量 $\boldsymbol{q}_{m,u_i}$ 可以通过以下方式获得：

$$\boldsymbol{q}_{m,u_i} = \boldsymbol{D}_c(\sigma(\cdots\boldsymbol{D}_1(\sigma(\hat{\boldsymbol{d}}_{m,u_i}^{\text{train}} \parallel \hat{\boldsymbol{z}}_{m,u_i}^{\text{passenger}}))\cdots)) \quad (11.10)$$

式中，$\{\boldsymbol{D}_1,\cdots,\boldsymbol{D}_c\}$ 表示 c 个密集层。

4. 优化算法

遵循基本的 Q-learning 框架，本网络可以进行端到端地优化[197,200,203]，如算法 10 所示。首先，初始化深度 Q 网络，即 AutoDwell。然后，对于每个时间片段，AutoDwell 会为列车分配停站时间并将状态、动作和即时奖励存储在事务集合中（第 5~12 行）。请注意，这里的时间片段对应于地铁系统的服务时间。接下来，AutoDwell 从事务集合中随机选择一个样本集来训练该策略（第 13~16 行）。该过程迭代进行，直到 AutoDwell 收敛。

Algorithm 10：AutoDwell 训练算法

Input：小概率值 ϵ 和折扣参数 γ
Output：深度 Q 网络

1　**初始化**：事务集合 $\mathcal{D}$ 和深度 Q 网络的参数集 θ
2　**for** $\text{episode}=1,n^{\text{episode}}$ **do**
3　　**for** $t=1,n^{\text{dwell process}}$ **do**
4　　　生成一个随机数 $\hat{\epsilon} \in [0,1]$;
5　　　**if** $\hat{\epsilon} < \epsilon$ **then**
6　　　　选择一个随机动作 a_t;
7　　　**else**
8　　　　选择动作 $a_t = \text{argmax}_a Q(s_t, a_t; \theta); s_t = \{\mathcal{C}_t, \mathcal{X}_t\}$;
9　　　**end**
10　　在仿真器中采取动作 a_t 并得到即时奖励 r_t 且观察到新状态 $s_{t+1} = \{\mathcal{C}_{t+1}, \mathcal{X}_{t+1}\}$;
11　　存储该事务 (s_t, a_t, r_t, s_{t+1}) 到 $\mathcal{D}$ 中;
12　　从 $\mathcal{D}$ 中随机选取一个数据集 $\mathcal{M}$;
13　　**for** $i \in \{1,\cdots,|\mathcal{M}|\}$ **do**
14　　　set $y_t^i = \begin{cases} r_t^i, & \text{if } s_{t+1}^i \text{ 是终止状态}; \\ r_t^i + \gamma\, \text{argmax}_a Q(s_{t+1}^i, a'^i; \theta), & \text{if } s_{t+1}^i \text{ 非终止状态}; \end{cases}$
15　　　进行梯度下降 $(y_t^i - Q(s_t^i, a_t^i; \theta))^2$;
16　　**end**
17　**end**
18　**end**

11.5 实验方案与结果分析

11.5.1 实验方案

1. 数据集

本实验基于北京市和杭州市的真实数据集构建了仿真器以训练和评估模型。以下简要介绍了这两个实际数据集，表 11-1 总结了这两个数据集的部分统计信息。

表 11-1 数据描述

	统计级别和指标	北京市	杭州市
系统	线路数	10	3
	站点数	182	66
	换乘站点数	36	5
	总长度	274.34km	89.99km
	日行程数(Aver.(SD))	4215786.91(163251.11)	1154316.68(88848.90)
	行程站点数(Aver.(SD))	9.84(5.47)	7.54(4.80)
	行程时间(Aver.(SD))	1923.71s(905.76)	1515.50s(840.72)
	换乘行程占比	58.52%	31.40%
	换乘数在换乘行程中占比(Aver.(SD))	1.38(0.52)	1.06(0.24)
线路	单线路站点数(Max)	45	32
	单线路站点数(Min)	13	18
	单线路站点数(Aver.(SD))	21.80(8.42)	23.67(6.02)
	单线路日行程数量(Max)	757302	594262
	单线路日行程数量(Min)	170982	155484
	单线路日行程数量(Aver.(SD))	351336.70(167671.38)	350789.33(182339.61)
站点	单站点日入站数量(Max)	84561	93372
	单站点日入站数量(Min)	2051	3418
	单站点日入站数量(Aver.(SD))	19304.21(12176.76)	16677.12(13279.19)
	相邻站点间距离(Max)	3.00km	3.32km
	相邻站点间距离(Min)	0.42km	0.6km
	相邻站点间距离(Aver.(SD))	1.31km(0.43)	1.32km(0.48)

1) **北京市**：该数据集来自北京市地铁网络控制中心，其中包含该地铁的结构、时刻表、速度配置文件以及北京市 10 条市区线路 11 天的乘车记录（2018

年9月17日—2018年9月21日以及2018年9月25日—2018年9月30日)。图 11-5a 描述了北京市地铁地图中这 10 条线的位置。入站记录的时空分布在图 11-5b、c 中可视化。此外,这 10 条线之间会发生很多换乘,换乘概率显示在图 11-5d 中。在本实验中,前 8 天的数据被当作训练环境数据,并将后 2 天的数据用作验证数据。

2)杭州市:该数据集可公开访问。它具有地铁地图以及从 2019 年 1 月 1 日到 2019 年 1 月 25 日的杭州三条线的乘车记录。该地铁地图、每日记录的时空分布以及不同线路之间的转移概率分别显示在图 11-5e、f、g、h 中。在此实验中,用前 20 天的数据训练模型,并将其余 5 天的数据验证模型。

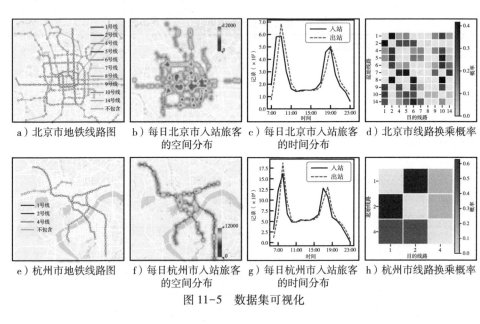

a)北京市地铁线路图　b)每日北京市入站旅客的空间分布　c)每日北京市入站旅客的时间分布　d)北京市线路换乘概率

e)杭州市地铁线路图　f)每日杭州市入站旅客的空间分布　g)每日杭州市入站旅客的时间分布　h)杭州市线路换乘概率

图 11-5　数据集可视化

2. 仿真器设定

仿真器使用真实地铁系统的配置,包括系统的结构(即线路和车站)和列车的容量($n^{capa}=1500$)等。最小停站时间和最大停站时间分别设置为 $\delta^{min}=58s$ 和 $\delta^{max}=74s$。列车停站时间范围为 $[\delta^{min},\delta^{max}]$,被统一离散为 $n^{action}=5$ 个时间点,每个时间点分别代表一个动作。实验中采用两种类型的速度资料:①计算每两个相邻站点的列车平均速度,并将这些速度作为速度资料记为 $\mathcal{P}_1$;②第二种速度资料使用每两个相邻站点的每小时的平均速度来控制仿真器中的列车,即为了更好地模拟现实,表示为 $\mathcal{P}_2$。两个地铁系统的运行时间都限制在上午 7:00 至下午 21:00。在仿真器中,每个城市都根据实际时间表 $\mathcal{T}$ 发车,其中北京市的出发时间间隔为 2~6min，杭州市的出发时间为 2.5~9min。

3. 实验指标

本实验用以下四个指标验证模型的有效性，即平均行程时间 $\bar{\delta}$、平均行程步速 $\bar{\xi}$、平均等待时间 $\overline{\delta^{\text{waiting}}}$ 和平均旅途时间 $\overline{\delta^{\text{journey}}}$：

$$\bar{\delta} = \frac{1}{n^{\text{trip}}} \sum_i^{n^{\text{trip}}} \delta_{p_i}; \bar{\xi} = \frac{1}{n^{\text{trip}}} \sum_i^{n^{\text{trip}}} \xi_{p_i}; \tag{11.11a}$$

$$\overline{\delta^{\text{waiting}}} = \frac{1}{n^{\text{trip}}} \sum_i^{n^{\text{trip}}} \delta_{p_i}^{\text{waiting}}; \overline{\delta^{\text{journey}}} = \frac{1}{n^{\text{trip}}} \sum_i^{n^{\text{trip}}} \delta_{p_i}^{\text{journey}} \tag{11.11b}$$

式中，n^{trip} 表示行程的数量。对于一个行程 p_i，其等待时间、旅途时间和行程距离分别为 $\delta_{p_i}^{\text{waiting}}$、$\delta_{p_i}^{\text{journey}}$ 和 l_{p_i}。因此，行程时间可以表示为 $\delta_{p_i} = \delta_{p_i}^{\text{waiting}} + \delta_{p_i}^{\text{journey}}$。另外，为了消除行程距离对评判带来的影响，实验还使用行程步速来衡量有效性，行程 p_i 的步速被定义为 $\xi_{p_i} = \delta_{p_i}/l_{p_i}$。

4. 基准模型

（1）**基于固定停站时间模型（表示为 FM）** 本组模型的所有地铁站的停站时间固定且相同。本组提供了三种模型，将停站时间分别设置为 δ_{Min}、δ_{Max} 和 $(\delta_{\text{Min}} + \delta_{\text{Max}})/2$，表示为 Min、Max 和 Aver。

（2）**基于历史经验的模型（表示为 HM）** 本组模型的停站时间根据历史人流量确定。举例来说，假设一条线上有三个站，它们占整条线路流量的比例分别是 [20%，30%，50%]。那么用最大-最小归一法处理该向量得到 [0.00，0.66，1.00]，相应地选择这几个站的停站时间分别为 $\delta^{\min}$、$0.34\delta^{\max} + 0.66\delta^{\min}$ 和 $\delta^{\min}$；本章提供两个模型，根据计算流量的时间窗分别为每天和每小时，命名为 HM-Day 和 HM-Hour。

（3）**基于单站预测的模型（表示为 PM）** 该组中的模型可以通过停站时间预测模型[186]来动态地确定停站时间，该模型提供了一种基于预测的客流来估算停站时间的条件分布的解决方案。本组根据两个不同的流量预测模型分别设置了两个模型，即 ARIMA 模型[204] 和传统 RNN 模型[202]，表示为 PM-ARIMA 和 PM-RNN。

（4）**基于多站预测的模型（表示为 PMM）** 与 PM 模型相似，该组中的模型基于文献 [186] 的方法动态地确定停站时间。但是，本组模型不是仅参考下一个站点，其会考虑列车的所有后续站点，即用距离的反比来汇总预测结果。本组两个模型依然使用 ARIMA 模型和 RNN 作为预测模型，分别表示为

PMM-ARIMA 和 PMM-RNN。

（5）AutoDwell　由于 AutoDwell 中有两个重要组成模块，即列车特征提取器和乘客特征提取器，因此除了该模型本身还验证了本模型的两个变体，以评估模块有效性。组中的三个模型表示为 w/o-T，即去掉列车特征提取器的 AutoDwell，w/o-P 即不具有乘客特征提取器的 AutoDwell 和 w-T&P，即 AutoDwell 完整模型。请注意，对于 AutoDwell 模型的参数设置将在 11.5.2 节中讨论。

11.5.2 结果分析

1. 有效性验证

本实验汇报两个指标来验证模型在缩短旅客总体行程时间上的有效性，即平均行程时间 $\bar{\delta}$ 和平均行程步速 $\bar{\xi}$，实验结果记录在表 11-2 中。

表 11-2　缩短行程时间有效性的验证实验结果表

方法		北京市				杭州市			
		P_1		P_2		P_1		P_2	
		$\bar{\delta}$	$\bar{\xi}$	$\bar{\delta}$	$\bar{\xi}$	$\bar{\delta}$	$\bar{\xi}$	$\bar{\delta}$	$\bar{\xi}$
MB	Min	1896.391	0.232	1893.647	0.231	1503.352	0.294	1499.453	0.287
	Max	1938.902	0.233	1936.336	0.230	1519.288	0.298	1503.363	0.290
	Aver	1904.756	0.229	1902.402	0.229	1513.241	0.299	1501.068	0.288
HM	Day	1874.787	0.227	1872.604	0.225	1486.735	0.287	1484.080	0.285
	Hour	1868.257	0.225	1865.263	0.223	1485.984	0.286	1482.817	0.283
PM	ARIMA	1883.834	0.230	1881.762	0.228	1498.058	0.293	1485.427	0.285
	RNN	1885.194	0.231	1881.268	0.228	1501.693	0.294	1483.420	0.284
PMM	ARIMA	1865.512	0.225	1863.428	0.224	1482.276	0.285	1480.180	0.281
	RNN	1864.206	0.223	1862.060	0.222	1479.821	0.284	1476.190	0.280
AutoDwell	w/o-T	1868.823	0.225	1864.347	0.224	1493.215	0.290	1487.137	0.286
	w/o-P	1849.393	0.216	1844.769	0.215	1463.429	0.279	1460.343	0.276
	w-P&T	**1842.855**	**0.212**	**1838.188**	**0.210**	**1455.967**	**0.275**	**1452.075**	**0.271**

总体而言，通过捕获复杂的乘客流量的时空相关性和车辆之间的相互作用，AutoDwell 在与其他四类基准模型的比较上显示出很大的优势。特别是，与最佳基准模型（PMM-RNN）相比，在北京市和杭州市仿真器上 AutoDwell 可以为每个乘客分别节省至少 21s 和 24s 的行程时间。换句话说，当应用于现实世界时，

它每天可以为大量乘客节省数百万分钟的时间。此外，AutoDwell 在 $\bar{\xi}$ 指标下比 PMM-RNN 减少了至少 3%，这表明本策略在消除了距离的影响之后依然是有效的。请注意，所有模型在 $\mathcal{P}_1$ 和 $\mathcal{P}_2$ 设置下的性能相似，这表明列车的速度在现实世界中相对稳定。

更具体地，将 AutoDwell 与每个组进行比较。①FM：由于停站过程很复杂，直接为所有列车分配固定的停站时间的策略太过简单，从而无法获得令人满意的结果。②HM：由于历史知识可以揭示客流的大体趋势，因此该组中的模型可以取得更好的结果。但是通过揭示乘客的时空相关性，AutoDwell 明显优于该组的这些模型。③PM：与 AutoDwell 相比，PM 模型的性能受限，原因是以下两个方面。首先，停留预测模型的结果取决于所用预测模型的准确性，因此如果不能捕获动态空间相关性会降低 PM 模型的性能。其次，PM 模型忽略了考虑列车间的相互作用。④PMM：通过包含空间知识，PMM 的性能优于 PM。但是，因为 AutoDwell 设计了捕捉空间知识的学习器，能更好地学习乘客信息，因此，AutoDwell 的性能可以轻松击败 PMM 模型。⑤ AutoDwell：$w-T\&P$（即 AutoDwell）与 $w/o-T$ 和 $w/o-P$ 之间的比较结果分别显示了乘客特征提取器和列车特征提取器的有效性。

2. 资源占用比较

如前面所述，增加列车频率，即增加列车资源是缩短旅客平均行程时间的有效方法。因此，为了展示模型在指导减少列车资源方面的有效性，在本实验验证当这些基准模型的平均行程步速 $\bar{\xi}$ 达到 AutoDwell 模型的水平时，需要增加多少列车资源。表 11-3 记录了实验结果，其中"Time-"表示为时间表的每个出发间隔缩短的秒数，"Train +"表示每天每条线路增加的列车资源的数量。

表 11-3 列车资源使用比较结果表（Ti：Time，Tr：Train）

方法	北京市				杭州市			
	$\mathcal{P}_1$		$\mathcal{P}_2$		$\mathcal{P}_1$		$\mathcal{P}_2$	
	Ti-	Tr+	Ti-	Tr+	Ti-	Tr+	Ti-	Tr+
FM-Max	4	11	4	11	16	14	15	13
HM-Hour	2	5	1	3	10	7	9	6
PM-RNN	2	5	2	5	13	10	14	12
PMM-RNN	1	3	1	3	8	5	8	5

结果表明，为了达到与 AutoDwell 相同的性能，这些基准方法需要每天每条线在北京市的数据集上至少增加 3 列列车，而在杭州市的数据集上至少需增加 5 列列车。换句话说，在维持北京市目前平均行程时间的基础上（例如使用 PMM-RNN 方法做决策），通过使用本模型，每天为该线路系统减少 30 多辆列车资源，即表明 AutoDwell 可用于指导地铁运营商节省成本。

3. 案例分析

本节通过几个实际案例来进一步展示所提出的策略的有效性。首先，表 11-4 记录了 AutoDwell 与 PMM-RNN 每个时间段的平均等待时间 $\overline{\delta^{waiting}}$ 和平均旅途时间 $\overline{\delta^{journey}}$ 的比较。可以发现，通过准确地揭示未来的乘客流量，AutoDwell 在每个时间段的这两个指标都优于 PMM-RNN，尤其是在高峰时段（例如 7:00—9:00am）。

表 11-4　各时间段的 $\overline{\delta^{waiting}}$ 和 $\overline{\delta^{journey}}$ 比较

	Metric	方法	7:00—9:00	9:00—11:00	11:00—13:00	13:00—15:00	15:00—17:00	17:00—19:00	19:00—21:00
北京市	$\overline{\delta^{waiting}}$	PMM-RNN	233.428	142.205	127.137	129.810	112.541	106.158	159.175
		AutoDwell	210.378	133.208	126.286	129.297	112.398	103.763	153.209
	$\overline{\delta^{journey}}$	PMM-RNN	1689.196	1695.268	1715.886	1723.092	1707.954	1702.388	1711.811
		AutoDwell	1682.477	1709.562	1706.726	1711.088	1698.897	1687.217	1705.147
杭州市	$\overline{\delta^{waiting}}$	PMM-RNN	276.266	172.569	140.828	142.099	141.554	133.435	198.924
		AutoDwell	265.006	164.368	140.089	138.848	139.332	131.133	185.996
	$\overline{\delta^{journey}}$	PMM-RNN	1275.717	1287.449	1311.823	1308.448	1312.541	1307.333	1316.809
		AutoDwell	1270.679	1283.608	1295.232	1301.165	1306.574	1299.132	1304.635

此外，本实验使用实验中生成的数据进行案例研究，如图 11-6 所示。该数据表明本节学到的动态策略考虑了长期的乘客状态和前后列车状态，优于现实世界中固定的停站时间的方式：①尽管 3 号站的乘客人数较少，而 5 号站的乘客人数较多，但 AutoDwell 为列车（Ⅰ）没有选择在 3 号站停较短时间，进而尽快去后面站点服务，反而选择了较长的停站时间。究其原因是本策略认为 3 号站将有许多即将到来的乘客，而前续列车（Ⅱ）已经可以为 5 号站的乘客提供服务，因此停留决定可以使更多的乘客受益。②AutoDwell 为列车（Ⅲ）选择在 8 号站短暂停靠，这是综合考虑了后续多个站点乘客等待状态的原因，这样可以更好地服务 9 号站上大量等待的乘客。

第 11 章　地铁停站时间调度　　229

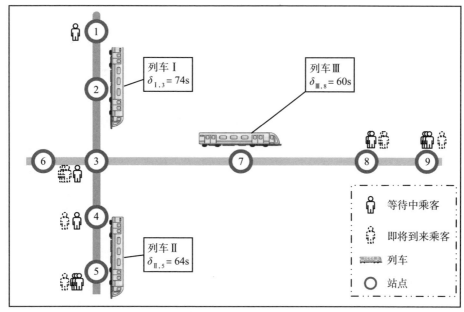

图 11-6　案例分析

4. 参数设定和灵敏度分析

首先，AutoDwell 的默认参数如下：①列车特征提取器：W^{Tr} 是一个含 2 个隐藏层的全连接网络，维度分别为 [32,8]。②乘客特征提取器：历史人流量时间戳的长度 l^{hist} 是 60s、$n^{hist}=60$；W^{St} 是一个含 2 个隐藏层的全连接网络，维度分别为 [32,8]；GRU^{Ind} 的隐藏层 h^{Ind} 为 8；W^{Lo} 是一个含 2 个隐藏层的全连接网络，维度分别为 [32,8]；GRU^{Con} 的隐藏层 h^{Con} 为 16。③融合模块：D_1 是一个含 2 个隐藏层的全连接网络，维度分别为 [64,5]。值得注意的是，该网络的最后一层的维度，即行动集的大小（即 5）。

接下来，通过实验以分析模型参数的敏感性。对于每个参数训练不同的模型，这些模型在固定其他参数的同时将其在一个合理范围内进行调整。图 11-7 报告了不同参数组合下的 $\bar{\delta}$ 和 $\bar{\xi}$ 的结果。结果显示，AutoDwell 对 W^{Tr}、W^{St}、W^{Lo} 和 D_1 的参数鲁棒性较高。W^{Tr}、n^{hist}、GRU^{Ind}、GRU^{Con} 和 D_2 的参数在它们达到特定值之后，模型的性能对其变化都不敏感。另外，图 11-7c 表示当 l^{hist} 值较小时，其值的更改对性能的影响不敏感，这是因为当 l^{hist} 较大时会带来更多的冗余信息，因此性能会降低。

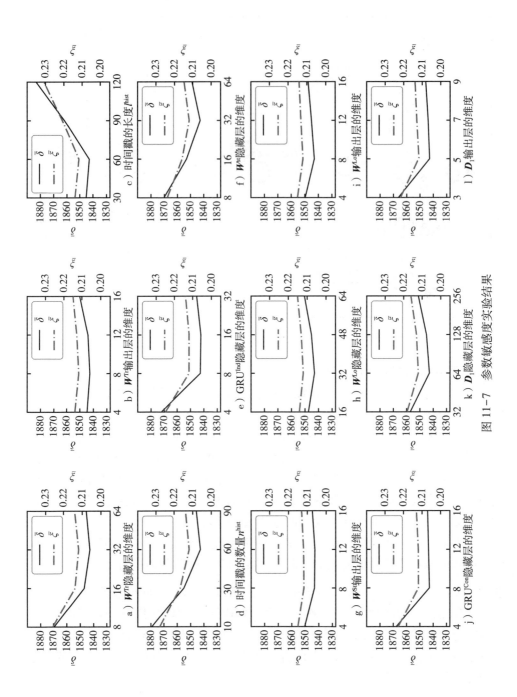

图 11-7 参数敏感度实验结果

11.6 本章小结

本章提出一个基于深度学习的城市地铁列车停站时间调度策略。该策略通过强化学习优化了停站时间的长期奖励，其中包括两个部分，即乘客在站台上的等待时间和列车上的旅途时间。此外，本章提出的策略网络利用旅客特征提取器来捕获客流的复杂时空相关性，利用列车特征提取器分别对列车之间的相互关系进行建模，并融合了这两类信息从而指导选择动作。最后，本章在真实的数据集上评估了提出的策略，结果表明该模型的表现在多个基准模型之上，可以使平均行程时间缩短了至少3%，即每天可以为所有乘客节省数百万分钟的时间，或者相当于在维持现有平均行程时间的基础上每日可以减少数十辆列车资源。

参 考 文 献

[1] ZHENG Y. Urban computing [M]. Cambridge: MIT Press, 2019.
[2] ZHAN X, ZHENG Y, YI X, et al. Citywide traffic volume estimation using trajectory data [J]. IEEE Transactions on Knowledge and Data Engineering, 2016, 29 (2): 272-285.
[3] YI X, ZHANG J, WANG Z, et al. Deep distributed fusion network for air quality prediction [C] //Proceedings of the 24th ACM SIGKDD International Conference on Knowledge Discovery and Data Mining. New York: Association for Computing Machinery, 2018: 965-973.
[4] ZHANG J, ZHENG Y, QI D. Deep spatio-temporal residual networks for citywide crowd flows prediction [C] //Proceedings of the 31st AAAI Conference on Artificial Intelligence. San Francisco: AAAI Press, 2017: 1655-1661.
[5] MA S, ZHENG Y, WOLFSON O. Real-time city-scale taxi ridesharing [J]. IEEE Transactions on Knowledge and Data Engineering, 2014, 27 (7): 1782-1795.
[6] BAO J, LI R, YI X, et al. Managing massive trajectories on the cloud [C] //Proceedings of the 24th ACM SIGSPATIAL International Conference on Advances in Geographic Information Systems. New York: Association for Computing Machinery, 2016: 1-10.
[7] ZHENG Y, LIU F, HSIEH H P. U-air: When urban air quality inference meets big data [C] //Proceedings of the 19th ACM SIGKDD International Conference on Knowledge Discovery and Data Mining. New York: Association for Computing Machinery, 2013: 1436-1444.
[8] SHANG J, ZHENG Y, TONG W, et al. Inferring gas consumption and pollution emission of vehicles throughout a city [C] //Proceedings of the 20th ACM SIGKDD International Conference on Knowledge Discovery and Data Mining. New York: Association for Computing Machinery, 2014: 1027-1036.
[9] YUAN N J, ZHENG Y, XIE X, et al. Discovering urban functional zones using latent activity trajectories [J]. IEEE Transactions on Knowledge and Data Engineering, 2014, 27 (3): 712-725.
[10] CHEN L, ZHANG D, PAN G, et al. Bike sharing station placement leveraging heterogeneous urban open data [C/OL] //UbiComp '15: Proceedings of the 15th ACM International Joint Conference on Pervasive and Ubiquitous Computing. New York: Association for Computing Machinery, 2015: 571-575. DOI: 10. 1145/2750858. 2804291.

[11] LIU J, SUN L, LI Q, et al. Functional zone based hierarchical demand prediction for bike system expansion [C] //Proceedings of the 23rd ACM SIGKDD International Conference on Knowledge Discovery and Data Mining. New York: Association for Computing Machinery, 2017: 957-966.

[12] LIANG Y, OUYANG K, JING L, et al. UrbanFM: inferring fine-grained urban flows [C] //Proceedings of the 25th ACM SIGKDD International Conference on Knowledge Discovery and Data Mining. New York: Association for Computing Machinery, 2019: 3132-3142.

[13] LIU Y, LIANG Y, OUYANG K, et al. Predicting urban water quality with ubiquitous data—a data-driven approach [J]. IEEE Transactions on Big Data, 2022, 8 (2): 564-578.

[14] YI X, ZHENG Y, ZHANG J, et al. ST-MVL: filling missing values in geo-sensory time series data [C] //Proceedings of the 25th International Joint Conference on Artificial Intelligence. San Francisco: AAAI Press, 2016: 2704-2710.

[15] XIAO X, ZHENG Y, LUO Q, et al. Inferring social ties between users with human location history [J]. Journal of Ambient Intelligence and Humanized Computing, 2014, 5 (1): 3-19.

[16] BAO J, ZHENG Y, MOKBEL M F. Location-based and preference-aware recommendation using sparse geo-social networking data [C] //Proceedings of the 20th International Conference on Advances in Geographic Information Systems. New York: Association for Computing Machinery, 2012: 199-208.

[17] ZHENG Y, LIU Y, YUAN J, et al. Urban computing with taxicabs [C] //Proceedings of the 13th International Conference on Ubiquitous Computing. New York: Association for Computing Machinery, 2011: 89-98.

[18] HE T, BAO J, RUAN S, et al. Interactive bike lane planning using sharing bikes' trajectories [J]. IEEE Transactions on Knowledge and Data Engineering, 2020, 32 (8): 1529-1542.

[19] YU M. Construction of regional intelligent transportation system in smart city road network via 5G network [J]. IEEE Transactions on Intelligent Transportation Systems, 2022: 1-9.

[20] ZHANG F, WILKIE D, ZHENG Y, et al. Sensing the pulse of urban refueling behavior [C] //Proceedings of the 13rd ACM International Joint Conference on Pervasive and Ubiquitous Computing. New York: Association for Computing Machinery, 2013: 13-22.

[21] FU Y, XIONG H, GE Y, et al. Exploiting geographic dependencies for real estate appraisal: a mutual perspective of ranking and clustering [C] //Proceedings of the 20th ACM SIGKDD International Conference on Knowledge Discovery and Data Mining. New York: Association for Computing Machinery, 2014: 1047-1056.

[22] FU Y, GE Y, ZHENG Y, et al. Sparse real estate ranking with online user reviews and offline moving behaviors [C] //Proceedings of the 10th IEEE International Conference on Data Mining. New York: Institute of Electrical and Electronics Engineers, 2014: 120-129.

[23] WANG Z, ZHANG J, JI S, et al. Predicting and ranking box office revenue of movies based on big data [J]. Information Fusion, 2020, 60 (2): 25-40.

[24] LI Y, BAO J, LI Y, et al. Mining the most influential k-location set from massive trajectories [J]. IEEE Transactions on Big Data, 2018, 4 (4): 556-570.

[25] WENG D, ZHU H, BAO J, et al. Homefinder revisited: Finding ideal homes with reachability-centric multi-criteria decision making [C] //Proceedings of the 36th CHI Conference on Human Factors in Computing Systems. New York: Association for Computing Machinery, 2018: 247-258.

[26] ZHANG D, XIONG H, WANG L, et al. Crowdrecruiter: selecting participants for piggyback crowdsensing under probabilistic coverage constraint [C] //Proceedings of the 14th ACM International Joint Conference on Pervasive and Ubiquitous Computing. New York: Association for Computing Machinery, 2014: 703-714.

[27] HACHEM S, PATHAK A, ISSARNY V. Probabilistic registration for large-scale mobile participatory sensing [C] //Proceedings of the 11th IEEE International Conference on Pervasive Computing and Communications. New York: Institute of Electrical and Electronics Engineers, 2013.

[28] CHON Y, LANE N D, KIM Y, et al. Understanding the coverage and scalability of place-centric crowdsensing [C] //Proceedings of the 13rd ACM International Joint Conference on Pervasive and Ubiquitous Computing. New York: Association for Computing Machinery, 2013: 3-12.

[29] KAWAJIRI R, SHIMOSAKA M, KASHIMA H. Steered crowdsensing: Incentive design towards quality-oriented place-centric crowdsensing [C] //Proceedings of the 14th ACM International Joint Conference on Pervasive and Ubiquitous Computing. New York: Association for Computing Machinery, 2014: 691-701.

[30] AHMED A, YASUMOTO K, YAMAUCHI Y, et al. Distance and time based node selection for probabilistic coverage in people-centric sensing [C] //Proceedings of the 8th Annual IEEE Communications Society Conference on Sensor, Mesh and Ad Hoc Communications and Networks. New York: Institute of Electrical and Electronics Engineers, 2011: 134-142.

[31] WANG L, ZHANG D, PATHAK A, et al. CCS-TA: quality-guaranteed online task allocation in compressive crowdsensing [C] //Proceedings of the 15th ACM International Joint Conference on Pervasive and Ubiquitous Computing. New York: Association for Computing Machinery, 2015: 683-694.

[32] ZHANG Y, ROUGHAN M, WILLINGER W, et al. Spatio-temporal compressive sensing and internet traffic matrices [C] //Proceedings of the 23rd ACM SIGCOMM conference on Data communication. New York: Association for Computing Machinery, 2009: 267-278.

[33] REDDY S, ESTRIN D, SRIVASTAVA M B. Recruitment framework for participatory sensing data collections [C] //Proceedings of the 8th International Conference on Pervasive Computing. Brussels, Belgium: ICST (Institute for Computer Sciences, Social-Informatics and Telecommuni-cations Engineering), 2010: 138-155.

[34] OUYANG R W, SRIVASTAVA A, PRABAHAR P, et al. If you see something, swipe towards it: crowdsourced event localization using smartphones [C] //Proceedings of the 13th

ACM International Joint Conference on Pervasive and Ubiquitous Computing. New York: Association for Computing Machinery, 2013: 23-32.

[35] NIFORATOS E, VOURVOPOULOS A, LANGHEINRICH M, et al. ATMOS: a hybrid crowdsourcing approach to weather estimation [C] //Proceedings of the 14th ACM International Joint Conference on Pervasive and Ubiquitous Computing. New York: Association for Computing Machinery, 2014: 135-138.

[36] ZHENG Y, LIU T, WANG Y, et al. Diagnosing new york city's noises with ubiquitous data [C] //Proceedings of the 14th ACM International Joint Conference on Pervasive and Ubiquitous Computing. New York: Association for Computing Machinery, 2014: 715-725.

[37] WANG Y, ZHENG Y, XUE Y. Travel time estimation of a path using sparse trajectories [C] //Proceedings of the 20th ACM SIGKDD International Conference on Knowledge Discovery and Data Mining. New York: Association for Computing Machinery, 2014: 25-34.

[38] CORMEN T H, LEISERSON C E, RIVEST R L, et al. Introduction to algorithms (Third Edition) [M]. Cambridge: MIT Press, 2009.

[39] LEE J S, HOH B. Dynamic pricing incentive for participatory sensing [J]. Pervasive and Mobile Computing, 2010, 6 (6): 693-708.

[40] HAN K, ZHANG C, LUO J, et al. Truthful scheduling mechanisms for powering mobile crowd-sensing [J]. IEEE Transactions on Computers, 2016, 65 (1): 294-307.

[41] CHEN N, GRAVIN N, LU P. On the approximability of budget feasible mechanisms [C] // Proceedings of the 22nd Annual ACM - SIAM Symposium on Discrete Algorithms. Philadelphia: Society for Industrial and Applied Mathematics, 2011: 685-699.

[42] SINGER Y. Budget feasible mechanisms [C] //Proceedings of the 51st IEEE Annual Symposium on Foundations of Computer Science. New York: Institute of Electrical and Electronics Engineers, 2010: 765-774.

[43] LI X, CHENG G, LU L. Comparison of spatial interpolation methods [J]. Advance in Earth Sciences, 2000, 15 (3): 260-265.

[44] GRUENWALD L, SADIK M S, SHUKLA R, et al. DEMS: a data mining based technique to handle missing data in mobile sensor network applications [C] //Proceedings of the 7th Workshopon Data Management for Sensor Networks. New York: Association for Computing Machinery, 2010: 26-32.

[45] PAN L, LI J. K-nearest neighbor based missing data estimation algorithm in wireless sensor networks [J]. Wireless Sensor Network, 2010, 2 (2): 115-122.

[46] WANG J, DE VRIES A P D, REINDERS M J. Unifying user-based and item-based collaborative filtering approaches by similarity fusion [C] //Proceedings of the 29th Annual International ACM SIGIR Conference on Research and Development in Information Retrieval. New York: Association for Computing Machinery, 2006: 501-508.

[47] MA H, KING I, LYU M R. Effective missing data prediction for collaborative filtering [C] // Proceedings of the 30th Annual International ACM SIGIR Conference on Research and Development in Information Retrieval. New York: Association for Computing Machinery, 2007:

39-46.

[48] LINDSTRöM J, SZPIRO A A, SAMPSON P D, et al. A flexible spatio-temporal model for air pollution with spatial and spatio - temporal covariates [J]. Environmental and ecological statistics, 2014, 21 (3): 411-433.

[49] LU G Y, WONG D W. An adaptive inverse-distance weighting spatial interpolation technique [J]. Computers & Geosciences, 2008, 34 (9): 1044-1055.

[50] GARDNER E S. Exponential smoothing: The state of the art [J]. Journal of forecasting, 1985, 4 (1): 1-28.

[51] SU X, KHOSHGOFTAAR T M. A survey of collaborative filtering techniques [J]. Advances in Artificial Intelligence, 2009 (4): 1-19.

[52] SARWAR B, KARYPIS G, KONSTAN J, et al. Item - based collaborative filtering recommendation algorithms [C] //Proceedings of the 10th International Conference on World Wide Web. New York: Association for Computing Machinery, 2001: 285-295.

[53] TOBLER W R. A computer movie simulating urban growth in the Detroit region [J]. Economic Geography, 1970, 46 (2): 234-240.

[54] ZHANG Y, BOCQUET M, MALLET V, et al. Real-time air quality forecasting, part i: history, techniques, and current status [J]. Atmospheric Environment, 2012, 60 (1): 632-655.

[55] AH-HYUN K, YUM S S, CHANG D Y, et al. Optimization of sulfate aerosol hygroscopicity parameter in WRF-chem [J]. Geoscientific Model Development, 2021, 14 (1): 259-273.

[56] ZHENG M, ZHANG Y, YAN C, et al. Overview of source analysis methods of pm2.5 in China [J]. Journal of Peking University (NATURAL SCIENCE EDITION), 2014, 50 (6): 1141-1154.

[57] ZHANG Y, ZHENG M, CAI J, et al. Comparison and overview of PM 2.5 source apportionment methods [J]. Chinese Science Bulletin (Chinese Version), 2015, 60: 109.

[58] GAO J, PENG X, CHEN G, et al. Insights into the chemical characterization and sources of PM 2.5 in Beijing at a 1-h time resolution [J]. The Science of The Total Environment, 2015, 542: 162-171.

[59] ZHANG R, JING J, TAOJ, et al. Chemical characterization and source apportionment of PM2.5 in Beijing: seasonal perspective [J]. Atmospheric Chemistry and Physics, 2013, 13 (14): 7053-7074.

[60] CHENG S, ZHOU Y, HAN L, et al. A new monitoring-simulation-source apportionment approach for investigating the vehicular emission contribution to the PM2.5 pollution in Beijing, China [J]. Atmospheric Environment, 2013, 79: 308-316.

[61] ZHU Y, LI Z, ZHU H, et al. A compressive sensing approach to urban traffic estimation with probe vehicles [J]. IEEE Transactions on Mobile Computing, 2012, 12 (11): 2289-2302.

[62] ZHAN X, ZHENG Y, YI X, et al. Citywide trafic volume estimation using trajectory data [J]. IEEE Transactions on Knowledge and Data Engineering, 2016, 29 (2): 272-285.

[63] VLAHOGIANNI E I, KARLAFTIS M G, GOLIAS J C. Short-term traffic forecasting: where

we are and where we're going [J]. Transportation Research (Part C Emerging Technologies), 2014, 43: 3-19.

[64] CASTRO-NETO M, JEONG Y S, JEONG M K, et al. Online-SVR for short-term traffic flow prediction under typical and atypical traffic conditions [J]. Expert Systems with Applications, 2009, 36 (3): 6164-6173.

[65] LIPPI M, BERTINI M, FRASCONI P. Short-term traffic flow forecasting: an experimental comparison of time-series analysis and supervised learning [J]. IEEE Transactions on Intelligent Transportation Systems, 2013, 14 (2): 871-882.

[66] CHAN K Y, DILLON T S, SINGH J, et al. Neural-network-based models for short-term traffic flow forecasting using a hybrid exponential smoothing and Levenberg-Marquardt algorithm [J]. IEEE Transactions on Intelligent Transportation Systems, 2011, 13 (2): 644-654.

[67] SUN S, ZHANG C, YU G. A Bayesian network approach to traffic flow forecasting [J]. IEEE Transactions on Intelligent Transportation Systems, 2006, 7 (1): 124-132.

[68] SONG X, KANASUGI H, SHIBASAKI R. Deeptransport: Prediction and simulation of human mobility and transportation mode at a citywide level [C] //Proceedings of the 25th International Joint Conference on Artificial Intelligence. San Francisco: AAAI Press, 2016: 2618-2624.

[69] YANG H F, DILLON T S, CHEN Y P P. Optimized structure of the traffic flow forecasting model with a deep learning approach [J]. IEEE Transactions on Neural Networks and Learning Systems, 2016, 28 (10): 2371-2381.

[70] HUANG W, SONG G, HONG H, et al. Deep architecture for traffic flow prediction: deep belief networks with multitask learning [J]. IEEE Transactions on Intelligent Transportation Systems, 2014, 15 (5): 2191-2201.

[71] ZHANG J, ZHENG Y, QI D, et al. Predicting citywide crowd flows using deep spatio-temporal residual networks [J]. Artificial Intelligence, 2018, 259: 147-166.

[72] CHOROWSKI J, BAHDANAU D, SERDYUK D, et al. Attention-based models for speech recognition [C] //Proceedings of the 28th International Conference on Neural Information Processing Systems. San Francisco: MIT Press, 2015: 577-585.

[73] SRIVASTAVA N, SALAKHUTDINOV R. Multimodal learning with deep Boltzmann machines [C] //Proceedings of the 25th International Conference on Neural Information Processing Systems. Cambridge: MIT Press, 2012: 2222-2230.

[74] LV Y, DUAN Y, KANG W, et al. Traffic flow prediction with big data: a deep learning approach [J]. IEEE Transactions on Intelligent Transportation Systems, 2014, 16 (2): 865-873.

[75] KARPATHY A, FEI-FEI L. Deep visual-semantic alignments for generating image descriptions [C] //Proceedings of the IEEE Conference on Computer Vision and Patternn Recognition. New York: Institute of Electrical and Electronics Engineers, 2015: 3128-3137.

[76] LI Y, YU R, SHAHABI C, et al. Diffusion convolutional recurrent neural network: data-

driven traffic forecasting [C/OL] //Proceedings of the 6th International Conference on Learning Represen - tations. Vancouver: ICLR Press, 2018 [2023-03-10]. https://openreview.net/forum?id=SJiHXGWAZ.

[77] VENUGOPALAN S, ROHRBACH M, DONAHUE J, et al. Sequence to sequences—video to text [C] //Proceedings of the 26th IEEE International Conference on Computer Vision. New York: Institute of Electrical and Electronics Engineers, 2015: 4534-4542.

[78] BADRINARAYANAN V, KENDALL A, CIPOLLA R. Segnet: a deep convolutional encoder-decoder architecture for image segmentation [J]. IEEE Transactions on Pattern Analysis and Machine Intelligence, 2017, 39 (12): 2481-2495.

[79] BAHDANAU D, CHO K, BENGIO Y. Neural machine translation by jointly learning to align and translate [C/OL] //BENGIO Y, LECUN Y. Proceedings of the 3rd International Conference on Learning Representations. San Diego: ICLR Press, 2015 [2023-03-10]. http://arxiv.org/abs/1409.0473.

[80] MARIET Z, KUZNETSOV V. Foundations of sequence-to-sequence modeling for time series [C] //Proceedings of the 22nd International Conference on Artificial Intelligence and Statistics. Cambridge: PMLR, 2019: 408-417.

[81] ENGLAND H. Highways agency network jouney time and traffie flow data [Z]. Highways England: Guildford, 2018

[82] ZEILER M D, RANZATO M, MONGA R, et al. On rectified linear units for speech processing [C] //Proceedings of the 38th IEEE International Conference on Acoustics, Speech and Signal Processing. New York: Institute of Electrical and Electronics Enginecers, 2013: 3517-3521.

[83] KINGMA D P, BA J. Adam: a method for stochastic optimization [C/OL] //BENGIO Y, LE-CUN Y. Proceedings of the 3rd International Conference on Learning Representations. San Diego: ICLR Press, 2015 [2023-03-10]. http://arxiv.org/abs/1412.6980.

[84] ZHENG Y, CAPRA L, WOLFSON O, et al. Urban computing: concepts, methodologies, and applications [J]. ACM Transactions on Intelligent Systems and Technology (TIST), 2014, 5 (3): 1-55.

[85] SONG X, KANASUGI H, SHIBASAKI R. Deeptransport: Prediction and simulation of human mobility and transportation mode at a citywide level [C] //Proceedings of the 25th International Joint Conference on Artificial Intelligence. San Francisco: AAAI Press, 2016: 2618-2624.

[86] CHEN Q, SONG X, YAMADA H, et al. Learning deep representation from big and heterogeneous data for traffic accident inference [C] //Proceedings of the 30th AAAI Conference on Artificial Intelligence. San Francisco: AAAI Press, 2016: 338-344.

[87] ZHANG J, ZHENG Y, QI D, et al. Dnn-based prediction model for spatio-temporal data [C] //Proceedings of the 24th ACM SIGSPATIAL International Conference on Advances in Geographic Information Systems. New York: Association for Computing Machinery, 2016: 1-4.

[88] KRIZHEVSKY A, SUTSKEVER I, HINTON G E. Imagenet classification with deep convolu-

tional neural networks [J]. Communications of the ACM, 2012, 60 (6): 84-90.

[89] IOFFE S, SZEGEDY C. Batch normalization: acceferating deep network training by reducing internal covariate shift [C] //Proceedings of the 32nd International Conference on Machine Learning. Cambridge : PMLR, 2015: 448-456.

[90] NAIR V, HINTON G E. Rectified linear units improve restricted Boltzmann machines [C] // Proceedings of the 27th International Conference on International Conference on Machine Learning. Cambridge : PMLR, 2010: 807-814.

[91] HE K, ZHANG X, REN S, et al. Decp residual learning for image recognition [C] // Proceedings of the 2016 IEEE Conference on Computer Vision and Pattern Recognition. New York: Institute of Electrical and Electronics Engineers, 2016: 770-778.

[92] GOODFELLOW I, BENGIO Y, COURVILLE A. Deep learning [M]. Cambridge: MIT Press, 2016.

[93] HOCHREITER S, SCHMIDHUBER J. Long short-term memory [J]. Neural computation, 1997, 9 (8): 1735-1780.

[94] CHO K, VAN MERRIËNBOER B, GULCEHRE C, et al. Learning phrase representations using RNNE ncoder-decoder for statistical machine translation [C/OL] //Proceedings of the 19th Conference on Empirical Methods in Natural Language Processing (EMNLP). Doha: Association for Computational Linguistics, 2014: 1724-1734 [2023-03-10]. https://aclanthology.org/D14-1179. DOI: 10.3115/v1/D14-1179.

[95] CHOLLET F, et al. Keras [M/OL]. San Francisco : GitHub, 2015 [2023-03-10]. https://github.com/keras-team/keras.

[96] ABADI M, BARHAM P, CHEN J, et al. Tensorflow: a system for large-scale machine learning [C] //OSDI'16: Proceedings of the 12th USENIX Conference on Operating Systems Design and Implementation. Savannah: USENIX Association, 2016: 265-283.

[97] HOANG M X, ZHENG Y, SINGH A K. FCCF: forecasting citywide crowd flows based on big data [C] //Proceedings of the 24th ACM SIGSPATIAL International Conference on Advances in Geographic Information Systems. New York: Association for Computing Machinery, 2016: 1-10.

[98] SUTTON R S, BARTO A G. Reinforcement learning: an introduction (second edition, in progress) [M]. Cambridge: MIT Press, 2017.

[99] GARG N, RANU S. Route recommendations for idle taxi drivers: Find me the shortest route to a customer! [C] //Proceedings of the 24th ACM SIGKDD International Conference on Knowledge Discovery and Data Mining. New York: Association for Computing Machinery, 2018: 1425-1434.

[100] YUAN J, ZHENG Y, ZHANG L, et al. Where to find my next passenger [C] //Proceedings of the 13th International Conference on Ubiquitous Computing. New York: Association for Computing Machinery, 2011: 109-118.

[101] QU M, ZHU H, LIU J, et al. A cost-effective recommender system for taxi drivers [C] //Proceedings of the 24th ACM SIGKDD International Conference on Knowledge

Discovery and Data Mining. New York: Association for Computing Machinery, 2014: 45-54.

[102] SKIENA S S. The algorithm design manual: volume 2 [M]. Berlin: Springer Science & Business Media, 2008.

[103] Durbin J, Koopman S J. Time series analysis by state space methods: second edition: volume 38 [M]. Oxford: Oxford University Press, 2012.

[104] TONG Y, CHEN Y, ZHOU Z, et al. The simpler the better: a unified approach to predicting original taxi demands based on large-scale online platforms [C] //Proceedings of the 23rd ACM SIGKDD International Conference on Knowledge Discovery and Data Mining. New York: Association for Computing Machinery, 2017: 1653-1662.

[105] XU J, RAHMATIZADEH R, BÖLÖNI L, et al. Real-time prediction of taxi demand using recurrent neural networks [J]. IEEE Transactions on Intelligent Transportation Systems, 2018, 19 (8): 2572-2581.

[106] ZHAO L, ZHOU Y, LU H, et al. Parallel computing method of deep belief networks and its application to traffic flow prediction [J]. Knowledge-Based Systems, 2019, 163: 972-987.

[107] LI L, QIN L, QU X, et al. Day-ahead traffic flow forecasting based on a deep belief network optimized by the multi-objective particle swarm algorithm [J]. Knowledge-Based Systems, 2019, 172: 1-14.

[108] KAELBLING L P, LITTMAN M L, MOORE A W. Reinforcement learning: a survey [J]. Journal of Artificial Intelligence Research, 1996, 4: 237-285.

[109] SUTTON R S, BARTO A G. Simple statistical gradient-following algorithms for connectionist reinforcement learning [J]. Machine Learning, 1992, 8: 229-256.

[110] PIORKOWSKI M, SARAFIJANOVOC-DJUKIC N, GROSSGLAUSER M. A parsimonious model of mobile partitioned networks with clustering [C] //Proceedings of the 1st International Conference on Communication Systems and Networks. New York: Institute of Electrical and Electronics Engineers, 2009: 1-10.

[111] DONOVAN B, WORK D B. New york city taxi trip data (2010—2013) [Z]. University of Illinois at Urbana-Champaign, 2016.

[112] OpenStreetMap contributors. Planet dump retrieved from https://planet.osm.org [EB/OL]. [2023-03-25]. https://www.openstreetmap.org.

[113] RONG H, ZHOU X, YANG C, et al. The rich and the poor: a Markov decision process approach to optimizing taxi driver revenue efficiency [C] //Proceedings of the 25th ACM International Conference on Information and Knowledge Management. New York: Association for Computing Machinery, 2016: 2329-2334.

[114] WANG R, CHOW C, LYU Y, et al. TaxiRec: Recommending road clusters to taxi drivers using ranking-based extreme learning machines [J]. IEEE Transactions on Knowledge and Data Engineering, 2018, 30 (3): 585-598.

[115] VERMA T, VARAKANTHAM P, KRAUS S, et al. Augmenting decisions of taxi drivers

through reinforcement learning for improving revenues [C] //Proceedings of the 27th International Conference on Automated Planning and Scheduling. San Francisco: AAAI Press, 2017: 409-418.

[116] WILLIAMSON C, SHNEIDERMAN B. The dynamic homefinder: evaluating dynamic queries in a real-estate information exploration system [C] //Proceedings of the 15th Annual International ACM SIGIR Conference on Research and Development in Information Retrieval. New York: Association for Computing Machinery, 1992: 338-346.

[117] KARAMSHUK D, NOULAS A, SCELLATO S, et al. Geo-spotting: mining online location-based services for optimal retail store placement [C] //Proceedings of the 19th ACM SIGKDD international conference on Knowledge discovery and data mining. New York: Association for Computing Machinery, 2013: 793-801.

[118] LI Y, ZHENG Y, JI S, et al. Location selection for ambulance stations: a data-driven approach [C] //Proceedings of the 23rd SIGSPATIAL International Conference on Advances in Geographic Information Systems. New York: Association for Computing Machinery, 2015: 1-4.

[119] GUO B, LI J, ZHENG V W, et al. Citytransfer: transferring inter-and intra-city knowledge for chain store site recommendation based on multi-source urban data [J]. Proceedings of the ACM on Interactive, Mobile, Wearable and Ubiquitous Technologies, 2018, 1 (4): 1-23.

[120] WANG P, LI X, ZHENG Y, et al. Spatiotemporal representation learning for driving behavior analysis: a joint perspective of peer and temporal dependencies [J]. IEEE Transactions on Knowledge and Data Engineering, 2019, 33 (2): 728-741.

[121] HA D, DAI A M, LE Q V. Hypernetworks [C/OL] //Proceedings of the 5th International Conference on Learning Representations. Toulon: ICLR Press, 2017 [2023-03-10]. https://openreview.net/forum?id=rkpACe1lx.

[122] CHEN J, QIU X, LIU P, et al. Meta multi-task learning for sequence modeling [C] //Proceedings of the 32th AAAI Conference on Artificial Intelligence: volume 32. California: AAAI Press, 2018: 5070-5077.

[123] ZHANG C, REN M, URTASUN R. Graph hypernetworks for neural architecture search [C] //Proceedings of the 7th International Conference on Learning Representations. New Orleans: ICLR Press, 2019.

[124] PAN Z, ZHANG W, LIANG Y, et al. Spatio-temporal meta learning for urban traffic prediction [J]. IEEE Transactions on Knowledge and Data Engineering, 2020, 34 (3): 1462-1476.

[125] WANG S, CAO J, YU P. Deep learning for spatio-temporal data mining: a survey [J]. IEEE Transactions on Knowledge and Data Engineering, 2022, 34 (8): 3681-3700.

[126] ZHANG Y, FU Y, WANG P, et al. Unifying inter-region autocorrelation and intra-region structures for spatial embedding via collective adversarial learning [C] //Proceedings of the 25th ACM SIGKDD International Conference on Knowledge Discovery and Data Mining. New

York: Association for Computing Machinery, 2019: 1700-1708.

[127] LIU H, LI T, HU R, et al. Joint representation learning for multi-modal transportation recommendation [C] //Proceedings of the 33th AAAI Conference on Artificial Intelligence: volume 33. San Francisco: AAAI Press, 2019: 1036-1043.

[128] KIPF T N, WELLING M. Semi-supervised classification with graph convolutional networks [C/OL] //Proceedings of the 5th International Conference on Learning Representations. Toulon: ICLR Press, 2017 [2023-03-10]. https://openreview.net/forum?id=SJU4ayYgl.

[129] VASWANI A, SHAZEER N, PARMAR N, et al. Attention is all you need [C] //Proceedings of the 30th International Conference on Neural Information Processing Systems. Cambridge: MIT Press, 2017: 5998-6008.

[130] VELIČKOVIĆ P, CUCURULL G, CASANOVA A, et al. Graph attention networks [C/OL] //Vancouver: ICLR Press, 2018 [2023-03-10]. https://openreview.net/forum?id=rJXMpikCZ.

[131] SCHEIN A I, POPESCUL A, UNGAR L H, et al. Methods and metrics for cold-start recommendations [C] //Proceedings of the 25th Annual International ACM SIGIR Conference on Research and Development in Information Retrieval. New York: Association for Computing Machinery, 2002: 253-260.

[132] FAN W, MA Y, LI Q, et al. Graph neural networks for social recommendation [C] //Proceedings of the 28th International Conference on World Wide Web. New York: Association for Computing Machinery, 2019: 417-426.

[133] PAN Z, LIANG Y, WANG W, et al. Urban traffic prediction from spatio-temporal data using deep meta learning [C] //Proceedings of the 25th ACM SIGKDD international Conference on Knowledge Discovery and Data Mining. New York: Association for Computing Machinery, 2019: 1720-1730.

[134] HE X, LIAO L, ZHANG H, et al. Neural collaborative filtering [C] //Proceedings of the 26th International Conference on World Wide Web. New York: Association for Computing Machinery, 2017: 173-182.

[135] MAATEN L V D, HINTON G. Visualizing data using t-SNE [J]. Journal of Machine Learning Research, 2008, 9 (Nov): 2579-2605.

[136] TOREGAS C, REVELLE C. Optimal location under time or distance constraints [J/OL]. Papers in Regional Science, 1972, 28 (1): 133-144. [2023-03-10] https://doi.org/10.1111/j.1435-5597.1972.tb01521.x.

[137] CHURCH R, REVELLE C. The maximal covering location problem [J/OL]. Papers of the Regional Science Association, 1974, 32 (1): 101-118 [2023-03-10]. https://doi.org/10.1007/BF01942293.

[138] FITZSIMMONS J A, SRIKAR B N. Emergency ambulance location using the contiguous zone search routine [J]. Journal of Operations Management, 1982, 2 (4): 225-237.

[139] GENDREAU M, LAPORTE G, SEMET F. Solving an ambulance location model by Tabu

search [J]. Location Science, 1997, 5 (2): 75-88.

[140] DASKIN M S, STERN E H. A hierarchical objective set covering model for emergency medical service vehicle deployment [J]. Transportation Science, 1981, 15 (2): 137-152.

[141] GENDREAU M, LAPORTE G, SEMET F. A dynamic model and parallel Tabu search heuristic for real-time ambulance relocation [J]. Parallel Computing, 2001, 27 (12): 1641-1653.

[142] MALANDRAKI C, DIAL R B. A restricted dynamic programming heuristic algorithm for the time dependent traveling salesman problem [J]. European Journal of Operational Research, 1996, 90 (1): 45-55.

[143] SCHMID V. Solving the dynamic ambulance relocation and dispatching problem using approximate dynamic programming [J]. European Journal of Operational Research, 2012, 219 (3): 611-621.

[144] KOLESAR P, WALKER W, HAUSNER J. Determining the relation between fire engine travel times and travel distances in new york city [J]. Operations Research, 1975, 23 (4): 614-627.

[145] BUDGE S, INGOLFSSON A, ZEROM D. Empirical analysis of ambulance travel times: the case of calgary emergency medical services [J]. Management Science, 2010, 56 (4): 716-723.

[146] FABRITIIS C D, RAGONA R, VALENTI G. Traffic estimation and prediction based on real time floating car data [C] //Proceedings of the 11th International IEEE Conference on Intelligent Transportation Systems. New York: Institute of Electrical and Electronics Engineers, 2008: 197-203.

[147] TORO-DÍAZ H, MAYORGA M E, CHANTA S, et al. Joint location and dispatching decisions for emergency medical services [J]. Computers & Industrial Engineering, 2013, 64 (4): 917-928.

[148] ANDERSSON T, VÄRBRAND P. Decision support tools for ambulance dispatch and relocation [J/OL]. Journal of the Operational Research Society, 2007, 58 (2): 195-201. [2023-03-10]. https://doi.org/10.1057/palgrave.jors.2602174.

[149] SCHMID V, DOERNER K F. Ambulance location and relocation problems with time-dependent travel times [J]. European Journal of Operational Research, 2010, 207 (3): 1293-1303.

[150] WEX F, SCHRYEN G, NEUMANN D. Operational emergency response under informational uncertainty: a fuzzy optimization model for scheduling and allocating rescue units [C] //Proceedings of the 9th International Conference on Information Systems for Crisis Response and Management (ISCRAM). Blacksburg: Virginia Tech, 2012.

[151] PARRAGH S N. Introducing heterogeneous users and vehicles into models and algorithms for the dial-a-ride problem [J]. Transportation Research Part C: Emerging Technologies, 2011, 19 (5): 912-930.

[152] SCHILDE M, DOERNER K F, HARTL R F. Metaheuristics for the dynamic stochastic dial-a-ride problem with expected return transports [J]. Computers & Operations Research, 2011, 38 (12): 1719-1730.

[153] INGOLFSSON A, BUDGE S, ERKUT E. Optimal ambulance location with random delays and travel times [J]. Health Care Management Science, 2008, 11 (3): 262-274.

[154] ZHEN L, WANG K, HU H, et al. A simulation optimization framework for ambulance deployment and relocation problems [J]. Computers & Industrial Engineering, 2014, 72: 12-23.

[155] MASON A J. Simulation and real-time optimised relocation for improving ambulance operations [M] //Handbook of Healthcare Operations Management. New York: Springer New York, 2013: 289-317.

[156] MIWA T, ISHIGURO Y, YAMAMOTO T, et al. Allocation planning for probe taxi devices aimed at minimizing losses to travel time information users [J]. Journal of Intelligent Transportation Systems, 2015, 19 (4): 399-410.

[157] HÖGDAHL J, BOHLIN M, FRÖIDH O. A combined simulation-optimization approach for minimizing travel time and delays in railway timetables [J]. Transportation Research Part B: Methodological, 2019, 126: 192-212.

[158] JENELIUS E, KOUTSOPOULOS H N. Probe vehicle data sampled by time or space: consistent travel time allocation and estimation [J]. Transportation Research Part B: Methodological, 2015, 71: 120-137.

[159] AL-SHAQSI S. Models of international emergency medical service (EMS) systems [J]. Oman Medical Journal, 2010, 25 (4): 320-323.

[160] ZHENG Y. Trajectory data mining: an overview [J]. ACM Transactions on Intelligent Systems and Technology (TIST), 2015, 6 (3): 1-41.

[161] JENELIUS E, KOUTSOPOULOS H N. Travel time estimation for urban road networks using low frequency probe vehicle data [J]. Transportation Research Part B: Methodological, 2013, 53: 64-81.

[162] WANG D, ZHANG J, CAO W, et al. When will you arrive? estimating travel time based on deep neural networks [C] //Proceedings of the AAAI Conference on Artificial Intelligence: volume 32. San Francisco: AAAI Press, 2018.

[163] MIURA K, GISKES K, TURRELL G. Contribution of take-out food consumption to socioeconomic differences in fruit and vegetable intake: a mediation analysis [J]. Journal of The American Dietetic Association, 2011, 111 (10): 1556-1562.

[164] SMITH K J, MCNAUGHTON S A, GALL S L, et al. Takeaway food consumption and its associations with diet quality and abdominal obesity: a cross-sectional study of young adults [J]. International Journal of Behavioral Nutrition and Physical Activity, 2009, 6 (1): 1-13.

[165] ZHANG C, WEI F, LIU Q, et al. Graph edge partitioning via neighborhood heuristic [C] //Proceedings of the 23rd ACM SIGKDD International Conference on Knowledge Discovery and Data Mining. New York: Association for Computing Machinery, 2017:

605-614.

[166] GONZALEZ J E, LOW Y, GU H, et al. PowerGraph: Distributed Graph-Parallel computation on natural graphs [C/OL] //10th USENIX Symposium on Operating Systems Design and Implementation (OSDI 12). Hollywood: USENIX Association, 2012: 17-30. https://www.usenix.org/conference/osdi12/technical-sessions/presentation/gonzalez.

[167] PETRONIF, QUERZONIL, DAUDJEE K, et al. HDRF: stream-based partitioning for power-law graphs [C] //Proceedings of the 24th ACM International Conference on Information and Knowledge Management. New York: Association for Computing Machinery, 2015: 243-252.

[168] MALEWICZ G, AUSTERN M H, BIK A J C, et al. Pregel: a system for large-scale graph processing [C] //Proceedings of the 21st ACM SIGMOD International Conference on Management of Data. New York: Association for Computing Machinery, 2010: 135-146.

[169] LOW Y, GONZALEZ J, KYROLA A, et al. Distributed graphlab: a framework for machine learning in the cloud [J]. Proceedings of the VLDB Endowment, 2012, 5 (8): 716-727.

[170] YUAN N J, ZHENG Y, XIE X. Segmentation of urban areas using road networks [Z]. MSR-TR, 2012.

[171] KRUMM J, HORVITZ E. Predestination: where do you want to go today? [J]. IEEE Computer, 2007, 40 (4): 105-107.

[172] POWELL J W, HUANG Y, BASTANI F, et al. Towards reducing taxicab cruising time using spatio-temporal profitability maps [C] //Proceedings of the 12th International Symposium on Advances in Spatial and Temporal Databases. Berlin: Springer, 2011: 242-260.

[173] ZHENG Y, ZHANG L, XIE X, et al. Mining interesting locations and travel sequences from GPS trajectories [C] //Proceedings of the 18th International Conference on World Wide Web. New York: Association for Computing Machinery, 2009: 17-30.

[174] YUAN J, ZHENG Y, ZHANG C, et al. An interactive-voting based map matching algorithm [C] //Proceedings of the 11th International Conference on Mobile Data Management. New York: Institute of Electrical and Electronics Engineers, 2010: 43-52.

[175] GUROBI. Gurobi optimizer reference manual [EB/OL]. [2023-03-24]. http://www.gurobi.com.

[176] Microsoft. Microsoft solver foundation reference manual [EB/OL]. [2023-03-24]. https://msdn.microsoft.com/en-us/library/ff524499 (v=vs.93).aspx.

[177] REGO C, GAMBOA D, GLOVER F, et al. Traveling salesman problem heuristics: leading methods, implementations and latest advances [J]. European Journal of Operational Research, 2011, 211 (3): 427-441.

[178] JOHNSON D S, MCGEOCH L A. The traveling salesman problem: a case study in local optimization [J]. Local Search in Combinatorial Optimisation, 1997, 1 (1): 215-310.

[179] ROSENKRANTZ D J, STEARNS R E, II P M L. Approximate algorithms for the traveling sales-person problem [C] //Proceedings of the 15th Annual Symposium on Switching and Automata Theory. New York: Institute of Electrical and Electronics Engineers, 1974:

33-42.
[180] BEKTAS T. The multiple traveling salesman problem: an overview of formulations and solution procedures [J]. Omega, 2006, 34 (3): 209-219.
[181] XIE C, YAN L, LI W, et al. Distributed power-law graph computing: theoretical and empirical analysis [C] //Proceedings of the 27th International Conference on Neural Information Processing Systems. Cambridge: MIT Press, 2014: 1673-1681.
[182] DIMARIA C H, PERONI C, SARRACINO F. Happiness matters: productivity gains from subjective well-being [J]. Journal of Happiness Studies, 2020, 21 (1): 139-160.
[183] KECMAN P, GOVERDE R M. Predictive modelling of running and dwell times in railway traffic [J]. Public Transport, 2015, 7 (3): 295-319.
[184] SERIANI S, FERNANDEZ R. Pedestrian traffic management of boarding and alighting in metro stations [J]. Transportation Research Part C: Emerging Technologies, 2015, 53: 76-92.
[185] D'ACIERNO L, BOTTE M, PLACIDO A, et al. Methodology for determining dwell times consistent with passenger flows in the case of metro services [J/OL]. Urban Rail Transit, 2017, 3 (2): 73-89. [2023-03-10]. https://doi.org/10.1007/s40864-017-0062-4.
[186] CORNET S, BUISSON C, RAMOND F, et al. Methods for quantitative assessment of passenger flow influence on train dwell time in dense traffic areas [J]. Transportation Research Part C: Emerging Technologies, 2019, 106: 345-359.
[187] LI K, HUANG H, SCHONFELD P. Metro timetabling for time-varying passenger demand and congestion at stations [J]. Journal of Advanced Transportation, 2018, 2018 (4): 1-26.
[188] GAO Y, KROON L, SCHMIDT M, et al. Rescheduling a metro line in an over-cfowded situation after disruptions [J]. Transportation Research Part B: Methodological, 2016, 93: 425-449.
[189] YIN J, YANG L, TANG T, et al. Dynamic passenger demand oriented metro train scheduling with energy-efficiency and waiting time minimization: mixed-integer linear programming approaches [J]. Transportation Research Part B: Methodological, 2017, 97: 182-213.
[190] YANG S-P, WU J, SUN H, et al. Bi-objective nonlinear programming with minimum energy consumption and passenger waiting time for metro systems, based on the real-world smart-card data [J]. Transportmetrica B: Transport Dynamics, 2018, 6 (4): 302-319.
[191] SIL VER D, HUANG A, MADDISON C J, et al. Mastering the game of go with deep neural networks and tree search [J]. Nature, 2016, 529 (7587): 484.
[192] YANG X, LI X, NING B, et al. A survey on energy-efficient train operation for urban rail transit [J]. IEEE Transactions on Intelligent Transportation Systems, 2015, 17 (1): 2-13.
[193] LENG B, ZENG J, XIONG Z, et al. Probability tree based passenger flow prediction and its application to the Beijing subway system [J]. Frontiers of Computer Science, 2013, 7

(2): 195-203.

[194] LEE H, ZHANG D, HE T, et al. Metrotime: travel time decomposition under stochastic time table for metro networks [C] //Proceedings of the 3rd IEEE International Conference on Smart Computing (SMARTCOMP). New York: Institute of Electrical and Electronics Engineers. 2017: 1-8.

[195] ZHAO J, ZHANG F, TU L, et al. Estimation of passenger route choice pattern using smart card data for complex metro systems [J]. IEEE Transactions on Intelligent Transportation Systems, 2017, 18 (4): 790-801.

[196] JI S, ZHENG Y, WANG Z, et al. A deep reinforcement learning-enabled dynamic redeployment system for mobile ambulances [J]. Proceedings of the 43rd ACM on Interactive, Mobile, Wearable and Ubiquitous Technologies, 2019, 3 (1): 1-20.

[197] LI Y, ZHENG Y, YANG Q. Dynamic bike reposition: a spatio-temporal reinforcement learning approach [C] //Proceedings of the 24th ACM SIGKDD International Conference on Knowledge Discovery and Data Mining. London: Association for Computing Machinery, 2018: 1724-1733.

[198] WANG Z, QIN Z, TANG X, et al. Deep reinforcement learning with knowledge transfer for online rides order dispatching [C] //Proceedings of the 18th IEEE International Conference on Data Mining (ICDM). New York: Institute of Electrical and Electronics Engineers, 2018: 617-626.

[199] LI M, QIN Z, JIAO Y, et al. Efficient ridesharing order dispatching with mean field multi-agent reinforcement learning [C] //Proceedings of the 28th International Conference on World Wide Web. New York: Association for Computing Machinery, 2019: 983-994.

[200] HE S, SHIN K G. Spatio-temporal capsule-based reinforcement learning for mobility-on-demand network coordination [C] //Proceedings of the 28th International Conference on World Wide Web. New York: Association for Computing Machinery, 2019: 2806-2813.

[201] PEAD M. The impact of boarding and alighting passengers on the dwelltime at railway stations [D]. Birminghams: Aston University, 2007.

[202] CHUNG J, GÜLÇEHRE Ç, CHO K, et al. Empirical evaluation of gated recurrent neural networks on sequence modeling [J]. arxiv, 2014: 1412.3555.

[203] VAN HASSELT H, GUEZ A, SILVER D. Deep reinforcement learning with double q-learning [C] //Proceedings of the 30th AAAI Conference on Artificial Intelligence. San Francisco: AAAI Press, 2016: 2094-2100.

[204] DURBIN J, KOOPMAN S J. Time series analysis by state space methods: volume 38 [M]. Oxford: Oxford University Press, 2012.

推荐阅读

人工智能：原理与实践

作者：（美）查鲁·C. 阿加沃尔　译者：杜博　刘友发　ISBN：978-7-111-71067-7

本书特色

本书介绍了经典人工智能（逻辑或演绎推理）和现代人工智能（归纳学习和神经网络），分别阐述了三类方法：

基于演绎推理的方法，从预先定义的假设开始，用其进行推理，以得出合乎逻辑的结论。底层方法包括搜索和基于逻辑的方法。

基于归纳学习的方法，从示例开始，并使用统计方法得出假设。主要内容包括回归建模、支持向量机、神经网络、强化学习、无监督学习和概率图模型。

基于演绎推理与归纳学习的方法，包括知识图谱和神经符号人工智能的使用。

神经网络与深度学习

作者：邱锡鹏　ISBN：978-7-111-64968-7

本书是深度学习领域的入门教材，系统地整理了深度学习的知识体系，并由浅入深地阐述了深度学习的原理、模型以及方法，使得读者能全面地掌握深度学习的相关知识，并提高以深度学习技术来解决实际问题的能力。本书可作为高等院校人工智能、计算机、自动化、电子和通信等相关专业的研究生或本科生教材，也可供相关领域的研究人员和工程技术人员参考。